Le GRAND QCM de CULTURE GÉNÉRALE

Direction de la publication :
Carine Girac-Marinier / Sophie Descours

Direction éditoriale :
Christine Dauphant

Édition :
Aurélie Prissette / Véronique Tahon

Réalisation de la couverture :
Damien Payet

Mise en pages :
François Crocy

Informatique éditoriale :
Philippe Cazabet, Ivo Kulev et Marion Pépin

Fabrication :
Marie-Laure Vaillé / Rebecca Dubois

ISBN : 978-2-03-599337-3

Le GRAND QCM de CULTURE GÉNÉRALE

LAROUSSE

SOMMAIRE

AVANT-PROPOS

Langue française, Histoire, Arts et littérature, Mythologies, religions et philosophie, Économie et politique, Géographie, Géopolitique, Mathématiques, sciences et techniques, Nature et environnement, Sport et loisirs, tous les thèmes de la culture générale sont abordés dans *le Grand QCM de culture générale.*

Afin d'acquérir pas à pas et efficacement les connaissances indispensables à la réussite aussi bien des concours que de vos entretiens professionnels, cet ouvrage propose trois niveaux de difficulté : facile, intermédiaire et difficile.

Pour chacun des dix thèmes abordés, 2400 QCM soit 80 questions par niveau et par discipline, avec un corrigé entre chaque rubrique pour une réponse immédiate.

Introduction

Quelle est l'étendue de votre maîtrise de la langue française ? Avec quelle précision connaissez-vous ses règles, que ce soit en grammaire, en orthographe, en conjugaison ou en vocabulaire ? Saurez-vous faire preuve d'audace et de subtilité dans vos réponses ?

Cette rubrique vous permettra de déterminer votre niveau de connaissance de la langue française, mais aussi de découvrir des orthographes incongrues, des termes parfois savants, des accords surprenants, des emplois inhabituels, des temps verbaux devenus rares... Quel que soit le degré de difficulté, vous pourrez tester vos connaissances avec des questions portant sur le sens ou la prononciation d'un mot, la conjugaison d'un verbe, la fonction grammaticale d'une proposition, etc.

L'histoire, récit des événements passés qui ont marqué la vie des hommes, s'est constituée en véritable science. Quelle que soit l'échelle géographique à laquelle elle s'attache (le monde, un continent, un pays...) et la période temporelle sur laquelle elle se focalise, l'histoire a pour objectif de décrire et d'expliquer le passé et l'évolution de l'humanité.

Alors, vos connaissances historiques ont-elles des bases bien solides ? Vous rappelez-vous avec précision les événements, les dates et les personnages marquants de l'histoire de France, de l'Europe et du monde ?

Ce chapitre vous permettra, de l'Antiquité à l'époque contemporaine, de tester vos connaissances historiques !

Littérature, cinéma, musique, danse et architecture… mais aussi sculpture, bande dessinée et chanson… Autant de domaines où s'exerce la création esthétique, destinée à produire chez l'homme un état de sensibilité et d'éveil. Autant de domaines qui constituent les arts, et qui se traduisent par la création d'objets ou de mises en scène spécifiques.

Mais connaissez-vous vraiment bien les grands classiques de la littérature, ceux de la peinture ou les chefs-d'œuvre du 7e art ? Et saurez-vous répondre à des questions parfois ardues portant sur les styles architecturaux, les genres littéraires, le vocabulaire de l'opéra, mais aussi sur la poésie d'Aragon, le groupe de musique fondé par Mark Knopfler, les temples de Ramsès II… et bien d'autres encore !

Les mythes, comme les religions et la philosophie, tiennent un discours qui se veut explicatif sur le monde et son origine. Mais, même si ces trois domaines mettent en jeu le rapport de l'homme au monde et à son propre savoir, ils empruntent des chemins divers et retiennent des réponses parfois différentes. Si la mythologie est l'ensemble des mythes et des légendes propres à une civilisation, les religions sont comprises comme un ensemble de croyances et de dogmes qui définissent le rapport de l'homme avec le sacré. La philosophie, quant à elle, est fondée sur un ensemble d'interrogations, de réflexions et de recherches à caractère rationnel.

Alors entraînez-vous à répondre à toutes ces questions pour apprendre ou réviser vos connaissances et faire, de l'Antiquité à nos jours, un voyage à travers le monde de la sagesse et des idées.

La politique, conçue comme l'ensemble des décisions prises par le gouvernement d'un État ou d'une société dans les domaines relevant de son autorité, est indissociable du champ de l'économie. Celui-ci désigne l'ensemble des activités d'une collectivité humaine relatives à la production, à la distribution et à la consommation des richesses. Largement théorisée par des idéologies très variées (libéralisme, communisme...), l'économie façonne également les prises de décisions politiques.

À l'heure de la crise financière et des bouleversements économiques mondiaux, cette rubrique est l'occasion de tester vos connaissances et d'acquérir les bases nécessaires pour décrypter les turbulences qui nous entourent.

Véritable science de synthèse, la géographie a pour objet la description et l'explication de l'aspect actuel, naturel et humain, de la surface de la Terre. D'origine grecque, le terme signifie littéralement « écriture de la Terre » ou « description de la Terre ». Il traduit le souci de penser l'espace et son organisation par l'homme en s'intéressant aux phénomènes de population, de production, de commerce, de transport…

Saurez-vous répondre correctement à ces questions de géographie générale, mais aussi régionale, urbaine et rurale ? Êtes-vous fin connaisseur de la géographie française, maîtrisant parfaitement son découpage administratif, la localisation de ses villes, sa géologie et ses fleuves… Ou bien connaissez-vous davantage le nom des mers et des océans mondiaux, celui des capitales, petites et grandes, des drapeaux et des monnaies du monde entier ?

En tant que science qui étudie les rapports entre la géographie des États et leur politique, la géopolitique a des enjeux cruciaux, aussi bien idéologiques que religieux et économiques. Le terme était employé dans les années 1970 pour qualifier les relations entre les États-Unis et l'URSS. Même s'il a aujourd'hui un sens plus large, il n'est pas dénué d'un enjeu pratique lié à une certaine ambition politique. Aujourd'hui, il désigne plus largement l'étude des rivalités de pouvoir entre les territoires, dans le contexte nouveau de la mondialisation. Les conflits relatifs à la délimitation des frontières, aussi bien que ceux qui concernent des ressources précieuses telles que l'eau et le pétrole, relèvent de la géopolitique.

Quelles sont vos connaissances des grands acteurs de la géopolitique contemporaine ? Que savez-vous des États du Monde, des organisations transnationales, des grandes firmes ou des ONG ? Êtes-vous véritablement attentifs aux grands enjeux de la géopolitique actuelle, relatifs à l'énergie, aux conflits politiques et religieux, aux crises économiques ? Ce chapitre révélera sûrement votre intérêt pour l'actualité géopolitique !

Les sciences, dont les mathématiques semblent incarner la forme la plus pure parce que la plus rigoureuse, désignent l'ensemble des disciplines ayant pour objet l'étude des phénomènes et de leurs relations. Les sciences exactes, censées produire un discours vrai et vérifié, utilisent le calcul et l'expérimentation. Les mathématiques en font partie, puisqu'elles étudient, par déduction, les propriétés d'entités abstraites (nombres, figures géométriques...).

Alors saurez-vous faire preuve d'un esprit scientifique et rigoureux en effectuant ces calculs mentaux et en résolvant ces questions de logique, d'anatomie, d'unité de mesure, de symboles chimiques, de découvertes révolutionnaires et de savants célèbres, etc. ?

Pour le savoir, testez vos petites cellules grises !

Les sciences naturelles, qui étudient les corps rencontrés dans la nature, rassemblent des disciplines aussi variées que la géologie, la botanique, la zoologie... En effet, elles ont pour objet les êtres vivants, animaux et végétaux, aussi bien que les roches et les minéraux. Mais la nature et l'étude de celle-ci, à l'heure où l'on dénonce le déséquilibre des écosystèmes, sont indissociables d'une réflexion sur l'environnement et sur sa protection.

L'environnement, c'est-à-dire l'ensemble des éléments naturels et artificiels qui entourent les êtres vivants, est par définition influencé et modifié par l'action humaine, dite culture. C'est pourquoi vous serez amené à répondre dans ce chapitre à des questions portant tout à la fois sur les espèces vivantes, les cris d'animaux, mais aussi l'agriculture, les catastrophes d'origines naturelles et humaines, les composants chimiques et les énergies... Alors, à vos neurones !

Qu'il soit sportif ou vidéo, de société, de stratégie, ou encore de hasard, le jeu est, par excellence, une activité de loisir. Soumis à des règles conventionnelles et comportant souvent des gagnants et des perdants, il fait intervenir des qualités physiques ou intellectuelles, de l'adresse, mais aussi de l'habilité et du hasard.

Le sport, quant à lui, se présente souvent sous forme de jeux, qu'ils soient individuels ou collectifs.

Grâce à cette rubrique, mettez à l'épreuve vos connaissances des jeux et des sports, mais également de quantité d'activités de loisir et de divertissement telles que la gastronomie, la mode, les émissions de télévision, etc.

DIFFICULTÉ

1

1. **Comment s'appelle un assaut donné d'un navire à un autre ?**
   a) Abordage (un)
   b) Largage (un)
   c) Appareillage (un)

2. **Complétez la phrase : « M. Arnaud rend visite au cousin ... son épouse. »**
   a) de
   b) à
   c) selon

3. **Quelle orthographe est incorrecte ?**
   a) Départ (un)
   b) Écart (un)
   c) Standart (un)

4. **Qu'est-ce qu'une harpie ?**
   a) Instrument de musique (un)
   b) Vêtement déchiré (un)
   c) Femme méchante et acariâtre (une)

5. **Complétez la phrase : « Nul n'est ... ignorer la loi. »**
   a) sensé
   b) sencé
   c) censé

6. **Que désignait à l'origine le mot « méduse » ?**
   a) Monstre mythologique à la chevelure de serpents et au regard pétrifiant (un)
   b) Curieux animal au corps aussi plat qu'une médaille (un)
   c) Personne capable de communiquer avec les esprits (une)

7. **Complétez la phrase : « Les employés de cette entreprise sont convenablement ... »**
   a) rinumérés
   b) rémunérés
   c) rénumérés

8. **Comment s'appelle un cri ou une sonnerie de trompe des chasseurs annonçant que le cerf est aux abois ?**
   a) Hallali (un)
   b) Allali (un)
   c) Halal (un)

9. **Complétez la phrase : « Pour se protéger le visage, les chevaliers portaient un ... »**
   a) heaume
   b) ohm
   c) homme

10. **Que signifie l'expression « courir la prétantaine » ?**
   a) Rechercher sans cesse les honneurs
   b) Chercher des aventures galantes
   c) Faire preuve d'une arrogance sans pareille

11. **Complétez la phrase : « Au Moyen Âge, les douze ... de France conseillaient le roi. »**
   a) pairs
   b) paires
   c) pères

12. Quel est l'intrus, du point de vue de la prononciation ?
a) Palmarès (un)
b) Succès (un)
c) Cyprès (un)

13. Que signifie une « voix de stentor » ?
a) Voix à la musicalité affirmée (une)
b) Voix sensuelle et charmeuse (une)
c) Voix forte et retentissante (une)

14. Complétez la phrase : « À son retour à Venise, Marco Polo a relaté ses ... en Orient dans le *Livre des merveilles.* »
a) périgrinations
b) pérégrinations
c) péréquations

15. Quel terme péjoratif désigne un cheval ?
a) Canasson (un)
b) Coursier (un)
c) Pur-sang (un)

16. Complétez la phrase : « ...-tu rendu récemment auprès de tes grands-parents ? »
a) Tes
b) T'es
c) T'ai

17. Quel est le sens de l'expression « décrocher la timbale » ?
a) Accepter de s'entraîner régulièrement
b) Marquer un but dans la lucarne adverse
c) Obtenir une victoire très convoitée

18. Quel mot de la liste n'est pas constitué d'un préfixe ?
a) Malséant
b) Malaxer
c) Malintentionné

19. Dans le langage populaire, dans quelle partie du corps se trouve l'estomac lorsque l'on est affamé ?
a) Talons (les)
b) Hanches (les)
c) Épaules (les)

20. Complétez la phrase : « Les marins ne savent pas ... direction prendre. »
a) quel
b) qu'elle
c) quelle

21. Quel est l'autre nom des Esquimaux ?
a) Ulmistes (les)
b) Inuits (les)
c) Sunnites (les)

22. Comment appelle-t-on chacune des deux périodes de l'année ?
a) Bimestre (un)
b) Semestre (un)
c) Trimestre (un)

23. Complétez la phrase : « ... soient les conditions météorologiques, les coureurs prendront le départ. »
a) Quelles que
b) Quels que
c) Quelques

24. Comment appelle-t-on l'ensemble des règles et des devoirs qui régissent une profession ?
a) Philologie (la)
b) Axiologie (l')
c) Déontologie (la)

25. Complétez la phrase : « Pour vous ..., ... donc vos chaussures. »
a) délasser / délacer
b) délacer/ délasser
c) délasser / délacez

26. En conjugaison, à quel groupe appartient le verbe « bénir » ?
a) Premier (le)
b) Deuxième (le)
c) Troisième (le)

27. Complétez la phrase : « Le maire de la commune est furieux ... ceux qui n'utilisent pas la déchetterie. »
a) contre
b) après
c) avec

28. Quel temps de l'indicatif est construit avec un auxiliaire au présent et le participe passé du verbe conjugué ?
a) Plus-que-parfait (le)
b) Passé composé (le)
c) Imparfait (l')

29. Complétez la phrase : « Les équipes ... et ... se sont affrontées en finale de la Coupe d'Europe de football. »
a) grecques / turques
b) greque / turcque
c) grecque / turque

30. En grammaire, comment s'appelle un mot invariable servant à lier deux mots ou deux propositions ?
a) Préposition (une)
b) Pronom (un)
c) Conjonction (une)

31. Complétez la phrase : « Pendant combien de temps cette plateforme pétrolière ...-t-elle des déchets ? »
a) rejettera
b) rejetera
c) rejettra

32. Quel est le seul nom terminé par *-f* ?
a) Gira... (une)
b) Cara... (une)
c) Pia... (un)

33. Complétez la phrase : « Avec le ... de son professeur, ce jeune violoniste progressera rapidement. »
a) soutien
b) soutiens
c) soutient

34. Comment s'appelle un bouffon de comédie ou un comédien ambulant ?
a) Baladin (un)
b) Pantin (un)
c) Paladin (un)

35. Complétez la phrase : « Les agriculteurs craignent que la grêle ... une partie de la récolte de maïs. »
a) détruise
b) détruis
c) détruit

36. Quelle est la phrase correcte ?
a) Où vas-tu ?
b) Où tu vas ?
c) Où c'est que tu vas ?

37. Un seul de ces mots prend un accent sur le *a* précédant la double consonne. Lequel ?
a) Ch...ssis (un)
b) P...ssif (un)
c) Béc...sse (une)

38. Complétez la phrase : « Le contrôleur réclame ton billet ; ... »
a) donnes-le-leur
b) donne-le-lui
c) donne-lui-le

39. Quelle est la forme correcte ?
a) La plupart d'entre vous sait plonger
b) La plupart d'entre vous savent plonger
c) La plupart d'entre vous sache plonger

40. Complétez la phrase : « Le coefficient de la marée d'équinoxe est élevé ; dans ... conditions, il ne faut pas s'aventurer en bord de mer. »
a) ces
b) c'est
c) ses

41. Quel est le mot dont la finale est *-ment* ?
a) Dénou... (le)
b) Châti... (le)
c) Remerci... (le)

42. Complétez la phrase : « Certains skieurs imprudents passent outre ... l'interdiction de s'aventurer hors-piste. »
a) à
b) de
c) contre

43. Quelle est l'interjection correcte dans ce vers du *Cid* de Corneille : « ... rage ! ... désespoir ! ... vieillesse ennemie ! » ?
a) Oh / oh / oh
b) Ho / ho / ho
c) Ô / ô / ô

44. Quel mot est incorrect ?
a) Frustre
b) Lustre (un)
c) Lacustre

45. Complétez la phrase : « Angelo naviguait depuis son plus jeune âge le long de la côte, dont il connaissait tous ... dangers. »
a) les
b) ses
c) des

46. Quelle orthographe est correcte ?
a) Dalhia (un)
b) Dalhya (un)
c) Dahlia (un)

47. Complétez la phrase : « ... il paraisse inoffensif, cet animal ne m'inspire pas confiance. »
a) Malgré qu'
b) Bien qu'
c) Parce qu'

48. À quelle forme est employé le verbe dans la phrase : « Ce matin, il souffle un vent glacial » ?
a) Forme impersonnelle
b) Forme interrogative
c) Forme pronominale

49. Complétez la phrase : « Le temps était magnifique, mais ... »
a) nous n'en avons pas profités
b) nous n'en avons pas profité
c) nous n'en n'avons pas profité

50. Quel est le seul mot de la liste qui n'a pas de lettre finale muette ?
a) Blizzar...
b) Cauchemar...
c) Placar...

51. Complétez la phrase : « Il ne pourra franchir ce passage ... prenant beaucoup d'élan. »
a) quand
b) quant
c) qu'en

52. Quel est l'infinitif du participe passé « échu » ?
a) Échéancer
b) Échoir
c) Échouer

53. Complétez la phrase : « Les ... sont des arbres communs de la forêt sibérienne. »
a) bouleaux
b) bulots
c) boulots

54. Quelle orthographe est incorrecte ?
a) Pharynx
b) Lynx
c) Sphynx

55. Complétez la phrase : « Peut-on tracer des droites ... à l'aide d'une règle et d'un compas ? »
a) paralelles
b) paralèles
c) parallèles

56. Quel verbe de la liste ne s'emploie qu'à la forme pronominale ?
a) Se plaindre
b) Se réfugier
c) Se tromper

57. Complétez la phrase : « Il est totalement ... par ses inventions abracadabrantes. »
a) obnibulé
b) obnubilé
c) omnubilé

58. Quel nom donne-t-on au meurtrier d'un roi ?
a) Régicide (un)
b) Registre (un)
c) Rexiste (un)

59. Complétez la phrase : « Ces taureaux sont ... domestiqués ; inutile néanmoins d'agiter un torchon rouge ! »
a) apparement
b) apparemments
c) apparamment

60. Quel est l'intrus, du point de vue de la prononciation ?
a) Échine (une)
b) Écho (un)
c) Écharde (une)

61. Complétez la phrase : « Combien d'années la Seconde Guerre mondiale a-t-elle ... ? »
a) duré
b) durées
c) durée

62. Comment appelle-t-on un spécialiste de la langue et de la civilisation chinoises ?
a) Confucianiste (un)
b) Mandarin (un)
c) Sinologue (un)

63. Complétez la phrase : « Il faut ... méfier, car ... champignon est curieux : il est sûrement vénéneux. »
a) se / ce
b) se / se
c) ce / se

64. Par opposition à la proue, comment appelle-t-on l'arrière d'un navire ?
a) Poupe (la)
b) Carène (la)
c) Étrave (l')

65. Complétez la phrase : « Chacun des spectateurs se ... remettre un programme. »
a) vois
b) voit
c) voient

66. Complétez la phrase : « Les enquêteurs sont formels : la victime a été assommée avec un objet ... »
a) contondant
b) contournant
c) contordant

67. Complétez la phrase : « C'est un charlatan ! Il ... les badauds en vantant les vertus curatives d'une poudre de perlimpinpin ! »
a) mythifie
b) mystifie
c) minimise

68. Complétez la phrase : « J'ai tenté ma chance, mais j'ai essuyé une nouvelle ... »
a) rebuffade
b) rebiffade
c) rodomontade

69. De quelle langue est originaire le mot « fjord » ?
a) Allemand (l')
b) Néerlandais (le)
c) Norvégien (le)

70. Complétez la phrase : « Fier comme ..., il présenta son trophée à la foule. »
a) un paon
b) un lion
c) un aigle

71. Que signifie « mettre sur un pied d'égalité » ?
a) Vérifier que tous les concurrents sont sur la ligne de départ
b) Traiter tout le monde selon la même mesure
c) Rehausser des souliers pour équilibrer la marche

72. Complétez la phrase : « Un généreux ... a légué sa collection de tableaux au musée des Beaux-Arts. »
a) donataire
b) donateur
c) donneur

73. Dans l'expression « ne pas avoir un sou vaillant », de quel verbe « vaillant » est-il le participe présent ?
a) Vaincre
b) Vouloir
c) Valoir

74. Complétez la phrase : « Lors de la commande de cet ordinateur, il faudra verser des ... »
a) ars
b) ares
c) arrhes

75. Complétez la phrase : « Il porte les décorations que ses faits d'armes lui ont... »
a) valus
b) values
c) valu

76. Que signifie « avoir pignon sur rue » ?
a) Avoir une position sociale enviable
b) Avoir une entrée monumentale
c) Avoir une adresse bien précise

77. Complétez la phrase : « Grâce au télescope spatial Hubble, les ... ont localisé des milliers de nouvelles galaxies. »
a) astrologues
b) astrolabes
c) astronomes

78. Pourquoi dit-on « menteur comme un arracheur de dents » ?

a) Parce que certains dentistes préfèrent arracher la dent plutôt que la soigner
b) Parce que les dentistes d'autrefois prétendaient ne jamais faire mal
c) Parce que l'outil utilisé pour arracher des dents s'appelle une « menteuse »

79. Complétez la phrase : « Contre l'Italie, Hugo Lloris ou Stéphane Ruffier ... les buts de l'équipe de France. »

a) ont gardé
b) gardera
c) gardaient

80. Quel est l'intrus, du point de vue de la prononciation ?

a) Godille (une)
b) Torpille (une)
c) Bacille (un)

1. **Dans le système féodal, comment appelle-t-on la terre accordée par le seigneur à son vassal ?**
   a) Apanage (un)
   b) Comtat (un)
   c) Fief (un)

2. **Quel roi nomma Mazarin ministre d'État puis chef du Conseil en 1642 ?**
   a) Henri IV
   b) Louis XIII
   c) Louis XIV

3. **Au XVIe siècle, quel roi acheta *la Joconde* à Léonard de Vinci ?**
   a) Henri II
   b) François Ier
   c) Louis XII

4. **Quelle branche des Capétiens régna en France de 1328 à 1589 ?**
   a) Guises (les)
   b) Bourbons (les)
   c) Valois (les)

5. **Quel général français, mort en 1834, prit une part active à la guerre de l'Indépendance américaine ?**
   a) Rochambeau (Jean-Baptiste de Vimeur, comte de)
   b) Dumouriez (Charles François du Périer, dit)
   c) La Fayette (Marie Joseph Gilbert Motier, marquis de)

6. **Sous l'Ancien Régime, quel était l'emblème de la royauté française ?**
   a) Fleur de lys (la)
   b) Aigle (l')
   c) Soleil (le)

7. **Quelle construction allemande, érigée le 13 août 1961, a été détruite le 9 novembre 1989 ?**
   a) Opéra de Bayreuth (l')
   b) Reichstag (le)
   c) Mur de Berlin (le)

8. **Quelle femme devint Premier ministre du Pakistan le 1er novembre 1988 ?**
   a) Ghandi (Indira)
   b) Bhutto (Benazir)
   c) Aung San Suu Kyi

9. **Quel est le nom du signe du système d'écriture idéographique des anciens Égyptiens ?**
   a) Hiéroglyphe (l')
   b) Rune (la)
   c) Cunéiforme (le)

10. **Quelle ville allemande fut le siège du procès des grands criminels de guerre nazis en 1945 et 1946 ?**
    a) Nuremberg
    b) Heidelberg
    c) Munich

11. **Quel conquérant grec arriva jusqu'à l'Indus en 326 avant Jésus-Christ ?**
    a) Alexandre le Grand
    b) Périclès
    c) Léonidas

12. Au XVIIe siècle, quel cardinal gouverna la France pendant dix-huit ans en accord avec Louis XIII ?
a) Cardinal de Fleury (le)
b) Cardinal de Rohan (le)
c) Cardinal de Richelieu (le)

13. Quel roi fut assassiné par Ravaillac en 1610 ?
a) Henri IV
b) Henri III
c) Henri de Guise

14. Sous quel nom est connu le palais impérial de Pékin, domaine réservé de l'empereur et de sa cour ?
a) Cité interdite (la)
b) Temple du Ciel (le)
c) Pagode des Oies sauvages (la)

15. Quelle ville italienne est considérée comme le premier foyer de la Renaissance au XVe siècle ?
a) Rome
b) Florence
c) Venise

16. Comment nomme-t-on la période qui va de la mort de Louis XIV à la majorité de Louis XV ?
a) Régence (la)
b) Grand-Interrègne (le)
c) Cent-Jours (les)

17. Dans quelle affaire judiciaire Voltaire est-il intervenu en 1763 ?
a) Affaire du Collier (l')
b) Affaire des Placards (l')
c) Affaire Calas (l')

18. En 1964, quel pasteur, leader de la lutte contre la discrimination raciale, reçut le prix Nobel de la paix ?
a) King (Martin Luther)
b) Malcolm X
c) Davis (Davis)

19. Quel président, élu en 1933, fit adopter une série de mesures connues sous le nom de New Deal ?
a) Wilson (Thomas W.)
b) Truman (Harry S.)
c) Roosevelt (Franklin D.)

20. En France, quelle bataille très meurtrière se déroula de février à décembre 1916 ?
a) Bataille de la Marne (la)
b) Bataille de la Somme (la)
c) Bataille de Verdun (la)

21. Dans quelle ville des Pays-Bas eut lieu, les 9 et 10 décembre 1991, le sommet de l'Europe des 12 ?
a) Utrecht
b) Maastricht
c) Amsterdam

22. Quel château de Seine-et-Marne fut construit par Le Vau pour Nicolas Fouquet entre 1657 et 1661 ?
a) Vaux-le-Vicomte
b) Maisons
c) Fontainebleau

23. Sur quelle route de l'Aisne le général Nivelle lança-t-il une offensive le 16 avril 1917 ?
a) Chemin des Dames (le)
b) Chaussée des Géants (la)
c) Route de la soie (la)

24. Quelle bataille remporta l'amiral Nelson le 21 octobre 1805 ?
a) Bataille de La Hougue (la)
b) Bataille d'Alexandrie (la)
c) Bataille de Trafalgar (la)

25. Quelle fille aînée du roi Philippe III d'Espagne fut mariée à l'âge de 14 ans au roi Louis XIII ?
a) Isabelle de Castille
b) Catherine d'Aragon
c) Anne d'Autriche

26. Quel homme politique cubain, engagé dans la lutte contre Batista, fut emprisonné entre 1953 et 1955 ?
a) Castro (Fidel)
b) Guevara (Ernesto, dit Che)
c) Castro (Raúl)

27. À quel pays appartenaient les troupes qui assiégèrent la ville de Strasbourg du 13 août au 28 septembre 1870 ?
a) Allemagne (l')
b) Autriche-Hongrie (l')
c) Russie (la)

28. Quel nom est donné en France à la République représentée par une image de femme coiffée d'un bonnet phrygien ?
a) Jeanne
b) Madelon
c) Marianne

29. À qui Angela Merkel a-t-elle succédé au poste de chancelier de la République fédérale d'Allemagne en 2005 ?
a) Schröder (Gerhard)
b) Brandt (Willy)
c) Kohl (Helmut)

30. Quel homme politique devint président des États-Unis en novembre 1933 ?
a) Truman (Harry)
b) Roosevelt (Franklin D.)
c) Wilson (Thomas W.)

31. Quelle femme politique était surnommée « la Dame de fer » ?
a) Cresson (Édith)
b) Thatcher (Margaret)
c) Laguiller (Arlette)

32. Quel chef d'État égyptien a nationalisé le canal de Suez en juillet 1956 ?
a) El-Sadate (Anouar)
b) Farouk Ier
c) Nasser (Gamal Abdel)

33. Quel attentat fut perpétré par un commando de l'OAS contre le général de Gaulle en 1962 ?
a) Attentat du Petit-Clamart (l')

b) Attentat de la rue Copernic (l')
c) Attentat de la rue Saint-Nicaise (l')

34. Quel roi était surnommé « le Roi-Soleil » ?
a) Henri Ier
b) Louis IX
c) Louis XIV

35. Quel peuple germanique a donné son nom à la Gaule romaine après l'avoir conquise aux Ve et VIe siècles ?
a) Burgondes (les)
b) Francs (les)
c) Teutons (les)

36. À quel roi Louis XI succéda-t-il ?
a) Henri III
b) Louis X
c) Charles VII

37. En août 1914, quel empereur d'Allemagne déclara la guerre à la Russie et à la France ?
a) Frédéric II
b) Charles VI
c) Guillaume II

38. En 1992, quel est le nouveau nom donné à la ville de Leningrad ?
a) Volgograd
b) Saint-Pétersbourg
c) Nijni Novgorod

39. Quel nom portent les premiers habitants de la Nouvelle-Zélande ?
a) Maoris (les)
b) Kanak (les)
c) Aborigènes (les)

40. À quelle maison souveraine, issue de la souche capétienne, Louis XVI appartenait-il ?
a) Plantagenêts (les)
b) Valois (les)
c) Bourbons (les)

41. Quel est le lien de parenté qui unissait Louis XV et Louis XVI ?
a) Oncle et neveu
b) Cousins
c) Grand-père et petit-fils

42. Le 12 juin 1991, quel homme politique fut élu président de la République de Russie ?
a) Eltsine (Boris)
b) Gorbatchev (Mikhaïl)
c) Andropov (Iouri)

43. À Paris, dans quelle prison fut incarcéré Louis XVI le 13 août 1792 ?
a) Conciergerie (la)
b) Prison du Temple (la)
c) Prison de la Santé (la)

44. Quelle bataille navale opposant la flotte anglaise à une coalition franco-espagnole coûta la vie à l'amiral Nelson le 21 octobre 1805 ?
a) Bataille de la Hougue (la)

b) Bataille de Trafalgar (la)
c) Bataille de Lépante (la)

45. Quel gangster fut abattu à Paris le 2 novembre 1979 ?
a) Clément (Jacques)
b) Landru (Henri Désiré)
c) Mesrine (Jacques)

46. De 1946 à 1969, quel homme politique français fut secrétaire général de la SFIO ?
a) Môquet (Guy)
b) Mollet (Guy)
c) Debord (Guy)

47. En France, quel nom est donné aux journées révolutionnaires du 27 au 29 juillet 1830 qui conduisirent Charles X à abdiquer ?
a) Semaine sanglante (la)
b) Trois Glorieuses (les)
c) Fronde (la)

48. Comment appelle-t-on l'interdiction de consommer de l'alcool aux États-Unis levée en 1933 ?
a) Interdiction (l')
b) Mise à l'index (la)
c) Prohibition (la)

49. En quelle année la loi de séparation de l'Église et de l'État fut-elle votée en France ?
a) 1905
b) 1906
c) 1914

50. Dans quelle île de l'archipel toscan Napoléon Ier séjourna-t-il de mai 1814 à février 1815 ?
a) Île de Sainte-Hélène (l')
b) Île de Montecristo (l')
c) Île d'Elbe (l')

51. Quel nom donne-t-on à la croisade menée contre des hérétiques en France en 1209 ?
a) Croisade des enfants (la)
b) Reconquista (la)
c) Croisade des Albigeois (la)

52. Quel surintendant des Finances de Louis XIV fut arrêté en 1661, puis enfermé dans la forteresse de Pignerol ?
a) Mazarin
b) Fouquet (Nicolas)
c) Colbert (Jean-Baptiste)

53. Dans quelle ville fluviale Jeanne d'Arc fut-elle brûlée vive ?
a) Rouen
b) Caen
c) Amiens

54. Dans quelle commune du Morbihan trouve-t-on un ensemble de monuments mégalithiques comprenant plus de 2 500 pierres levées ?
a) Carnac
b) Beiz
c) Ploërmel

55. Quelle dynastie de rois de France régna de 1589 à 1792 ?
a) Valois (les)
b) Bourbons (les)
c) Plantagenêts (les)

56. En 1534, quel navigateur français prit possession du Canada au nom de François Ier ?
a) Cartier (Jacques)
b) Champlain (Samuel de)
c) Cavelier de La Salle (Robert)

57. Contre quelle secte religieuse du Moyen Âge le pouvoir royal lança-t-il la croisade des Albigeois ?
a) Assassins (les)
b) Cathares (les)
c) Templiers (les)

58. Quel maréchal de France fut le constructeur de près de 300 places fortes sous le règne de Louis XIV ?
a) Vauban (Sébastien Le Prestre, seigneur de)
b) Le Vau (Louis)
c) Maginot (André)

59. Qui fut le chef du parti nationaliste indien à partir de 1916 et prôna la non-violence et la désobéissance civile ?
a) Gandhi (Mohandas Karamchand)
b) Nehru (Jawaharla)
c) Gandhi (Indira)

60. Quel instrument, adopté par le Comité de législation en 1792, a d'abord été appelé « la Louison » ou « la Louisette » ?
a) Calendrier révolutionnaire (le)
b) Assignat (l')
c) Guillotine (la)

61. Quel site stratégique fut le théâtre de l'opération « Castor » opposant les forces françaises du colonel de Castries aux forces viêt-minh du général Giáp ?
a) Diên Biên Phu
b) Hué
c) Haiphong

62. Quel roi commença son règne personnel à la mort de Mazarin en 1661 ?
a) Louis XIII
b) Louis XIV
c) Louis XV

63. Qui devint la favorite du roi Louis XV en 1745 ?
a) Marquise de Pompadour (la)
b) Mme de La Fayette
c) Mme de Maintenon

64. Le 11 novembre 1918, quel maréchal français signa l'armistice ?
a) Joffre (Joseph)
b) Foch (Ferdinand)
c) Pétain (Philippe)

65. Le 17 octobre 1931, quel gangster américain fut condamné à onze ans de prison pour fraude fiscale ?
a) Capone (Alphonse, dit Al)

b) Vanzetti (Bartolomeo)
c) Sacco (Nicola)

66. Quel terme, créé en 1866 par John Lubbock, désigne l'âge de la pierre polie ?
a) Mésolithique (le)
b) Néolithique (le)
c) Paléolithique (le)

67. En quelle année Louis Napoléon Bonaparte fut-il élu président de la République ?
a) 1830
b) 1848
c) 1851

68. Quel était l'animal emblème de François Ier ?
a) Dragon (le)
b) Léopard (le)
c) Salamandre (la)

69. Quel général américain reçut la capitulation du Japon en 1945 ?
a) MacArthur (Douglas)
b) Patton (George)
c) Eisenhower (Dwight David)

70. Quel écrivain et dramaturge fut élu président de la République tchèque en décembre 1989 ?
a) Capek (Karel)
b) Kundera (Milan)
c) Havel (Vaclav)

71. En Chine, quel titre donnait-on autrefois aux hauts fonctionnaires ?
a) Khan (le)
b) Shogun (le)
c) Mandarin (le)

72. À quel pharaon appartient la sépulture découverte par lord Carnarvon et Howard Carter en 1922 ?
a) Toutankhamon
b) Ramsès II
c) Akhenaton

73. Sous quel nom les Grecs de Phocée ont-ils fondé Marseille au VIe siècle avant Jésus-Christ ?
a) Managua
b) Marsala
c) Massalia

74. Quel généralissime des troupes alliées déclencha l'offensive victorieuse d'août 1918 ?
a) Joffre (Joseph)
b) Pétain (Philippe)
c) Foch (Ferdinand)

75. Quel surnom donnait-on au roi Louis XV ?
a) Bien-Aimé (le)
b) Sage (le)
c) Saint (le)

76. Quelle invention marque le passage de la préhistoire à l'histoire ?
a) Agriculture (l')
b) Écriture (l')
c) Feu (le)

77. Comment a-t-on appelé les billets émis sous la Révolution ?
a) Bons du Trésor (les)
b) Assignats (les)
c) Lettres de cachet (les)

78. Quel monument mégalithique se compose d'une ou plusieurs dalles horizontales reposant sur des blocs verticaux ?
a) Dolmen (un)
b) Menhir (un)
c) Tumulus (un)

79. Au XVIIIe siècle, quel fléau venu de Syrie ravagea Marseille ?
a) Malaria (la)
b) Peste (la)
c) Mildiou (le)

80. Quelle grande famille de banquiers et d'hommes d'État contribua à l'éclosion de la Renaissance à Florence ?
a) Médicis (les)
b) Borgia (les)
c) Sforza (les)

1. Comment appelle-t-on le récit qu'un auteur fait de sa propre vie ?
a) Autofiction (une)
b) Prosopopée (une)
c) Autobiographie (une)

2. Quel photographe de Paris et de sa banlieue est l'auteur du cliché *le Baiser de l'Hôtel de Ville* ?
a) Ronis (Willy)
b) Doisneau (Robert)
c) Izis

3. En 1857, à quel poète doit-on *les Fleurs du mal* ?
a) Cros (Charles)
b) Baudelaire (Charles)
c) Péguy (Charles)

4. En 1943, quel film de Michael Curtiz réunit Humphrey Bogart et Ingrid Bergman ?
a) *Romance à Rio*
b) *Week-end à Zuydcoote*
c) *Casablanca*

5. En musique, comment appelle-t-on la série de cinq lignes horizontales, équidistantes et parallèles, utilisée pour noter la musique ?
a) Octave (une)
b) Gamme (une)
c) Portée (une)

6. À qui doit-on *Othello ou le Maure de Venise* en 1604 ?
a) Shakespeare (William)
b) Corneille (Pierre)
c) Racine (Jean)

7. Dans quelle ville se trouve la Coupole du Rocher élevée en 691 ?
a) Jérusalem
b) Ispahan
c) La Mecque

8. À quelle romancière française doit-on la série des *Claudine* ?
a) Mme de La Fayette
b) Vivier (Colette)
c) Colette (Sidonie Gabrielle)

9. Qui signa le tableau *Ceci n'est pas une pipe* en 1929 ?
a) Magritte (René)
b) Duchamp (Marcel)
c) Ernst (Max)

10. À quel auteur et compositeur doit-on *Je suis venu te dire que je m'en vais* en 1974 ?
a) Christophe
b) Polnareff (Michel)
c) Gainsbourg (Serge)

11. Quel personnage de la tragédie grecque tue son père et épouse sa propre mère ?
a) Œdipe
b) Oreste
c) Égisthe

12. Sous quel nom connaît-on mieux le chanteur américain Robert Zimmerman ?
a) Plant (Robert)
b) Morrison (Jim)
c) Dylan (Bob)

13. Quel comédien incarne Hubert Bonisseur de La Bath, alias OSS 117, au Caire en 2006 et à Rio en 2009 ?
a) Lanvin (Gérard)
b) Dubosc (Franck)
c) Dujardin (Jean)

14. Sur la couverture de quel album de Tintin figure un champignon géant ?
a) *Sept Boules de cristal (les)*
b) *Étoile mystérieuse (l')*
c) *Lotus bleu (le)*

15. Quel style artistique et littéraire né en Italie est l'opposé du classicisme et se caractérise par une exubérance des formes ?
a) Caravagisme (le)
b) Baroque (le)
c) Maniérisme (le)

16. Quel comédien partage une colocation à Barcelone dans *l'Auberge espagnole* ?
a) Duris (Romain)
b) Garcia (José)
c) Sisley (Tomer)

17. En musique, quel signe d'altération hausse d'un demi-ton chromatique la note qu'il précède ?
a) Dièse (le)
b) Bémol (le)
c) Bécarre (le)

18. En 1670, avec quel musicien Molière collabora-t-il pour la comédie-ballet *le Bourgeois gentilhomme* ?
a) Corelli (Arcangelo)
b) Lully (Jean-Baptiste)
c) Pachelbel (Johann)

19. À quel groupe de rock, originaire de Liverpool, doit-on l'album *Let it be* en 1970 ?
a) Who (The)
b) Beatles (les)
c) Kinks (The)

20. À quel architecte doit-on l'« unité d'habitation » appelée « Cité radieuse » à Marseille ?
a) Chareau (Pierre)
b) Putman (Andrée)
c) Le Corbusier (Charles Édouard Jeanneret, dit)

21. Quel journaliste et photographe commença, en 1854, la publication d'une galerie de célébrités contemporaines ?
a) Nadar (Félix Tournachon, dit)
b) Blanquart-Évrard (Louis Désiré)
c) Carjat (Étienne)

22. Quelle ville est traversée par Jean Gabin et Bourvil dans un film d'Autant-Lara de 1956 ?
a) Paris (*la Traversée de Paris*)
b) Berlin (*la Traversée de Berlin*)
c) Rome (*la Traversée de Rome*)

23. Quel est l'instrument de prédilection d'Yvette Horner ?
a) Piano (le)
b) Accordéon (l')
c) Castagnettes (les)

24. À quel romancier doit-on *Ivanhoé* en 1819 ?
a) Scott (Walter)
b) Cromwell (Oliver)
c) Stevenson (Robert Louis Balfour)

25. Quel instrument adopté par l'armée française au XIVe siècle servait à cadencer la marche des troupes à pied ?
a) Timbale (la)
b) Cymbales (les)
c) Tambour (le)

26. Quel monument métallique fut érigé sur le Champ-de-Mars à Paris pour l'Exposition universelle de 1889 ?
a) Crystal Palace (le)
b) Pavillon Baltard (le)
c) Tour Eiffel (la)

27. Dans quelle ville espagnole se trouve le palais mauresque de l'Alhambra ?
a) Cordoue
b) Séville
c) Grenade

28. Quel est le prénom du personnage central de la chanson *Au clair de la lune* ?
a) Pierrot
b) Jeannot
c) Roméo

29. Dans *Notre-Dame de Paris* de Victor Hugo, quel être difforme, borgne et boiteux brûle d'amour pour Esméralda ?
a) Caliban
b) Quasimodo
c) Gollum

30. À quel auteur doit-on la comédie-proverbe *On ne badine pas avec l'amour* en 1834 ?
a) Musset (Alfred de)
b) Dorvigny
c) Marivaux (Pierre Carlet de Chamblain de)

31. À quel chanteur doit-on *Vertige de l'amour* en 1982 ?
a) Couture (Charlélie)
b) Bashung (Alain)
c) Gainsbourg (Serge)

32. Quel peintre a décoré, sur les thèmes de l'Ancien Testament, la voûte de la chapelle Sixtine ?
a) Michel-Ange (Michelangelo Buonarroti, dit)
b) Pontormo (Iacopo Carucci, dit le)
c) Piero della Francesca

33. Quel artiste a peint le tableau du sacre de l'empereur Napoléon Ier ?
a) Gros (Antoine)
b) David (Louis)
c) Ingres (Jean Auguste Dominique)

34. Quel temple d'Athènes à la gloire d'Athéna Polias fut érigé entre 447 et 432 avant Jésus-Christ ?
a) Parthénon (le)
b) Érechthéion (l')
c) Prolypées (les)

35. À qui doit-on *les Demoiselles d'Avignon* en 1906 ?
a) Picasso (Pablo)
b) Gris (Victoriano González, dit Juan)
c) Braque (Georges)

36. Qui est le réalisateur du *Grand Bleu* en 1988-1989 ?
a) Kieslowski (Krzysztof)
b) Besson (Luc)
c) Beineix (Jean-Jacques)

37. Sous quel nom est plus connu le *Dictionnaire raisonné des sciences, des arts et des métiers*, publié de 1751 à 1772 ?
a) *Somme de logique* (la)
b) *Somme théologique* (la)
c) *Encyclopédie* (l')

38. Quel peintre italien réalisa *le Printemps* en 1478 ?
a) Piero della Francesca
b) Donatello (Donato di Betto Bardi, dit)
c) Botticelli (Sandro Filipepi, dit)

39. Quel acteur britannique reprit le rôle de James Bond dans *Casino Royale* en 2006 ?
a) Brosnan (Pierce)
b) Dalton (Timothy)
c) Craig (Daniel)

40. Comment nomme-t-on une œuvre littéraire, musicale ou picturale dont les personnages sont des bergers et des bergères ?
a) Ritournelle (une)
b) Bergeronnette (une)
c) Pastorale (une)

41. À quel cinéaste doit-on le film *Et Dieu créa la femme* en 1956 ?
a) Allégret (Marc)
b) Christian-Jaque (Christian Maudet, dit)
c) Vadim (Roger)

42. Sous quel nom était connu le duo formé par Catherine Ringer et Fred Chichin ?
a) Niagara
b) Chagrin d'amour
c) Rita Mitsouko (les)

43. Quel nom donne-t-on à un film dont la durée dépasse une heure ?
a) Long-métrage (un)
b) Saga (une)
c) Superproduction (une)

44. Quelle romancière raconte son enfance en Indochine dans *Un barrage contre le Pacifique* ?
a) Duras (Marguerite Donnadieu, dite)
b) Chandernagor (Françoise)
c) Groult (Benoîte)

45. Quel mouvement poétique et artistique, né en France, a connu son apogée sous l'impulsion d'André Breton ?
a) Surréalisme (le)
b) Dadaïsme (le)
c) Symbolisme (le)

46. Quelle comédienne française a reçu l'oscar de la meilleure actrice en 2008 pour *la Môme* ?
a) Tautou (Audrey)
b) Cotillard (Marion)
c) Binoche (Juliette)

47. Qui est le compositeur du prélude de *l'Hymne à la joie*, hymne de l'Union européenne ?
a) Chopin (Frédéric)
b) Berlioz (Hector)
c) Beethoven (Ludwig van)

48. À quel écrivain britannique doit-on *le Seigneur des anneaux* en 1954-1955 ?
a) Howard (Robert Erwin)
b) Pratchett (Terry)
c) Tolkien (John Ronald Reuel)

49. Quelle banlieue de Los Angeles est devenue la cité du cinéma en 1911 ?
a) Pasadena
b) Beverly Hills
c) Hollywood

50. Dans la banlieue de Los Angeles, quel réalisateur de dessins animés créa un parc d'attractions en 1955 ?
a) Lucas (George)
b) Disney (Walt)
c) Lasseter (John)

51. Quel groupe anglais chante *Satisfaction* en 1965 ?
a) Animals (The)
b) Pink Floyd
c) Rolling Stones (The)

52. Dans quel film de Godard Jean-Paul Belmondo interprète-t-il Michel Poiccard, aux côtés de Jean Seberg, en 1960 ?
a) *Alphaville*
b) *À bout de souffle*
c) *Pierrot le Fou*

53. Entre le IVe et VIIe siècle, quel traité de l'art d'aimer est écrit en sanskrit par Vatsyayana ?
a) *Kama-sutra* (le)
b) *Mahabharata* (le)
c) *Sraddhotpadasastra* (le)

54. Quelle rue de New York a donné son nom à un quartier de spectacles dont Times Square est le centre ?
a) Bronx Street
b) Harlem Street
c) Broadway

55. En 1969, quel jeune chanteur interprète *I Want You Back*, avec quatre de ses frères ?
a) Wright (Stevie)
b) Jackson (Michael)
c) Isley (Ron)

56. En 1985, dans le film de Miller *l'Effrontée*, quelle jeune comédienne interprète le rôle-titre ?
a) Zylberstein (Elsa)
b) Gainsbourg (Charlotte)
c) Paradis (Vanessa)

57. Quel festival décerne chaque année une « palme d'or » ?
a) Festival de Cannes (le)
b) Festival de Venise (le)
c) Festival de Berlin (le)

58. Quel était le vrai nom de Molière ?
a) Ducasse (Isidore)
b) Poquelin (Jean-Baptiste)
c) Apollinaris de Kostrowitzky (Wilhelm)

59. Quelle suite ascendante ou descendante de notes conjointes est disposée selon les lois de la tonalité sur l'étendue d'une octave ?
a) Gamme (la)
b) Accord parfait (l')
c) Harmonie (l')

60. Quels noms portent les édifices servant de sépultures aux pharaons ou aux reines de l'ancienne Égypte ?
a) Obélisques (les)
b) Pyramides (les)
c) Mastabas (les)

61. Quel est le nom du héros principal des romans d'espionnage de Ian Fleming ?
a) Inspecteur Juve (l')
b) Poirot (Hercule)
c) Bond (James) / Agent 007

62. Quel pont parisien est chanté par Léo Ferré, sur un poème d'Apollinaire, en 1952 ?
a) Pont Mirabeau (le)
b) Pont des Arts (le)
c) Pont Marie (le)

63. Quel surnom fut donné à la fée Viviane qui éleva Lancelot du lac ?
a) Guenièvre
b) Dame du lac (la)
c) Iseut aux blanches mains

64. En 1928, qui composa un fameux *Boléro* ?
a) Bartók (Béla)
b) Prokofiev (Serge)
c) Ravel (Maurice)

65. Dans *les Mille et Une Nuits*, par quelle formule Ali Baba obtient-il l'ouverture de la caverne ?
a) « Abracadabra »
b) « Plouf-plouf »
c) « Sésame, ouvre-toi »

66. Quelle danse tournante à trois temps peut être « musette » ou « viennoise » ?
a) Valse (la)
b) Volte (la)
c) Gavotte (la)

67. Dans *les Misérables* de Victor Hugo, quel est le nom du policier qui pourchasse Jean Valjean ?
a) Thénardier
b) Javert
c) Myriel

68. Dans quel film la robe de Marilyn Monroe se soulève-t-elle sous le souffle d'une bouche d'aération en 1955 ?
a) *Bagarre pour une blonde*
b) *Sept Ans de réflexion*
c) *Rendez-moi ma femme*

69. À quelle chanteuse britannique doit-on le tube planétaire *Rehab* en 2006 ?
a) Allen (Lily)
b) Duffy
c) Winehouse (Amy)

70. Quel comédien se révéla avec le rôle d'Ugolin dans *Jean de Florette* et *Manon des sources* ?
a) Lamotte (Martin)
b) Auteuil (Daniel)
c) Depardieu (Gérard)

71. Quel architecte et paysagiste aménagea les jardins de Versailles sous Louis XIV ?
a) Le Nôtre (André)
b) Le Brun (Charles)
c) Le Vau (Louis)

72. Dans quelle ville se situe le musée de l'Ermitage ?
a) Saint-Pétersbourg
b) Iekaterinbourg
c) Moscou

73. Quel peintre signa *le Moulin de la Galette* en 1876 ?
a) Renoir (Auguste)
b) Caillebotte (Gustave)
c) Toulouse-Lautrec (Henri de)

74. Dans quelle ville peut-on visiter la *Sagrada Familia* de Gaudí ?
a) Valence
b) Madrid
c) Barcelone

75. Quel film de et avec Clint Eastwood met en scène les relations d'une championne de boxe et de son entraîneur ?
a) *Million Dollar Baby*
b) *Fight Club*
c) *Fighting Beauty*

76. Quel peintre, né en 1853, a signé le tableau *les Tournesols* ?
a) Van Gogh (Vincent)
b) Cézanne (Paul)
c) Renoir (Auguste)

77. En 1925, à quel romancier doit-on *Gatsby le Magnifique* ?
a) Stegner (Wallace)
b) Fitzgerald (Francis Scott)
c) Harrison (Jim)

78. Quelle ville accueille chaque année le Festival international de la bande dessinée ?
a) Jarnac
b) Angoulême
c) Soyaux

79. Quel écrivain publia *David Copperfield* en 1850 ?
a) Dickens (Charles)
b) Nickleby (Nicholas)
c) Twist (Oliver)

80. À quelle chanson appartient ce refrain : « Il y a longtemps que je t'aime, jamais je ne t'oublierai » ?
a) *Aux marches du Palais*
b) *Dansons la capucine*
c) *À la claire fontaine*

1. Quel mot désigne, depuis René Descartes, le « moi » comme sujet pensant en philosophie ?
   a) Surmoi
   b) Cogito
   c) Ego

2. Comment appelle-t-on l'enseignement de la foi et de la morale chrétiennes selon un programme systématique ?
   a) Syncrétisme (le)
   b) Catéchisme (le)
   c) Gnosticisme (le)

3. Quels religieux catholiques portent la soutane rouge depuis 1294 ?
   a) Prêtres (les)
   b) Cardinaux (les)
   c) Évêques (les)

4. Par quel emblème le monde de l'islam est-il représenté ?
   a) Croix (la)
   b) Étoile (l')
   c) Croissant (le)

5. Par quel animal la Rome antique était-elle représentée ?
   a) Lion (le)
   b) Louve (la)
   c) Lynx (le)

6. Quel terme, créé par des orientalistes occidentaux, désigne les différents courants religieux orthodoxes de l'Inde ?
   a) Jaïnisme (le)
   b) Hindouisme (l')
   c) Tantrisme (le)

7. Quelle déesse-reine est le complément du dieu-roi Osiris ?
   a) Bastet
   b) Nephthys
   c) Isis

8. Quelle créature mythologique mi-homme mi-lion soumet à Œdipe une énigme célèbre ?
   a) Minotaure (le)
   b) Cyclope (le)
   c) Sphinx (le)

9. Quel nom porte le départ massif d'une population ?
   a) Exutoire (l')
   b) Exil (l')
   c) Exode (l')

10. De quel adjectif qualifie-t-on une année de repos dans la vie professionnelle ?
    a) Sabbatique
    b) Platonique
    c) Sympathique

11. Que récolte-t-on quand on sème le vent ?
    a) Foudre (la)
    b) Tempête (la)
    c) Ouragan (l')

12. Quel patriarche d'avant le Déluge, mort à 969 ans, est le symbole de la vieillesse ?
a) Mathusalem
b) Job
c) Hérode

13. Quel est le nom araméen du « Calvaire » où Jésus fut crucifié ?
a) Golgotha
b) Abba
c) Élohim

14. Quelle fête annuelle de l'Église chrétienne commémore la résurrection de Jésus-Christ ?
a) Pâques
b) Rameaux
c) Cendres

15. Dans de nombreuses religions, comment appelle-t-on l'acte rituel de purification par l'eau ?
a) Onction (une)
b) Ablution (une)
c) Baptême (un)

16. Quelle fête chrétienne commémore la nativité du Christ ?
a) Annonciation (l')
b) Noël
c) Épiphanie (l')

17. Dans la mythologie grecque, quel nom porte le dieu de l'Amour ?
a) Cronos
b) Éros
c) Ouranos

18. Qui est, dans la tradition romaine, le héros éponyme des Latins, roi légendaire du Latium ?
a) Rémus
b) Latinus
c) Romulus

19. Quel nom donne-t-on au légendaire monstre des neiges de l'Himalaya ?
a) Dahu (le)
b) Père Fouettard (le)
c) Yéti (le)

20. Quel phénomène désigne la migration de l'âme passant dans un autre corps au moment de la mort ?
a) Réconciliation (la)
b) Réincarnation (la)
c) Parousie (la)

21. Comment nomme-t-on, dans la religion chrétienne, le rite qui a pour but d'écarter l'influence des démons ?
a) Pénitence (la)
b) Exorcisme (l')
c) Expiation (l')

22. Quel est le dieu suprême du panthéon grec, assimilé à Jupiter par les Romains ?
a) Dionysos
b) Arès
c) Zeus

23. Quel dieu grec de la Mer représente-t-on armé d'un trident ?
a) Triton

b) Océan
c) Poséidon

24. En philosophie, quel nom donne-t-on au sujet pensant ?
a) Moi (le)
b) Ça (le)
c) Soi (le)

25. Quel est le nom de l'époux de Marie et père nourricier de Jésus ?
a) Abraham
b) Joseph
c) Jean-Baptiste

26. Quel nom porte l'interprétation juive ésotérique et symbolique du texte de la Bible ?
a) Torah (la)
b) Kabbale (la)
c) Tanakh (le)

27. Quel nom porte le neuvième mois du calendrier musulman, qui constitue une période de jeûne et de privations entre le lever et le coucher du soleil ?
a) Rajab
b) Ramadan
c) Chawwal

28. En astrologie, quel nom désigne chaque dizaine de degrés de chacun des signes du zodiaque ?
a) Décan (le)
b) Ascendant (l')
c) Thème (le)

29. Quel nom est donné à la calotte que portent les juifs pratiquants ?
a) Kippa (la)
b) Gartel (le)
c) Tallith (le)

30. Comment appelle-t-on la branche de la philosophie qui s'intéresse au domaine des valeurs ?
a) Axiologie (l')
b) Déontologie (la)
c) Philologie (la)

31. À quel philosophe allemand, né en 1844, doit-on *Ainsi parlait Zarathoustra* ?
a) Nietzsche (Friedrich)
b) Engels (Friedrich)
c) Marx (Karl)

32. En 1762, à quel philosophe et écrivain doit-on le traité intitulé *Du contrat social* ?
a) Rousseau (Jean-Jacques)
b) Diderot (Denis)
c) Voltaire (François Marie Arouet, dit)

33. À quel philosophe grec, né vers 427 avant Jésus-Christ, doit-on le mythe de la caverne ?
a) Héraclite
b) Xénophon
c) Platon

34. Dans la Bible, quel jardin accueille Adam et Ève ?
a) Éden (l')

b) Olympe (l')
c) Eldorado (l')

35. **Quel monument les fils de Noé veulent-ils ériger pour atteindre le ciel ?**
a) Autel (l')
b) Tabernacle (le)
c) Tour de Babel (la)

36. **Quel est le premier sacrement des Églises chrétiennes ?**
a) Baptême (le)
b) Communion (la)
c) Confirmation (la)

37. **Quel nom est donné aux églises consacrées à la Vierge Marie ?**
a) Mère-de-Dieu
b) Immaculée-Conception
c) Notre-Dame

38. **Dans quelle ville tout musulman doit-il se rendre en pèlerinage au moins une fois dans sa vie ?**
a) Dubai
b) La Mecque
c) Riyad

39. **Qui est l'auteur du *Gai Savoir* publié en 1882 ?**
a) Feuerbach (Ludwig)
b) Schopenhauer (Arthur)
c) Nietzsche (Friedrich)

40. **Quel objet associe-t-on généralement à saint Pierre ?**
a) Clé (la)
b) Filet (le)
c) Manteau (le)

41. **Quel ordre religieux fut fondé par saint François d'Assise ?**
a) Trappistes (les)
b) Augustins (les)
c) Franciscains (les)

42. **Quel temple les Grecs et les Romains consacraient-ils à tous les dieux ?**
a) Érechthéion (l')
b) Parthénon (le)
c) Panthéon (le)

43. **Quel adjectif signifie « antérieur au Déluge » ?**
a) Antédiluvien
b) Antécédent
c) Antépénultième

44. **Dans le judaïsme, quel livre est considéré comme l'interprétation authentique de la Torah ?**
a) Zohar (le)
b) Midrash (le)
c) Talmud (le)

45. **À quelle divinité grecque est assimilée Vénus, la déesse romaine de l'Amour ?**
a) Héra
b) Dioné
c) Aphrodite

46. Quel animal gardait l'entrée des Enfers ?
a) Hydre de Lerne (l')
b) Chien Cerbère (le)
c) Cheval Pégase (le)

47. Quel nom porte la muse de l'Histoire ?
a) Thalie
b) Clio
c) Calliope

48. Quelle déesse grecque est assimilée à la divinité romaine Diane ?
a) Artémis
b) Déméter
c) Perséphone

49. Quel héros était le chef des Troyens ?
a) Achille
b) Hector
c) Polydoros

50. Dans quel site de la Grèce ancienne la pythie rendait-elle les oracles d'Apollon ?
a) Delphes
b) Épidaure
c) Corinthe

51. Quels sont les sages venus, guidés par une étoile, rendre hommage à Jésus peu après sa naissance ?
a) Apôtres (les)
b) Judéens (les)
c) Rois mages (les)

52. Quelle déesse romaine préside à l'épanouissement des fleurs et des jardins au printemps ?
a) Proserpine
b) Diane
c) Flore

53. Quel juge d'Israël consacré à Dieu, à la force herculéenne, est trahi par Dalila ?
a) Othoniel
b) Samson
c) Élie

54. Lors de quelle fête chrétienne tire-t-on un roi au moyen d'une fève cachée dans un gâteau ?
a) Chandeleur
b) Annonciation
c) Épiphanie (l')

55. À quel héros de la mythologie impose-t-on l'exécution de douze travaux ?
a) Hercule
b) Minos
c) Pan

56. Quel héros mythologique, de retour de la guerre de Troie, erre pendant dix ans, vivant mille aventures qui font le sujet de *l'Odyssée* ?
a) Persée
b) Pollux
c) Ulysse

57. Quel pape, ancien archevêque de Cracovie, fut le premier non italien à diriger l'Église catholique depuis le XVIe siècle ?
a) Jean XXIII
b) Jean-Paul II
c) Benoît XVI

58. Quelle est ville sainte la plus sacrée pour l'Islam ?
a) Jérusalem
b) La Mecque
c) Damas

59. Dans quel pays se trouve le Saint-Siège, centre du christianisme ?
a) Terre sainte (en)
b) Vatican (au)
c) Italie (en)

60. Qui a dit : « Je pense, donc je suis » ?
a) Montaigne (Michel de)
b) Descartes (René)
c) Jésus-Christ

61. Qui était le compagnon des combats philosophiques et politiques de Karl Marx ?
a) Laguiller (Arlette)
b) Guevara (Ernesto « che »)
c) Engels (Friedrich)

62. Laquelle de ces intellectuelles ne fut pas philosophe ?
a) Curie (Marie)
b) Arendt (Hannah)
c) Weil (Simone)

63. Qui a écrit : « On ne naît pas femme, on le devient » ?
a) Aragon (Louis)
b) Beauvoir (Simone de)
c) Montaigne (Michel de)

64. Quelle force cosmogonique est indissociable du yin dans la pensée taoïste chinoise ?
a) Young (le)
b) Yen (le)
c) Yang (le)

65. Quel nom porte le saint patron des automobilistes et des voyageurs ?
a) Christophe (saint)
b) Sylvestre (saint)
c) Patrick (saint)

66. Dans la mythologie, quel animal symbolise la résurrection ?
a) Licorne (la)
b) Paon (le)
c) Phénix (le)

67. Quel bovidé est le symbole de l'argent et de son pouvoir ?
a) Veau (le)
b) Brebis (la)
c) Bouc (le)

68. Quel animal fait-on passer par le chas d'une aiguille lorsqu'on entreprend une chose impossible ou difficile ?
a) Chameau (le)
b) Girafe (la)
c) Éléphant (l')

69. De quelle matière sont les pieds du colosse dont la force n'est qu'apparente ?
a) Argile (d')
b) Sable (de)
c) Glaise (de)

70. Quel nom porte la loi dont le précepte est « Œil pour œil, dent pour dent » ?
a) Loi du Palion (la)
b) Loi du Talion (la)
c) Loi du Salion (la)

71. Dans la mythologie, combien y a-t-il de Muses, filles de Zeus ?
a) Trois
b) Neuf
c) Cinquante

72. Comment s'appellent les trois rois mages de l'Évangile ?
a) David, Salomon et Abraham
b) Jacob, Matthias et Benjamin
c) Gaspar, Melchior et Balthazar

73. Quel objet de dévotion consiste en un collier de grains enfilés utilisé pour la prière ?
a) Médaille (la)
b) Relique (la)
c) Chapelet (le)

74. À quel héros mythologique doit-on l'invention du fameux cheval de bois lors de la guerre de Troie ?
a) Ajax
b) Ulysse
c) Pyrrhus

75. Quel est le titre de l'œuvre d'Auguste Rodin représentant un homme en pleine méditation ?
a) *Théologien (le)*
b) *Philosophe (le)*
c) *Penseur (le)*

76. Quelle institution, créée par le concile de Vérone en 1184, est un tribunal chargé par la papauté de lutter contre les hérésies ?
a) Pénitencerie apostolique (la)
b) Inquisition (l')
c) Tribunal suprême de la signature (le)

77. Que révèle pour Freud un lapsus ?
a) Oubli (un)
b) Ruse (une)
c) Acte manqué (un)

78. Combien y a-t-il d'évangiles ?
a) Quatre
b) Douze
c) Quatre-vingts

79. Qui a écrit : « La nature a fait l'homme heureux et bon, mais la société le déprave et le rend malheureux » ?
a) Serre (Olivier de)
b) Rousseau (Jean-Jacques)
c) Saint-Pierre (Bernardin de)

80. Que signifie le « djihad » ?

a) Guerre sainte (la)
b) Chemin (le)
c) Communauté des Croyants (la)

1. Quel est l'impôt qui n'est pas un impôt direct ?
   a) Impôt de solidarité sur la fortune (l')
   b) Taxe sur la valeur ajoutée (la)
   c) Taxe d'habitation (la)

2. Que signifie le sigle PIB ?
   a) Production intérieure brute
   b) Produit international brut
   c) Produit intérieur brut

3. Comment appelle-t-on le revenu d'une action ?
   a) Coupon (le)
   b) Bénéfice (le)
   c) Dividende (le)

4. Quelle est la durée du mandat d'un député ?
   a) 4 ans
   b) 5 ans
   c) 6 ans

5. Qu'est-ce qu'un moratoire ?
   a) Règlement anticipé (un)
   b) Remise de dette (une)
   c) Délai de paiement (un)

6. Quel est le contraire d'un État de droit ?
   a) Tyrannie (une)
   b) Empire (un)
   c) Monarchie (une)

7. Comment appelle-t-on une banque d'émission qui participe à la politique monétaire du pays, gère les relations entre les banques et a pour principal client l'État ?
   a) Banque d'affaires (une)
   b) Banque centrale (une)
   c) Banque de dépôt (une)

8. À partir de quel seuil sont calculées en France les heures supplémentaires ?
   a) 35 heures
   b) 39 heures
   c) 40 heures

9. À quel âge est-on éligible en France pour être député ?
   a) 18 ans
   b) 23 ans
   c) 30 ans

10. Comment appelle-t-on le complément collectif de rémunération des salariés lié aux résultats et aux performances de la société ?
    a) Indemnisation (l')
    b) Intéressement (l')
    c) Prime (la)

11. Sous quel nom connaît-on l'indice de la bourse de New York ?
    a) CAC 40 (le)
    b) Nasdaq (le)
    c) Dow Jones (le)

12. Comment appelle-t-on une situation où une seule entreprise approvisionne un marché ?
a) Cartel (un)
b) Multinationale (une)
c) Monopole (un)

13. Quel est l'objectif du commerce équitable ?
a) Produire de façon écologique
b) Garantir un juste prix au producteur
c) Développer un partenariat économique

14. Comment appelle-t-on le secteur des activités liées au numérique ?
a) Numérisation (la)
b) Informatisation (l')
c) Économie numérique (l')

15. Quel fut le premier président de la République française élu au suffrage universel en 1965 ?
a) Giscard d'Estaing (Valéry)
b) Pompidou (Georges)
c) Gaulle (Charles de)

16. Quel est l'impôt qui n'est pas un impôt indirect ?
a) Impôt sur le revenu (l')
b) Taxe sur la valeur ajoutée (la)
c) Droits de douane (les)

17. En 1972, quel homme politique devint secrétaire général du Parti communiste français ?
a) Hue (Robert)
b) Duclos (Jacques)
c) Marchais (Georges)

18. Que signifie le sigle FMI ?
a) Fédération monétaire internationale
b) Fond monétaire international
c) Fondation monétaire internationale

19. Quel est le nom du groupe aérospatial européen créé en 2000 ?
a) Aerospatiale
b) EADS
c) Ariane

20. Comment appelle-t-on un ancien élève de l'École nationale d'administration (ENA) ?
a) Politicien (un)
b) Énarque (un)
c) Administrateur (un)

21. Quel est le système politique qui comporte deux assemblées législatives ?
a) Parlementarisme (le)
b) Bicamérisme (le)
c) Démocratie (la)

22. À quel âge est-on éligible en France pour être maire ?
a) 18 ans
b) 24 ans
c) 30 ans

23. Qu'est-ce que la valeur ajoutée ?
a) Différence entre la valeur d'une production et celle des produits ayant servi à la réaliser (la)
b) Valeur des biens et services achetés par l'entreprise (la)
c) Différence entre un prix d'achat et un prix de vente (la)

24. Quel régime politique tire son nom des mots grecs *kratos* et *dêmos*, qui signifient « pouvoir du peuple » ?
a) Démocratie (la)
b) Ploutocratie (la)
c) Démagogie (la)

25. Quel fut le taux de conversion du franc en euro ?
a) 6,556 57
b) 6,557 57
c) 6,559 57

26. Que signifie le sigle MEDEF ?
a) Mouvement des entrepreneurs et dirigeants de France
b) Mouvement des entreprises de France
c) Manifeste des entrepreneurs et dirigeants de France

27. Qui assure en France l'intérim en cas de décès ou de démission du président de la République ?
a) Premier ministre (le)
b) Président de l'Assemblée nationale (le)
c) Président du Sénat (le)

28. Quelle est la base d'imposition de la TICPE ?
a) Conventions d'assurance (les)
b) Mouvements de capitaux (les)
c) Produits énergétiques (les)

29. Quelle est la durée du mandat d'un maire ?
a) 4 ans
b) 5 ans
c) 6 ans

30. Quel est le taux de TVA normal en France ?
a) 18,6 %
b) 19,6 %
c) 20,6 %

31. Quel est le cumul de mandats électoraux qui n'est pas interdit ?
a) Député et maire
b) Sénateur et représentant au Parlement européen
c) Député et représentant au Parlement européen

32. Quel est le taux de TVA réduit en France applicable sur les produits alimentaires ?
a) 2,1 %
b) 5,5 %
c) 7 %

33. Quel Premier ministre français a déclaré en 2000 : « L'État ne peut pas tout » ?
a) Jospin (Lionel)
b) Juppé (Alain)
c) Raffarin (Jean-Pierre)

34. Qu'est-ce que la plus-value ?
a) Accroissement de la valeur d'une ressource, d'un bien (l')
b) Répartition dans le temps d'une charge financière (la)
c) Vente d'un bien immobilier (la)

35. Qu'est-ce qu'un oligopole ?
a) Marché dans lequel il n'y a que quelques acheteurs face à une multitude de vendeurs (un)
b) Marché dans lequel il n'y a plus que des vendeurs (un)
c) Marché dans lequel il n'y a que quelques vendeurs face à une multitude d'acheteurs (un)

36. En 1870, quel industriel du pétrole fonda la Standard Oil ?
a) Drake (Edwin)
b) Rockefeller (John Davison)
c) Ford (Henry)

37. Qu'est-ce qu'un cabinet ministériel ?
a) Équipe des collaborateurs d'un ministre (l')
b) Bureau du Premier ministre (le)
c) Réunion des ministres (la)

38. À quelle période correspondent les Trente Glorieuses en France ?
a) De 1900 à 1930
b) De 1945 à 1975
c) De 1950 à 1980

39. Qui a exercé le plus longtemps la fonction de président de la République sous la Ve République ?
a) Chirac (Jacques)
b) Mitterrand (François)
c) Gaulle (Charles de)

40. Comment appelle-t-on le principe selon lequel les coûts de prévention, de réduction de la pollution, de dépollution et de restauration doivent être supportés par le pollueur à l'origine du sinistre ?
a) Principe pollueur-payeur (le)
b) Principe de précaution (le)
c) Principe de développement durable (le)

41. Quelle ville est le siège du Conseil de l'Europe et du Parlement européen ?
a) Bruxelles
b) Strasbourg
c) Francfort

42. Quelle est la durée du mandat d'un sénateur ?
a) 4 ans
b) 5 ans
c) 6 ans

43. Que peuvent faire des députés pour s'opposer au gouvernement ?
a) Dissoudre l'Assemblée nationale
b) Déposer une motion de censure
c) Changer le Premier ministre

44. Qui forme le gouvernement ?
a) Premier ministre (le)
b) Président de la République (le)
c) Président de la République et Premier ministre (les)

45. Que peut dissoudre le président de la République ?
a) Sénat (le)
b) Conseil d'État (le)
c) Assemblée nationale (l')

46. Quand s'est tenue la dernière élection présidentielle en 2012 ?
a) 22 avril et 29 avril
b) 22 avril et 6 mai
c) 29 avril et 6 mai

47. Quand l'euro a-t-il été mis en circulation dans l'Union européenne ?
a) 1er janvier 2000
b) 1er janvier 2001
c) 1er janvier 2002

48. Quel est le facteur principal qui explique la révolution industrielle dans les pays européens au XIXe siècle ?
a) Baisse de la mortalité (la)
b) Accélération du progrès technique (l')
c) Absence de conflits armés (l')

49. Quel nom donne-t-on au phénomène qui tend à accroître le redéploiement des ressources économiques dans un système de marché à dimension mondiale ?
a) Impérialisme (l')
b) Globalisation (la)
c) Mondialisation (la)

50. Quel industriel américain est connu pour avoir lancé la construction en série et avoir imaginé la standardisation des pièces ?
a) Ford (Henry)
b) Taylor (Frederick)
c) Welch (Jack)

51. Comment appelle-t-on le mode d'organisation dans les entreprises qui se caractérise par le fractionnement et la spécialisation des fonctions de production ?
a) Organisation du travail (l')
b) Productivité (la)
c) Division du travail (la)

52. Qui collecte la TVA pour le compte de l'État ?
a) Trésor public (le)
b) Entreprises (les)
c) Collectivités locales (les)

53. Comment appelle-t-on la valeur d'une société cotée en bourse calculée en multipliant son cours par le nombre de ses actions ?
a) Capitalisation boursière (la)
b) Valeur boursière (la)
c) Actualisation boursière (l')

54. Comment appelle-t-on une entente entre des entreprises indépendantes d'une même branche industrielle afin de limiter ou de supprimer la concurrence ?
a) Monopole (un)
b) Cartel (un)
c) Trust (un)

55. Quel terme correspond à une reconnaissance de dette ?
a) Part sociale (une)
b) Action (une)
c) Obligation (une)

56. Comment appelle-t-on un investissement qui consiste en la prise de participation dans des sociétés récentes ou intervenant sur des secteurs de pointe ?
a) Capital-risque (un)
b) Fond de placement (un)
c) Investissement d'avenir (un)

57. En quelle année eut lieu le krach de Wall Street un certain « jeudi noir » ?
a) 1889
b) 1929
c) 1939

58. Quel pays inventa le premier billet de banque dans les années 800 ?
a) Japon (le)
b) Corée (la)
c) Chine (la)

59. Comment appelait-on le système international dans lequel la valeur des monnaies était fixée en relation avec le prix de l'or ?
a) Parité monétaire (la)
b) Étalon-or (l')
c) Bimétallisme (le)

60. Qu'étudie la microéconomie ?
a) Comportements individuels des agents économiques (les)
b) Coûts de production (les)
c) Relations entre les agrégats d'une économie (les)

61. Que se propose d'expliquer la macroéconomie ?
a) Coûts de production (les)
b) Comportements individuels des agents économiques (les)
c) Relations entre les agrégats d'une économie (les)

62. Qu'appelle-t-on un titre de créance émis par une entreprise, remboursable à une date et pour un montant fixés à l'avance et qui rapporte un intérêt ?
a) Obligation (une)
b) Action (une)
c) Crédit (un)

63. Comment s'appelle une inflation hors de contrôle ?
a) Hyperinflation (une)
b) Inflation galopante (une)
c) Inflation continue (une)

64. Durant quelles années les chocs pétroliers ont provoqué une inflation supérieure à 10 % dans tout le monde développé ?
a) Années 1960 (les)
b) Années 1970 (les)
c) Années 1980 (les)

65. Comment appelle-t-on une zone de marchés financiers caractérisée par des taux de change ou d'actions surévalués en raison d'une forte spéculation ?
a) Bulle financière (une)
b) Surchauffe financière (une)
c) Crise financière (une)

66. Comment appelle-t-on une offre lancée par une société sur des actions cotées en bourse à un prix d'achat déterminé dans l'optique d'une prise de contrôle d'une autre société ?
a) OPR (une)
b) OPA (une)
c) OPE (une)

67. Quel est actuellement le premier poste des dépenses des ménages en France ?
a) Transports (les)
b) Alimentation (l')
c) Logement (le)

68. Quel est le taux de chômage en France aujourd'hui ?
a) 8 %
b) 10 %
c) 12 %

69. Qu'appelle-t-on des bons du Trésor ?
a) Prêt consenti par un État (un)
b) Emprunt d'État à long terme (un)
c) Emprunt d'État à court ou moyen terme (un)

70. Comment appelle-t-on une action en justice ou procédure d'un grand nombre de personnes contre une entreprise ou une institution publique ?
a) Action en justice (une)
b) Procédure collective (une)
c) Action collective (une)

71. Devant quelle juridiction sont portés les litiges électoraux en France ?
a) Cour de cassation (la)
b) Conseil constitutionnel (le)
c) Conseil d'État (le)

72. Quel est parmi ces pays celui qui a toujours son triple A ?
a) Royaume-Uni (le)
b) États-Unis (les)
c) Canada (le)

73. Que mesurent les agences de notation ?
a) Risque de solvabilité des emprunteurs (le)
b) Risque commercial des emprunteurs (le)
c) Endettement des emprunteurs (l')

74. Quand les congés payés sont-ils passés à 5 semaines ?
a) 1982
b) 1992
c) 2002

75. Comment appelle-t-on les actifs détenus par les Banques centrales, principalement sous forme de devises étrangères et d'or ?
a) Réserves de change (les)
b) Trésor public (le)
c) Fonds monétaires (les)

76. Comment appelle-t-on une phase de croissance inflationniste provenant d'une pleine utilisation des capacités de production ?
a) Hyperinflation (une)
b) Surchauffe (une)
c) Surinflation (une)

77. Quel a été le taux d'abstention au 2e tour des élections présidentielles de 2012 en France ?
a) 15,6 %
b) 19,6 %
c) 24,5 %

78. Quelle est l'origine du mot « salaire » ?
a) Sel (le)
b) Sueur (la)
c) Salut (le)

79. Quelles sont les professions qui n'ont pas le droit de grève ?
a) Militaires (les)
b) Infirmiers (les)
c) Médecins (les)

80. Qui est en mesure de réquisitionner du personnel gréviste dans certains secteurs, tels que la santé et l'éducation nationale ?
a) Préfet (le)
b) Employeur (l')
c) Maire (le)

1. Quelle est l'unité monétaire de la République populaire de Chine ?
   a) Yen (le)
   b) Yuan (le)
   c) Won (le)

2. Quel est l'emblème de la Corse ?
   a) Chant corse (le)
   b) Tête de Maure (la)
   c) Chêne-liège (le)

3. Quelle ville est le chef-lieu de la Franche-Comté ?
   a) Besançon
   b) Vesoul
   c) Lons-le-Saulnier

4. Quel État d'Afrique, bordé par la Méditerranée, a pour capitale Tripoli ?
   a) Libye (la)
   b) Algérie (l')
   c) Tunisie (la)

5. Quelle île, située au large de Quiberon, est la plus grande des îles bretonnes ?
   a) Île d'Yeu (l')
   b) Île de Groix (l')
   c) Belle-Île-en-Mer

6. Quelle ville, spécialisée dans les salaisons, est située au confluent de l'Adour et de la Nive ?
   a) Aire-sur-l'Adour
   b) Saint-Jean-Pied-de-Port
   c) Bayonne

7. Quelles sont les deux couleurs dominantes du drapeau espagnol ?
   a) Rouge et noir
   b) Rouge et jaune
   c) Rouge et blanc

8. Quelle est la langue officielle du Maroc ?
   a) Tamazight (le)
   b) Arabe (l')
   c) Français (le)

9. Quelle était l'unité monétaire des Pays-Bas avant le passage à l'euro ?
   a) Couronne (la)
   b) Livre (la)
   c) Florin (le)

10. Dans quel État des États-Unis se situe le cap Canaveral ?
    a) Texas (le)
    b) Californie (la)
    c) Floride (la)

11. Quelle ville est la capitale du Japon ?
    a) Tokyo
    b) Kobe
    c) Kyoto

12. Dans quelle région administrative de France est situé le pays de Caux ?
a) Haute-Normandie (la)
b) Picardie (la)
c) Basse-Normandie (la)

13. Quelle ville est le chef-lieu du département du Tarn ?
a) Albi
b) Castres
c) Montauban

14. Sur quelle île de New York les Hollandais se sont-ils établis au XVIIe siècle ?
a) Long Island
b) Staten Island
c) Île de Manhattan (l')

15. Quelle ville est le chef-lieu du Jura ?
a) Pontarlier
b) Dole
c) Lons-le-Saunier

16. Quelle région administrative regroupe les départements de l'Aisne, de l'Oise et de la Somme ?
a) Nord - Pas-de-Calais Picardie (le)
b) Pays de la Loire (les)
c) Île-de-France (l')

17. De quel pays le yen est-il l'unité monétaire ?
a) Chine (la)
b) Japon (le)
c) Thaïlande (la)

18. Quelle région administrative de France est la moins peuplée ?
a) Normandie (la)
b) Bretagne (la)
c) Centre-Val de Loire (le)

19. Quelle ville est la capitale du Dauphiné ?
a) Gap
b) Valence
c) Grenoble

20. Quelle mer communique avec l'océan Atlantique par le détroit de Gibraltar ?
a) Méditerranée (la)
b) Mer Caspienne (la)
c) Mer Noire (la)

21. Dans quel département se trouve la ville de Marseille ?
a) Bouches-du-Rhône (les)
b) Var (le)
c) Gard (le)

22. Quelle était la monnaie du Portugal avant le passage à l'euro ?
a) Escudo (l')
b) Peso (le)
c) Real (le)

23. En 1650, quelle ville de la Drôme devint la capitale du nougat ?
a) Nyons

b) Die
c) Montélimar

24. Quelle place principale de Moscou est située en bordure du Kremlin ?
a) Place Rouge (la)
b) Grande-Place (la)
c) Place Blanche (la)

25. Quelle est la principale ville de la Sicile ?
a) Messine
b) Palerme
c) Syracuse

26. Quel nom anglo-saxon porte le courant chaud de l'Atlantique allant des Antilles jusqu'à Terre-Neuve ?
a) Hot Stream (le)
b) Gulf Stream (le)
c) Main Stream (le)

27. Dans quel département se trouve la ville d'Annecy ?
a) Haute-Savoie (la)
b) Isère (l')
c) Savoie (la)

28. À quel département est rattachée l'île de Ré ?
a) Vendée (la)
b) Charente-Maritime (la)
c) Charente (la)

29. De quel département la ville de Montauban est-elle le chef-lieu ?
a) Lot (le)
b) Tarn-et-Garonne (le)
c) Aveyron (l')

30. Quelle commune du Morbihan est célèbre pour ses alignements mégalithiques ?
a) Essé
b) Arzon
c) Carnac

31. Quelle ville est le chef-lieu de la région Picardie et du département de la Somme ?
a) Amiens
b) Abbeville
c) Saint-Quentin

32. Sur quelle île isolée de l'océan Pacifique trouve-t-on des statues géantes appelées « moai » ?
a) Île de l'Ascension (l')
b) Île de Pitcairn (l')
c) Île de Pâques (l')

33. Quelle célèbre artère de Marseille doit son nom au chanvre que l'on cultivait autrefois sur son emplacement ?
a) Chènevotte (la)
b) Chanvrière (la)
c) Canebière (la)

34. Quel cap du Chili marque le point le plus austral de l'Amérique du Sud ?
a) Cap Horn (le)

b) Terre de Feu (la)
c) Cap Blanc (le)

35. **Dans quel département se trouve la ville de Biarritz ?**
a) Gironde (la)
b) Landes (les)
c) Pyrénées-Atlantiques (les)

36. **Dans quel État des États-Unis est située la ville de Los Angeles ?**
a) Nevada (le)
b) Californie (la)
c) Utah (l')

37. **Quel océan borde Los Angeles ?**
a) Océan Pacifique (l')
b) Océan Atlantique (l')
c) Océan Indien (l')

38. **Dans quelle province d'Espagne est située la ville de Séville ?**
a) Estrémadure (l')
b) Andalousie (l')
c) Murcie (la)

39. **Quelle est la plus grande île des terres arctiques ?**
a) Île d'Ellesmere (l')
b) Nouvelle-Zemble (la)
c) Groenland (le)

40. **Quelle île française est divisée en deux départements ?**
a) Tahiti
b) Corse (la)
c) Îles Kerguelen (les)

41. **Dans quelle ville d'Espagne se trouvent les Ramblas ?**
a) Valence
b) Barcelone
c) Madrid

42. **Quelle avenue parisienne se déroule de la place de l'Étoile à la Concorde ?**
a) Esplanade des Invalides (l')
b) Champs-Élysées (les)
c) Champ-de-Mars (le)

43. **De quel département la ville de Strasbourg est-elle le chef-lieu ?**
a) Moselle (la)
b) Haut-Rhin (le)
c) Bas-Rhin (le)

44. **Comment appelle-t-on les habitants de l'île de Chypre ?**
a) Chypriens (les)
b) Chypriotes (les)
c) Chypériens (les)

45. **Quel département français d'outre-mer est formé par les îles de Grande-Terre et de Basse-Terre ?**
a) Guadeloupe (la)
b) Guyane (la)
c) Martinique (la)

46. De quelle île la ville de Nouméa est-elle le chef-lieu ?
a) Île de Pâques (l')
b) Nouvelle-Calédonie (la)
c) Île Wallis (l')

47. Quel département d'outre-mer est situé au nord de l'Amérique du Sud, entre le Suriname et le Brésil ?
a) La Réunion
b) Mayotte
c) Guyane (la)

48. Sur quelle île de la Polynésie française se trouve la ville de Papeete ?
a) Tahiti
b) Mururoa
c) Fangataufa

49. Quelle ville, bordée par l'océan Atlantique, est la capitale du Sénégal ?
a) Banjul
b) Dakar
c) Saint-Louis

50. Quelle est la capitale du Portugal ?
a) Lisbonne
b) Porto
c) Madrid

51. Quelle ville est le chef-lieu de la région de Haute-Normandie ?
a) Rouen
b) Le Havre
c) Dieppe

52. Quelle péninsule forme l'extrémité nord-ouest de la presqu'île du Cotentin ?
a) Hague (la)
b) Giens
c) Quiberon

53. Comment appelle-t-on la grande place publique de Pékin ?
a) Place des Quatre-Printemps (la)
b) Place du Peuple (la)
c) Place Tian'anmen (la)

54. Quelle ville est la capitale du Pérou ?
a) Lima
b) La Paz
c) Quito

55. Quelle est l'unité monétaire du Canada ?
a) Dollar américain (le)
b) Livre sterling (la)
c) Dollar canadien (le)

56. À New York, quel parc de Manhattan couvre une surface de 340 hectares ?
a) Times Square
b) Central Park
c) Washington Square

57. Quelle ville de Seine-Maritime est célèbre pour ses hautes falaises blanches ?
a) Saint-Valéry-en-Caux
b) Antifer
c) Étretat

58. Quel chef-lieu du canton du Val-de-Marne est le siège d'un aéroport ?
a) Villeneuve-Saint-Georges
b) Orly
c) Bonneuil-sur-Marne

59. Quelle est la plus vaste terre océanienne ?
a) Nouvelle-Zélande (la)
b) Australie (l')
c) Nouvelle-Guinée (la)

60. Quel est le chef-lieu de la Martinique ?
a) Roseau
b) Fort-de-France
c) Pointe-à-Pitre

61. Quelle ville est la capitale de la Belgique ?
a) Anvers
b) Bruxelles
c) Namur

62. Quel est le nom celtique de la Bretagne, désignant aujourd'hui le littoral de cette région ?
a) Armor (l')
b) Argoat (l')
c) Porhoët (le)

63. Quelle ville est la capitale de la Tunisie ?
a) Tripoli
b) Tunis
c) Rabat

64. Quelle ville, capitale de la Hongrie, est située sur le Danube ?
a) Belgrade
b) Bucarest
c) Budapest

65. Dans quelle ville de la région Provence-Alpes-Côte d'Azur peut-on visiter le palais des Papes ?
a) Gap
b) Aix-en-Provence
c) Avignon

66. Quelle unité monétaire est familièrement appelée « billet vert » ?
a) Dinar (le)
b) Franc suisse (le)
c) Dollar (le)

67. Quelle ville, bordée par la Vistule, est la capitale de la Pologne ?
a) Budapest
b) Prague
c) Varsovie

68. Quelle collectivité territoriale française est située près de la côte sud de Terre-Neuve ?
a) Saint-Pierre-et-Miquelon
b) Labrador (le)
c) Île d'Anticosti (l')

69. Sur quel site d'Égypte trouve-t-on les pyramides de Kheops, de Khephren et de Mykérinos ?
a) Karnak
b) Gizeh
c) Abou-Simbel

70. Quel pays est surnommé le « pays du Soleil levant » ?
a) Japon (le)
b) Russie (la)
c) Chine (la)

71. Dans quel océan est située l'île de La Réunion ?
a) Océan Pacifique (l')
b) Océan Indien (l')
c) Océan Atlantique (l')

72. Quel port est la capitale du Maroc ?
a) Rabat
b) Casablanca
c) Tanger

73. Sur quel fleuve italien est situé le Ponte Vecchio de Florence ?
a) Arno (l')
b) Tibre (le)
c) Pô (le)

74. Dans quel département se trouve la ville de Caen ?
a) Eure (l')
b) Manche (la)
c) Calvados (le)

75. Quels sont les deux départements qui forment la région Haute-Normandie ?
a) Orne et Eure
b) Seine-Maritime et Eure
c) Seine-Maritime et Somme

76. Quelle ville est la capitale de la Toscane ?
a) Pise
b) Piombino
c) Florence

77. Quelle ville est le chef-lieu de la région Provence-Alpes-Côte d'Azur ?
a) Marseille
b) Marignane
c) Digne-les-Bains

78. De quel territoire français d'outre-mer les îles Marquises font-elles partie ?
a) Clipperton
b) Polynésie française (la)
c) Caraïbes (les)

79. Quel vent du sud-est souffle sur le Haut-Languedoc et les régions à l'ouest des Corbières ?
a) Fœhn (le)

b) Sirocco (le)
c) Autan (l')

80. Quelle ville est célèbre pour sa promenade des Anglais ?
a) Dinard
b) Toulon
c) Nice

1. Qu'est-ce qu'un apatride ?
a) Réfugié (un)
b) Personne sans nationalité légale (une)
c) Demandeur d'asile (un)

2. Quelle organisation internationale succéda en 1945 à la Société des Nations ?
a) Organisation mondiale du commerce (l') / OMC (l')
b) Organisation des Nations unies (l') / ONU (l')
c) Communauté économique européenne (la) / CEE (la)

3. Où se trouve le siège de l'ONU ?
a) Washington
b) Chicago
c) New York

4. Où se trouve le siège de la Banque mondiale ?
a) Paris
b) New York
c) Washington

5. Que brandit Khrouchtchev, premier secrétaire du Parti communiste de l'URSS, à l'Assemblée générale de l'ONU en 1960 ?
a) Livre rouge (le)
b) Déclaration (une)
c) Chaussure (une)

6. Quel est le surnom de l'Initiative de défense stratégique (IDS), projet rendu public en 1983 par le président américain Ronald Reagan ?
a) Opéra spatial (l')
b) Guerre des étoiles (la)
c) Bouclier des étoiles (le)

7. Qui prononça ces mots *Ich bin ein Berliner* (« Je suis un Berlinois ») le 26 juin 1963 ?
a) Gaulle (Charles de)
b) Kennedy (John F.)
c) Eisenhower (Dwight D.)

8. Comment appelle-t-on un organisme dont le financement est assuré par des dons privés et qui se voue à l'aide humanitaire ?
a) Fondation d'utilité publique (une)
b) Organisation non gouvernementale (une) / ONG (une)
c) Organisme à but humanitaire (un)

9. Quel était le nom officiel de l'Allemagne de l'Est ?
a) République fédérale d'Allemagne (RFA)
b) République socialiste allemande (RSA)
c) République démocratique allemande (RDA)

10. Quel était le nom officiel de l'Allemagne de l'Ouest ?
a) République fédérale d'Allemagne (RFA)
b) République démocratique allemande (RDA)

c) République socialiste allemande (RSA)

11. **À quoi renvoie l'expression « espace vital » ?**
a) Développement de l'URSS vers la Sibérie (au)
b) Conquête de l'ouest aux États-Unis (à la)
c) Revendication territoriale pour des raisons démographiques ou économiques (à une)

12. **Quel est l'homme politique, écrivain et philosophe qui écrivit *le Prince* en 1513 ?**
a) Érasme
b) Montaigne (Michel de)
c) Machiavel

13. **Quelle est la langue la plus parlée dans le monde ?**
a) Chinois (le)
b) Anglais (l')
c) Espagnol (l')

14. **Que signifie l'expression *Si vis pacem, para bellum*, due à Végèce, écrivain latin du IVe siècle ?**
a) Si tu veux la paix, prépare la guerre
b) Si tu veux la paix, jette les armes
c) Si tu veux la paix, ne pars pas en guerre

15. **Où siège la Cour internationale de justice ?**
a) Londres
b) Bruxelles
c) La Haye

16. **Comment appelle-t-on un ensemble plus ou moins systématisé de croyances, d'idées, de doctrines influant sur le comportement individuel ou collectif ?**
a) Idéologie (une)
b) Religion (une)
c) Théorie (une)

17. **En quelle année la France a-t-elle réintégré l'OTAN ?**
a) 1899
b) 1999
c) 2009

18. **Quand a eu lieu la grande vague de décolonisations dans le monde ?**
a) Après 1918
b) Après 1930
c) Après 1945

19. **Quand a eu lieu la crise de Cuba ayant pour origine le projet d'installation de missiles soviétiques dans l'île ?**
a) 1956
b) 1962
c) 1975

20. **Qui réalisa *le Dictateur* en 1940 ?**
a) Chaplin (sir Charlie)
b) Lubitsch (Ernst)
c) Hitchcock (Alfred)

21. Qui fut le Premier ministre et président du Congrès indien de 1947 à 1964 ?
a) Gandhi (Mahatma)
b) Gandhi (Indira)
c) Nehru (Jawaharlal)

22. Quel est l'actuel Secrétaire général de l'ONU ?
a) Boutros-Ghali (Boutros)
b) Ki-moon (Ban)
c) Kofi (Annan)

23. Comment appelle-t-on la doctrine qui affirme la prééminence de l'intérêt de la nation par rapport aux intérêts des groupes, des classes, des individus qui la constitue ?
a) Déterminisme (le)
b) Nationalisme (le)
c) Collectivisme (le)

24. Quel nom a été donné à la force militaire de l'ONU créée en 1956 ?
a) Casques bleus (les)
b) Bérets rouges (les)
c) Bérets verts (les)

25. Quel était le nom donné pendant la guerre du Viêt Nam aux communistes et à leurs alliés ?
a) Viêt-cong
b) Viêt-mong
c) Viêt-song

26. Qui signa du côté américain les accords de paix de Paris le 27 janvier 1973 pour mettre fin à la guerre du Viêt Nam ?
a) Nixon (Richard)
b) Johnson (Lyndon B.)
c) Ford (Gerald)

27. Comment appelle-t-on un État ou une entité supranationale ayant le potentiel de devenir une superpuissance ?
a) Superpuissance en développement (une)
b) Superpuissance émergente (une)
c) Superpuissance agissante (une)

28. Comment appelle-t-on l'art de coordonner l'action de forces militaires, politiques, économiques et morales impliquées dans la conduite d'une guerre ou la défense d'une nation ?
a) Agression (l')
b) Stratégie (la)
c) Tactique (la)

29. Quelle est l'alliance militaire qui regroupa autour de l'Union soviétique plusieurs pays de l'Est en 1955 ?
a) Pacte de Moscou (le)
b) Pacte de Varsovie (le)
c) Pacte de Berlin (le)

30. Comment appelle-t-on l'art de diriger une bataille, en combinant par la manœuvre l'action des différents moyens de combat ?
a) Stratégie (la)

b) Tactique (la)
c) Agression (l')

31. Quel prix récompense « la personnalité ou la communauté ayant le plus ou le mieux contribué au rapprochement des peuples » ?
a) Prix international de la paix (le)
b) Prix Nobel de la paix (le)
c) Prix Pablo Neruda (le)

32. Quel est l'accord israélo-palestinien négocié secrètement en marge des négociations multilatérales sur la paix au Proche-Orient engagées en 1991 ?
a) Accord de Munich (l')
b) Accord d'Oslo (l')
c) Accord de Copenhague (l')

33. Comment appelait-on les missiles nucléaires américains de moyenne portée installés en 1983 dans certains pays de l'OTAN ?
a) Missiles euro-américains (les)
b) Euromissiles (les)
c) OTAN-M (les)

34. Comment s'appelle le corps d'armée européen créé en 1992 à l'initiative de la France et de l'Allemagne ?
a) Euroarmée (l')
b) Eurocorps (l')
c) Eurodivision (l')

35. Qui élabora une doctrine de l'action non violente ?
a) Foucauld (Charles de)
b) King (Martin Luther)
c) Gandhi (Mahatma)

36. Qui est considéré comme le père de la bombe atomique américaine ?
a) Oppenheimer (Robert)
b) Einstein (Albert)
c) Groves (Leslie)

37. Quel était le nom de code du projet pour développer la bombe nucléaire américaine ?
a) Manhattan
b) Santa Fe
c) Los Alamos

38. Comment appelle-t-on une guerre de harcèlement, d'embuscades, de coups de main, menée par des unités régulières ou des troupes de partisans ?
a) Guérilla (une)
b) Incursion (une)
c) Raid (un)

39. Quelle est la révolution qui donna le pouvoir aux bolcheviques en Russie ?
a) Révolution d'Octobre (la)
b) Révolution de Décembre (la)
c) Révolution de Février (la)

40. Quelle est la dynastie qui régna sur l'empire austro-hongrois de 1867 à 1918 ?
a) Lorrains (les)
b) Habsbourg (les)
c) Badenberg (les)

41. Comment appelle-t-on le transfert à une collectivité publique de la propriété de certains moyens de production appartenant à des particuliers ?
a) Nationalisation (une)
b) Expropriation (une)
c) Confiscation (une)

42. Que prônait Malthus, économiste britannique, qui publia en 1798 un *Essai sur le principe de population* ?
a) Restriction volontaire des naissances (la)
b) Accroissement de la population (l')
c) Colonisation (la)

43. Quel État est devenu en 1959 le 50e et dernier État des États-Unis ?
a) Alaska
b) Hawaii
c) Arizona

44. Quelle est la force paramilitaire irlandaise qui mena la guerre d'indépendance contre les Anglais ?
a) RIA (le)
b) RAI (le)
c) IRA (l')

45. Comment appelle-t-on la loi coranique islamique régissant la vie religieuse, politique, sociale et individuelle de manière stricte ?
a) Surate (la)
b) Charia (la)
c) Chahabba (la)

46. Quel est le plus petit pays du monde en superficie ?
a) Vatican (le)
b) Monaco
c) Îles Coco (les)

47. Quel est le pays le plus peuplé du monde ?
a) Inde (l')
b) Chine (la)
c) États-Unis (les)

48. D'après la Constitution, quelle est l'autorité qui négocie et ratifie les traités en France ?
a) Président de la République avec un contreseing du Premier ministre (le)
b) Président de la République (le)
c) Parlement (le)

49. Quelle est la seule loi qui s'applique aux vols internationaux ?
a) Loi nationale du pays d'arrivée (la)
b) Loi nationale du pays survolé (la)
c) Loi nationale de la compagnie aérienne (la)

50. Comment appelait-on la politique de neutralité vis-à-vis des blocs occidental et communiste observée pendant la guerre froide par certains États du tiers-monde ?
a) Mouvement des non-partisans (le)
b) Mouvement des non-alignés (le)
c) Mouvement des non-affiliés (le)

51. Comment appelle-t-on une convention conclue entre des États qui s'engagent à ne pas régler leurs différends par la force ?
a) Pacte de non-agression (un)
b) Convention de neutralité (une)
c) Pacte de non-belligérance (un)

52. Où se trouve le siège de la Croix-Rouge ?
a) Rome (à)
b) Genève (à)
c) Berne (à)

53. Quelle capitale européenne organisa les premiers jeux Olympiques modernes en 1896 ?
a) Paris
b) Rome
c) Athènes

54. Quel est l'objet des sommets du G20 qui regroupe les pays les plus industrialisés de la planète ?
a) Finance (la)
b) Environnement (l')
c) Économie (l')

55. Dans quelle ville se trouve le siège du Fonds monétaire international (FMI) ?
a) Paris
b) New York
c) Washington

56. Quand le chiffre de 7 milliards d'habitants sur Terre a-t-il été atteint ?
a) 31 octobre 2000
b) 31 octobre 2008
c) 31 octobre 2011

57. Quel est le continent le plus peuplé du monde ?
a) Afrique (l')
b) Asie (l')
c) Amérique (l')

58. Quel est l'acte fondateur de la zone euro ?
a) Traité de Maastricht (le)
b) Traité de Rome (le)
c) Traité de Paris (le)

59. Quelle est la première monnaie au monde pour la facturation des matières premières (pétrole) et des gros contrats industriels (aéronautique) ?
a) Yen (le)
b) Euro (l')
c) Dollar (le)

60. Dans quel pays se trouve Maastricht ?
a) Allemagne (l')
b) Pays-Bas (les)
c) Luxembourg (le)

61. Où se trouve le centre de détention de Guantánamo ?
a) Cuba (à)
b) Jamaïque (en)
c) République dominicaine (en)

62. Qui ont perturbé le G20 qui s'est tenu à Cannes en 2011 ?
a) Écologistes (les)
b) Anarchistes (les)
c) Altermondialistes (les)

63. De quoi est chargé l'OMS au niveau mondial ?
a) Santé (de la)
b) Agriculture (de l')
c) Maintien de la paix (du)

64. Qui écrivit *De la démocratie en Amérique* en 1856 ?
a) Tocqueville (Charles de)
b) Hobbes (Thomas)
c) Constant (Benjamin)

65. Quelle est la plus grande mégapole du monde ?
a) Mexico
b) Tokyo
c) New York

66. En quelle année a eu lieu la chute du mur de Berlin ?
a) 1989
b) 1992
c) 1995

67. Quel livre publia Hitler en 1925 où il expose les principes du national-socialisme ?
a) *Mein Kampf*
b) *Mein Politik*
c) *Nationalsozialismus*

68. En quelle année la Chine populaire a-t-elle occupé le Tibet ?
a) 1945
b) 1950
c) 1959

69. Au niveau international, qui règle les différends d'ordre juridique qui lui sont soumis par les États et donne des avis consultatifs sur les questions juridiques ?
a) Tribunal international pour la justice (le)
b) Tribunal international (le)
c) Cour internationale de justice (la)

70. Quelle est l'institution qui élabore les conventions internationales sur le travail ?
a) Bureau du travail (le)
b) Organisation internationale du travail (l') / OIT (l')
c) Organisation de coopération et de développement économique (l') / OCDE (l')

71. En quelle année le gouvernement tibétain représenté par le dalaï-lama est-il parti en exil ?
a) 1950
b) 1959
c) 1965

72. Quel pays est gouverné selon la charia ?
a) Maroc (le)
b) Tunisie (la)
c) Arabie saoudite (l')

73. Quel est l'antonyme de « belligérant » ?
a) Neutre
b) Belliqueux
c) Complice

74. Quel est le premier pays exportateur d'armes au monde ?
a) Russie (la)
b) États-Unis (les)
c) France (la)

75. Quel est le premier pays importateur d'armes au monde ?
a) Inde (l')
b) Émirats arabes unis (les)
c) Arabie saoudite (l')

76. Que signifie le sigle OTAN ?
a) Organisation du traité de l'Atlantique Nord
b) Organisation du traité d'Amérique du Nord
c) Organisation du traité d'Afrique du Nord

77. Quand la bombe nucléaire fut-elle lancée par les Américains sur Hiroshima ?
a) 6 août 1944
b) 6 août 1945
c) 6 août 1946

78. Dans quel atoll de la Polynésie française se trouvait la base française d'expérimentation de charges nucléaires de 1966 à 1996 ?
a) Tahitou
b) Mururoa
c) Tuamotu

79. Quand fut mise en place une ligne de communication directe entre Washington et Moscou surnommée « le téléphone rouge » après la crise des missiles ?
a) 1954
b) 1963
c) 1969

80. Où se trouve le siège de l'OTAN ?
a) Washington
b) Londres
c) Bruxelles

1. Quel est le symbole chimique de l'oxygène ?
a) CO_2
b) O
c) O_2

2. Quel scientifique français a réalisé la première vaccination contre la rage ?
a) Pasteur (Louis)
b) Koch (Robert)
c) Delevoy (André)

3. Chez l'homme, comment appelle-t-on une inflammation de l'oreille ?
a) Otite (une)
b) Acouphène (un)
c) Auriculothérapie (une)

4. Quelle distance représentent 5 cm sur une carte routière à une échelle 1/200 000 ?
a) 1 km
b) 10 km
c) 100 km

5. En mathématiques, quelle opération fondamentale de l'arithmétique a pour résultat un produit ?
a) Division (la)
b) Cosinus (le)
c) Multiplication (la)

6. Complétez la série « 6 - 20 - 34 - 48 - 62 - ... » :
a) 76
b) 82
c) 98

7. Quel inventeur français, mort en 1852, a laissé son nom à une écriture en relief à l'usage des aveugles ?
a) Braille (Louis)
b) Champollion (Jean-François)
c) Paris (Aimé)

8. Quel est le tiers du quart de 60 ?
a) 3
b) 5
c) 10

9. Chez l'homme, quelles petites saillies rapprochées, situées sur la langue, sont le siège du goût ?
a) Papilles gustatives (les)
b) Bourgeons linguaux (les)
c) Capteurs du goût (les)

10. Comment appelle-t-on l'impression en quatre couleurs ?
a) Quadrichromie (la)
b) Impression en teintes (l')
c) Sérigraphie (la)

11. Quel emblème est commun au commerce et à la médecine ?
a) Croix (la)
b) Laurier (le)
c) Caducée (le)

12. Quelle est la surface d'un carré de 13 cm de côté ?
a) 39 cm^2
b) 169 cm^2
c) 260 cm^2

13. Quel chimiste suédois inventa la dynamite en 1866 ?
a) Celsius (Anders)
b) Bohr (Niels)
c) Nobel (Alfred)

14. Quelle spécialité traite les affections de l'œil et corrige les troubles de la vision ?
a) Hématologie (l')
b) Ophtalmologie (l')
c) Vénérologie (la)

15. Comment appelle-t-on une peur irraisonnée et obsédante relative à certains objets ou certaines situations ?
a) Compulsion (une)
b) Manie (une)
c) Phobie (une)

16. Combien d'heures et de minutes représentent 240 000 secondes ?
a) 40 h 10 min
b) 66 h 40 min
c) 120 h 30 min

17. Quelle pièce, disposée transversalement sous le véhicule, permet au châssis de prendre appui sur les roues ?
a) Arbre à cames (l')
b) Transmission (la)
c) Essieu (l')

18. Quel est le cinquième de la moitié de 75 ?
a) 2,5
b) 7,5
c) 37,5

19. Quel astronome et physicien italien s'est écrié : « Et pourtant, elle tourne » ?
a) Volta (Alessandro)
b) Galilée (Galileo Galilei, dit)
c) Copernic (Nicolas)

20. Complétez la série « 1 - 7 - 49 - 343 - ... - 16 807 » :
a) 1 807
b) 2 401
c) 2 507

21. Chez l'homme, quelle dent souvent pointue est située entre les incisives et les prémolaires ?
a) Canine (la)
b) Dent de lait (la)
c) Carnassière (la)

22. Combien de secondes représentent 5 h 22 min ?
a) 15 720 secondes
b) 19 320 secondes
c) 23 420 secondes

23. Quelle est l'unité de base du volume ?
a) Litre (le)
b) Hectare (l')
c) Mètre cube (le)

24. À quel inventeur américain, mort en 1872, doit-on l'invention d'un code télégraphique qui porte son nom ?
a) Shannon (Claude)
b) Boole (George)
c) Morse (Samuel)

25. Quel canal fait communiquer le larynx avec les bronches ?
a) Pharynx (le)
b) Œsophage (l')
c) Trachée (la)

26. En géométrie, quel adjectif signifie « qui a deux côtés égaux » ?
a) Équilatéral
b) Isocèle
c) Symétrique

27. Quelle partie de l'œil agit comme un diaphragme selon l'intensité de la lumière ?
a) Rétine (la)
b) Pupille (la)
c) Iris (l')

28. En mathématiques, quelle opération fondamentale de l'arithmétique a pour résultat une somme ?
a) Addition (l')
b) Intégrale (l')
c) Cosinus (le)

29. Quel est le symbole chimique du zinc ?
a) Zi
b) Z
c) Zn

30. Quel os large et plat constitue, avec la clavicule, la ceinture scapulaire ?
a) Humérus (l')
b) Ilion (l')
c) Omoplate (l')

31. Quel est le symbole du kilogramme ?
a) kg
b) Ko
c) km

32. Comment appelle-t-on le caractère d'imprimerie incliné vers la droite qui tient son nom du pays où il a été créé ?
a) Anglais (l')
b) Espagnol (l')
c) Italique (l')

33. Quel nom donne-t-on à la première partie du tube digestif, depuis le pharynx jusqu'au cardia de l'estomac ?
a) Œsophage (l')
b) Cavité orale (la)
c) Intestin grêle (l')

34. Quel est le double du huitième de 52 ?
a) 6,5
b) 13
c) 26

35. Quel médecin grec est à l'origine du serment que prêtent les médecins ?
a) Asclépiade
b) Hippocrate
c) Galien (Claude)

36. Quel est le symbole chimique du carbone ?
a) C
b) Ca
c) CO_2

37. Quel organe creux en forme de « J », situé dans la partie haute de l'appareil digestif, est relié en haut à l'œsophage ?
a) Estomac (l')
b) Bassinet (le)
c) Rein (le)

38. Quelle particule fondamentale porte une charge électrique négative ?
a) Neutron (le)
b) Électron (l')
c) Proton (le)

39. Quel nom, tiré du grec, désigne un médicament liquide qu'on instille dans l'œil ?
a) Ophtalmie (l')
b) Corps vitré (le)
c) Collyre (le)

40. Quel est le douzième du tiers de 180 ?
a) 5
b) 6
c) 7

41. Comment appelle-t-on une inflammation du foie d'origine toxique ou infectieuse ?
a) Hépatite (une)
b) Ulcère (un)
c) Cystite (une)

42. Quel philosophe et homme de sciences a élaboré la théorie de la gravitation universelle ?
a) Coulomb (Charles de)
b) Newton (Isaac)
c) Franklin (Benjamin)

43. Quelle articulation unit la jambe à la cuisse ?
a) Ménisque (le)
b) Malléole (la)
c) Genou (le)

44. Comment appelle-t-on l'usine où s'effectue la transformation des pétroles bruts en produits finis ?
a) Raffinerie (la)
b) Station de compression (la)
c) Plate-forme offshore (la)

45. Combien coûte un ticket de cinéma au tarif réduit (de 20 %), sachant que le plein tarif coûte 9 euros ?
a) 6 euros
b) 7,2 euros
c) 7,25 euros

46. Quelle unité de mesure informatique est composée de 8 bits, soit 8 chiffres binaires ?
a) Point par pouce (le) / Pixel per inch (le)
b) Pixel (le)
c) Octet (l')

47. Quelle spécialité médicale traite du poumon et de ses maladies ?
a) Pneumologie (la)
b) Bronchoscopie (la)
c) Trachéotomie (la)

48. Quel est le symbole chimique du cuivre ?
a) C
b) Cu
c) Cv

49. À combien de kilogrammes équivaut une tonne ?
a) 100
b) 1 000
c) 10 000

50. Quelle unité de mesure de la radioactivité a remplacé le curie ?
a) Faraday (le)
b) Becquerel (le)
c) Sievert (le)

51. Que représente 20 % de 150 ?
a) 25
b) 30
c) 33

52. Quelle thérapeutique, issue de la médecine chinoise, utilise des aiguilles fines que l'on pique dans des zones cutanées précises ?
a) Moxibustion (la)
b) Acupuncture (l')
c) Ayurvéda (l')

53. En France, dans le domaine de l'aéronautique, que signifie le sigle ULM ?
a) Ultralourd monophasé
b) Ultraléger motorisé
c) Ultralent motorisé

54. Combien de secondes représentent 2 h 43 min ?
a) 7 593 secondes
b) 9 780 secondes
c) 11 247 secondes

55. Comment appelle-t-on l'ensemble des procédés et des techniques d'extraction, d'élaboration, de mise en forme et de traitement des métaux et de leurs alliages ?
a) Recristallisation (la)
b) Sidérurgie (la)
c) Métallurgie (la)

56. Quelle unité de mesure de force électromotrice a pour symbole la lettre « V » ?
a) Velvet (le)
b) Volt (le)
c) Var (le)

57. Par opposition à l'artère, comment appelle-t-on le vaisseau qui ramène le sang des organes vers le cœur ?
a) Vaisseau lymphatique (le)
b) Capillaire (le)
c) Veine (la)

58. Que représente 150 % de 28 ?
a) 9,3
b) 42
c) 56

59. Quelle structure, généralement métallique, habille le mécanisme roulant d'un véhicule ?
a) Carrosserie (la)
b) Châssis (le)
c) Capot (le)

60. Combien de centimètres représentent 4 km sur une carte de randonnée à une échelle 1/25 000 ?
a) 10 cm
b) 16 cm
c) 20 cm

61. Comment s'appelle la masse métallique sur laquelle on forge les métaux ?
a) Barre à mine (la)
b) Enclume (l')
c) Tuyère (la)

62. Combien d'heures et de minutes représentent 15 000 secondes ?
a) 1 h 30 min
b) 4 h 10 min
c) 9 h 40 min

63. Quelle pièce d'acier, reliée à une chaîne, permet d'immobiliser un navire en s'accrochant au fond de l'eau ?
a) Aileron (l')
b) Ancre (l')
c) Manille (la)

64. Quel mot bantou désigne la mouche qui véhicule la maladie du sommeil ?
a) Kathak
b) Tsé-tsé
c) Bunraku

65. Chez l'être humain, quel nom porte la cellule femelle destinée à être fécondée ?
a) Ovule (l')
b) Ovaire (l')
c) Oviducte (l')

66. En 1800, quel physicien italien découvre la pile électrique ?
a) Volta (Alexandre)
b) Fermi (Enrico)
c) Torricelli (Evangelista)

67. Complétez la série « 18750 - 3750 - 750 - 150 - 30 - ... » :
a) 6
b) 10
c) 15

68. Quelle unité de symbole « dB » sert en acoustique à définir une échelle d'intensité sonore ?
a) Décibel (le)
b) Digital Bass (le)
c) Dolby (le)

69. Quel corps pur a pour formule H_2O ?
a) Alcool (l')
b) Eau (l')
c) Monoxyde de dihydrogène (le)

70. Quel coefficient caractérise l'acidité ou la basicité d'un milieu ?
a) Émittance (l')
b) pH (le)
c) Concentration molaire (la)

71. Quelle partie de l'odontologie traite les anomalies des dents ?
a) Stomatologie (la)
b) Denturologie (la)
c) Orthodontie (l')

72. Sous quel autre nom connaît-on mieux le dioxyde de carbone ?
a) Gaz carbonique (le)
b) Carbonifère (le)
c) Acide carbonique (l')

73. Quel os long forme la partie interne de la jambe ?
a) Tarse (le)
b) Tibia (le)
c) Fémur (le)

74. Combien de temps va mettre un cycliste pour parcourir 6 km, sachant qu'il met 15 minutes pour parcourir 10 km ?
a) 8 minutes
b) 9 minutes
c) 12 minutes

75. Chez l'homme, quelle articulation unit le bras au thorax ?
a) Iliaque (l')
b) Épaule (l')
c) Acromion (l')

76. Quel est le symbole chimique du fer ?
a) Fe
b) Fr
c) F

77. Chez l'homme, à l'extrémité du sacrum, quel os est formé par la soudure de plusieurs vertèbres réduites ?
a) Atlas (l')
b) Axis (l')
c) Coccyx (le)

78. Quel nom donne-t-on à une masse coulée d'un kilogramme d'or fin au titre de 995 millièmes ?
a) Étalon (un)
b) Lingot (un)
c) Bridge (un)

79. Quelle science s'applique à la composition, à la préparation et à la distribution des médicaments ?
a) Biochimie (la)
b) Apothicairerie (l')
c) Pharmacie (la)

80. Quel poids de fraises est nécessaire pour obtenir 9 kg de confiture, sachant que 1 kg de fruits permet de préparer 1,5 kg de confiture ?

a) 4 kg
b) 6 kg
c) 9 kg

1. Quel champignon, de l'ordre des agaricales, peut être « tue-mouches » ?
a) Armillaire (l')
b) Phallus (le)
c) Amanite (l')

2. Quel arbre donne les fruits dont la partie comestible est appelée « cerneau » ?
a) Amandier (l')
b) Pin pignon (le)
c) Noyer (le)

3. Comment appelle-t-on la trace ou le reste d'un être vivant au sein d'une roche ?
a) Fossile (le)
b) Érosion (l')
c) Minéral (le)

4. Quel mammifère carnivore, voisin du chien, est fréquemment accusé de propager la rage ?
a) Chacal (le)
b) Loup (le)
c) Renard (le)

5. Quelle céréale sert à la fabrication du pop-corn ?
a) Orge (l')
b) Maïs (le)
c) Avoine (l')

6. Quel type d'animal est le gardon ?
a) Poisson (un)
b) Oiseau (un)
c) Mammifère (un)

7. Par quel adjectif qualifie-t-on une nappe d'eau souterraine formée par l'infiltration des précipitations ?
a) Artésienne
b) Aquifère
c) Phréatique

8. Quel phénomène marin est appelé « tsunami » au Japon ?
a) Raz de marée (le)
b) Houle (la)
c) Grandes marées (les)

9. Quel arbre aux fleurs parfumées blanches ou roses est également appelé « épine blanche » ?
a) Acacia (l')
b) Sorbier (le)
c) Aubépine (l')

10. À quelle famille de mammifères carnassiers appartient le chat ?
a) Félidés (aux)
b) Carnivores (aux)
c) Canidés (aux)

11. Lequel de ces noms n'est pas un type de nuage ?
a) Cumulus
b) Stratus
c) Brouillard

12. **Quel volcan éteint est la plus haute montagne du Japon ?**
a) Okinawa
b) Fuji-Yama
c) Iwo-Shima

13. **Quel convertisseur d'énergie est actionné par le vent ?**
a) Éolienne (l')
b) Pompe à chaleur (la)
c) Puits canadien (le)

14. **Quelle est la plus rapide des allures naturelles du cheval ?**
a) Trot (le)
b) Galop (le)
c) Saut (le)

15. **Quel champignon est utilisé dans la fabrication du pain, du vin ou de la bière ?**
a) Levure (la)
b) Mycose (la)
c) Saprophyte (le)

16. **Comment nomme-t-on l'abri souterrain creusé par un animal dans la terre pour lui servir de gîte ou d'abri ?**
a) Aire (l')
b) Terrier (le)
c) Bauge (la)

17. **Quel poisson des mers froides est recherché pour ses petits œufs, vendus avec la mention « succédané de caviar » ?**
a) Lump (le)
b) Esturgeon (l')
c) Spatule (la)

18. **Comment appelle-t-on le petit du bouc ?**
a) Agneau (l')
b) Cabri (le)
c) Faon (le)

19. **Quel arbre du bassin méditerranéen occidental est cultivé pour son écorce particulièrement légère et imperméable ?**
a) Pin parasol (le)
b) Chêne-liège (le)
c) Bouleau verruqueux (le)

20. **Comment appelle-t-on un groupe de chiens ?**
a) Meute (une)
b) Harde (une)
c) Bande (une)

21. **Comment appelle-t-on l'habitation d'une colonie d'abeilles ?**
a) Rucher (le)
b) Essaim (l')
c) Ruche (la)

22. **Quelle céréale peut-on qualifier de « blanc » ou « gluant » ?**
a) Quinoa (le)
b) Riz (le)
c) Sorgho (le)

23. Quel hybride mâle, stérile, est produit par l'accouplement de l'âne et de la jument ?
a) Hémione (l')
b) Bardot (le)
c) Mulet (le)

24. Quel mot anglais désigne un mélange de fumée et de brouillard épais ?
a) *Blizzard*
b) *Smog*
c) *Frog*

25. Quelle science a pour objet l'agriculture ?
a) Horticulture (l')
b) Agronomie (l')
c) Agrologie (l')

26. Quel gros mammifère marin, proche de l'otarie, porte le nom d'un code télégraphique ?
a) Phoque (le)
b) Morse (le)
c) Lamantin (le)

27. Quel est le nom canadien du renne ?
a) Wapiti (le)
b) Caribou (le)
c) Élan (l')

28. Quelle branche de l'agriculture peut être vivrière ou ornementale ?
a) Maraîchage (le)
b) Viticulture (la)
c) Horticulture (l')

29. Quel est le nom de la femelle du cerf ?
a) Daine (la)
b) Chevrette (la)
c) Biche (la)

30. Quel nom donne-t-on à la nymphe des lépidoptères, étape intermédiaire entre la chenille et le papillon ?
a) Larve (la)
b) Imago (l')
c) Chrysalide (la)

31. Quelle légumineuse, originaire d'Amérique, peut être violette, triomphe de Farcy, fin de Bagnols, beurre ou mange-tout ?
a) Soja (le)
b) Pois (le)
c) Haricot (le)

32. Quel champignon, pouvant être « blafard » ou « élégant », est également appelé « cèpe » ?
a) Lactaire (le)
b) Coprin (le)
c) Bolet (le)

33. Quelle échelle logarithmique numérotée de 1 à 9 mesure la magnitude des séismes ?
a) Échelle de Richter (l')
b) Échelle de Wegener (l')
c) Échelle de Beaufort (l')

34. Quel anglicisme désigne un pur-sang âgé d'un an ?
a) Shire (un)

b) Yearling (un)
c) Mustang (un)

35. **Quel passereau des régions tropicales est également appelé « oiseau-mouche » ?**
a) Colibri (le)
b) Troglodyte (le)
c) Souimanga (le)

36. **Quelle plante potagère possède un fond tendre et charnu dont il faut ôter le foin avant de le manger ?**
a) Artichaut (l')
b) Scorsonère (la)
c) Fenouil (le)

37. **Comment s'appellent les petits du sanglier ?**
a) Porcelets (les)
b) Gorets (les)
c) Marcassins (les)

38. **Quel est l'organe de respiration des poissons ?**
a) Opercule (l')
b) Branchies (les)
c) Vessie natatoire (la)

39. **Quel poisson de l'Atlantique Nord possède un foie dont on extrait une huile riche en vitamines A et D ?**
a) Morue (la)
b) Lieu noir (le)
c) Lotte (la)

40. **Avec le poil de quel mammifère plantigrade fait-on des brosses servant à savonner la barbe ?**
a) Furet (du)
b) Blaireau (du)
c) Martre (de la)

41. **Comment appelle-t-on un lieu aménagé pour faire boire les animaux ?**
a) Étanchoir (un)
b) Abreuvoir (un)
c) Gué (un)

42. **Comment appelle-t-on le cri sourd et prolongé des bovins ?**
a) Meuglement (le)
b) Bêlement (le)
c) Braiment (le)

43. **Quel genre d'île corallienne est formé d'un anneau de terre émergée entourant un lagon ?**
a) Atoll (un)
b) Récif (un)
c) Caldeira (une)

44. **Quel crustacé décapode de grande taille et à fortes pinces vit dans les eaux froides ou tempérées ?**
a) Écrevisse (l')
b) Homard (le)
c) Cigale de mer (la)

45. **Quel grand arbre, souvent planté au bord des routes, se caractérise par son écorce qui se détache en plaques ?**
a) Chêne (le)

b) Marronnier (le)
c) Platane (le)

46. De quoi est constitué le brouillard à son état naturel ?
a) Particules d'eau (de)
b) Poussière (de)
c) Fumée (de)

47. En agriculture, quel terme désigne l'état d'une terre labourable laissée régulièrement sans récolte pendant un temps relativement court ?
a) Pâture (la)
b) Estive (l')
c) Jachère (la)

48. Quelle terre grasse et compacte, très argileuse, est utilisée pour faire des tuiles et de la poterie ?
a) Glaise (la)
b) Marne (la)
c) Grès (le)

49. Quel nom donne-t-on à la vipère de France et d'Italie, au museau retroussé et à tête triangulaire ?
a) Aspic (l')
b) Échide (l')
c) Crotale (le)

50. Quel nom donne-t-on au jeune renard de moins de un an ?
a) Goupil (le)
b) Raton (le)
c) Renardeau (le)

51. Quel champignon souterrain se recherche avec le concours d'un chien ou d'un cochon ?
a) Cèpe (le)
b) Pézize (la)
c) Truffe (la)

52. Quelle maladie, causée par *Claviceps purpurea*, se développe notamment sur le seigle ?
a) Cloque (la)
b) Charbon (le)
c) Ergot (l')

53. Quelle plante grimpante est employée pour aromatiser la bière ?
a) Passiflore (la)
b) Houblon (le)
c) Vigne (la)

54. Quel fruit récolté de juillet à septembre peut être bosc ou comice ?
a) Poire (la)
b) Pêche (la)
c) Abricot (l')

55. Quel nom donne-t-on à la larve aquatique des amphibiens, à tête fusionnée au tronc et à respiration branchiale ?
a) Embryon (l')
b) Têtard (le)
c) Civelle (la)

56. Quel gaz est absorbé lors de la respiration ?
a) Oxygène (de l')

b) Gaz carbonique (du)
c) Gaz naturel (du)

57. Comment appelle-t-on le « cri » du cheval ?
a) Hennissement (le)
b) Braiment (le)
c) Mugissement (le)

58. Quel nom porte la cabane où l'on élève les lapins ?
a) Clapier (le)
b) Parc (le)
c) Enclos (l')

59. Quel nom porte le mâle de l'oie ?
a) Poulet (le)
b) Jars (le)
c) Canard (le)

60. Quel arbre d'Amérique du Nord est cultivé pour sa sève sucrée ?
a) Tulipier (le)
b) Séquoia (le)
c) Érable (l')

61. Quel nom porte la femelle du sanglier ?
a) Laie (la)
b) Truie (la)
c) Hase (la)

62. Comment appelle-t-on un groupe de poissons ?
a) Meute (une)
b) Troupeau (un)
c) Banc (un)

63. Comment appelle-t-on le « cri » du dindon ?
a) Glouglou (le)
b) Hululement (le)
c) Croassement (le)

64. Quelle est la conséquence de l'« effet de serre » ?
a) Accélération du processus de mûrissement (l')
b) Réchauffement climatique causé par les rayons infrarouges (le)
c) Condensation de buée sur une vitre froide (la)

65. Quel nom porte l'élevage des huîtres ?
a) Mytiliculture (la)
b) Ostréiculture (l')
c) Astaciculture (l')

66. En géologie, comment appelle-t-on un dépôt laissé par l'eau ou le vent ?
a) Sédiment (un)
b) Éboulis (un)
c) Croûte (une)

67. Quelle plante de la famille des labiées aromatise la soupe au pistou ?
a) Sarriette (la)
b) Basilic (le)
c) Sauge (la)

68. Comment appelle-t-on l'ensemble des êtres microscopiques en suspension dans la mer ?
a) Plancton (le)

b) Krill (le)
c) Necton (le)

69. Quelle petite graine de légumineuse peut être « verte du Puy » ou « blonde » ?
a) Lentille (la)
b) Arachide (l')
c) Caroube (la)

70. Quelle céréale originaire d'Orient est également appelée « blé noir » ?
a) Triticale (le)
b) Millet (le)
c) Sarrasin (le)

71. Dans l'Antiquité, quel aromate composait la couronne récompensant les soldats vainqueurs et les poètes ?
a) Romarin (le)
b) Fenouil (le)
c) Laurier (le)

72. Comment appelle-t-on le petit de la girafe ?
a) Girafon (le)
b) Girafidé (le)
c) Brocard (le)

73. Quelle plante potagère de la famille des liliacées, « blanche », « verte » ou « violette », ne peut être consommée que cuite ?
a) Carotte (la)
b) Asperge (l')
c) Pomme de terre (la)

74. Comment appelle-t-on l'aquarium marin dans lequel on élève les dauphins ?
a) Vivarium (le)
b) Delphinarium (le)
c) Fosse (la)

75. Quel nom donne-t-on à la couche de glace recouvrant une étendue marine ?
a) Banquise (la)
b) Iceberg (l')
c) Inlandsis (l')

76. À partir de quelle ressource naturelle les cellules photovoltaïques produisent-elles de l'énergie ?
a) Huile de colza (de l')
b) Courant marin (du)
c) Soleil (du)

77. Qu'est-ce que la photosynthèse ?
a) Processus dégradant certains pigments exposés à une lumière trop forte (le)
b) Processus permettant aux panneaux solaires de générer de l'électricité (le)
c) Processus permettant aux végétaux de se développer grâce à la lumière solaire (le)

78. Quelle est la formule chimique de l'eau ?
a) CO_2
b) H_5N_1
c) H_2O

79. **Comment appelle-t-on l'action d'aller dans la nature pour recueillir des plantes afin d'apprendre à les connaître ou pour les collectionner ?**

a) Herboriser
b) Plantiser
c) Botaniser

80. **Quel naturaliste publia en 1859 *De l'origine des espèces par voie de sélection naturelle* ?**

a) Buffon (Georges-Louis Leclerc, comte de)
b) Darwin (Charles)
c) Naudin (Charles)

1. Par quel autre terme désigne-t-on un anneau de mariage ?
   a) Alliance (une)
   b) Annulaire (un)
   c) Bague de mariage (une)

2. Quelle ville de Charente-Maritime a donné son nom à une variété d'huîtres ?
   a) Saujon
   b) Royan
   c) Marennes

3. Au rugby, comment appelle-t-on un coup de pied en demi-volée qui envoie la balle par-dessus la barre des poteaux adverses ?
   a) Drop (un)
   b) Reprise de volée (une)
   c) Transformation (une)

4. Quel flan aux pruneaux, très populaire dans toute la Bretagne, se mange tiède ou froid ?
   a) Kouign-amann (le)
   b) Far (le)
   c) Galette (la)

5. Comment appelle-t-on un anneau ou un bracelet constitué d'un cercle d'or convexe de largeur uniforme sans aucun ornement ?
   a) Triboulet (un)
   b) Chaîne (une)
   c) Jonc (un)

6. Quelle pâte dure et vitreuse, de forme cylindrique, aromatisée et acidulée, est formée de saccharose et de glucose ?
   a) Berlingot (le)
   b) Sucre d'orge (le)
   c) Grand boulé (le)

7. Quel type de lutte japonaise oppose des adversaires de poids très élevé ?
   a) Kendo (le)
   b) Viet vo dao (le)
   c) Sumo (le)

8. Comment appelle-t-on les pâtes alimentaires en forme de petits cylindres courbes ?
   a) Macaronis (les)
   b) Coquillettes (les)
   c) Vermicelles (les)

9. De quel pays le gouda est-il originaire ?
   a) Belgique
   b) Danemark
   c) Hollande

10. Quel jeu comporte 28 pièces formant toutes les combinaisons du double-blanc au double-six ?
    a) Trictrac (le)
    b) Jacquet (le)
    c) Dominos (les)

11. Quel est le poids d'un ballon de rugby ?
    a) 210 et 260 grammes (entre)
    b) 410 et 460 grammes (entre)
    c) 810 et 860 grammes (entre)

12. À quel jeu de cartes sont associés le 21, le petit et l'excuse ?
a) Manille (à la)
b) Tarot (au)
c) Bridge (au)

13. Quel nom donne-t-on au vin blanc mousseux de la ville de Limoux ?
a) Piquette (la)
b) Clairette (la)
c) Blanquette (la)

14. Quel jeu vidéo a pour principal personnage un petit plombier ?
a) Tetris
b) Mario
c) Gran Turismo

15. De quelle origine est le pain plat appelé « chapati » ?
a) Indienne
b) Mexicaine
c) Chinoise

16. En équitation, quel nom porte la casquette hémisphérique renforcée du cavalier ?
a) Bombe (la)
b) Mortier (le)
c) Calot (le)

17. Dans sa variante française, quel jeu de casino se joue sur un cylindre comprenant 37 cases numérotées de 0 à 36 ?
a) Boule (la)
b) Punto banco (le)
c) Roulette (la)

18. Quel est le nom commercial des grosses crevettes comestibles de la Méditerranée ?
a) Araignées de mer (les)
b) Gambas (les)
c) Bouquets (les)

19. Quel village de Grèce donna son nom à la plus longue épreuve de course à pied des jeux Olympiques ?
a) Marathon
b) Olympie
c) Décathlon

20. Comment appelle-t-on un fabricant et un négociant en bière ?
a) Caviste (un)
b) Birbe (un)
c) Brasseur (un)

21. Comment appelle-t-on la danse guerrière qu'exécutent les rugbymen néo-zélandais avant le début de chaque partie ?
a) Haka (le)
b) Tiki (le)
c) Kaha (le)

22. Quelle commune de la Sarthe abrite un fameux circuit automobile ?
a) La Flèche
b) La Ferté-Bernard
c) Le Mans

23. Quel nom désigne l'ensemble des produits de boulangerie comme les pains au lait, les brioches ou les croissants ?
a) Confiserie (la)

b) Pâtisserie (la)
c) Viennoiserie (la)

24. Quelle arme de jet des Aborigènes est en forme de croissant ?
a) Faucette (la)
b) Boomerang (le)
c) Didjeridoo (le)

25. Quel biscuit alsacien croquant, en forme de nœud parsemé de gros sel, est consommé traditionnellement avec de la bière ?
a) Flammekueche (la)
b) Baeckeoffe (le)
c) Bretzel (le)

26. Quel mot chinois désigne un mélange de légumes émincés et sautés, accompagnés le plus souvent de viande en lamelles ?
a) Nem (le)
b) Wok (le)
c) Chop suey (le)

27. Sous quel nom connaît-on mieux la « farine » de maïs ?
a) Gruau (le)
b) Polenta (la)
c) Fécule (la)

28. Quel boxeur américain se convertit à l'islam sous le nom de Mohamed Ali ?
a) Foreman (George)
b) Clay (Cassius)
c) Frazier (Joe)

29. Comment appelle-t-on un gant ne couvrant que la première phalange des doigts ?
a) Minime (un)
b) Gantelet (un)
c) Mitaine (une)

30. Comment appelle-t-on le poil de chèvre angora ?
a) Mohair (le)
b) Cachemire (le)
c) Alpaga (l')

31. Quel nom porte la pâte à mâcher aromatisée à base de gomme chicle ?
a) Réglisse (la)
b) Chewing-gum (le)
c) Marshmallow (le)

32. Aux échecs, de combien de pièces dispose chaque joueur ?
a) 14
b) 16
c) 20

33. Quel nom donne-t-on à la sauce mayonnaise préparée à base d'huile et d'ail, à la façon provençale ?
a) Pistou (le)
b) Anchoïade (l')
c) Aïoli (l')

34. En boucherie, comment appelle-t-on le cœur, le foie, la langue et les rognons ?
a) Tripes (les)

b) Viscères (les)
c) Abats (les)

35. Sous quel sobriquet connaît-on mieux la couturière française Gabrielle Chanel ?
a) Kiki
b) Gaby
c) Coco

36. Quel fromage grec est surtout utilisé en cuisine ou en amuse-gueule, en petits cubes, avec des olives et du pain de campagne ?
a) Sfela (la)
b) Feta (la)
c) Graviera de Crète (la)

37. Quel coureur automobile belge, né en 1945, a remporté six victoires aux Vingt-Quatre Heures du Mans ?
a) Ickx (Jacky)
b) Prost (Alain)
c) Loeb (Sébastien)

38. Quelle « eau » d'origine allemande, gazeuse et acidulée, intervient essentiellement dans la préparation de cocktails ?
a) Eau de Beckerich (l')
b) Eau de Wattwiller (l')
c) Eau de Seltz (l')

39. Quelle sportive française a été championne olympique de natation en 2004 ?
a) Pérec (Marie-José)
b) Manaudou (Laure)
c) Maracineanu (Roxana)

40. Quelle sauce chaude, à base de beurre émulsionné et de jaunes d'œufs, accompagne des poissons, des œufs ou des légumes ?
a) Sauce Godard (la)
b) Sauce hollandaise (la)
c) Sauce meurette (la)

41. Quel est le jeu de société le plus connu et le plus vendu dans le monde ?
a) Monopoly (le)
b) Uno (le)
c) Trivial poursuit (le)

42. Quel jeu de volant est apparenté au tennis ?
a) Longue paume (la)
b) Badminton (le)
c) Pelote (la)

43. Quel Français n'a jamais porté le maillot jaune en quinze participations au Tour de France de 1962 à 1976 ?
a) Pingeon (Roger)
b) Anquetil (Jacques)
c) Poulidor (Raymond)

44. Quelle friandise colorée est faite de filaments qui s'enroulent autour d'un bâtonnet ?
a) Barbe à papa (la)
b) Guimauve (la)
c) Sucre d'orge (le)

45. Quel condiment anglais, à base de tomates, est utilisé entre autres sur les hamburgers ?
a) Ketchup (le)
b) Sauce Worcestershire (la)
c) Tabasco (le)

46. Quel nom donne-t-on au croque-monsieur surmonté d'un œuf sur le plat ?
a) Croque-madame (le)
b) Croquembouche (le)
c) Œuf à cheval (l')

47. Quel est le nom du chapeau haut-de-forme à ressort que l'on peut aplatir ?
a) Bicorne (un)
b) Chapeau cloche (un)
c) Gibus (un)

48. Quel pilote argentin fut cinq fois champion du monde dans les années 1950 ?
a) Alonso (Fernando)
b) Vatanen (Ari)
c) Fangio (Juan Manuel)

49. Quelle sauce blanche, à base d'un roux blanc additionné de lait, se fait cuire jusqu'à épaississement ?
a) Sauce aurore (la)
b) Sauce mousseline (la)
c) Sauce Béchamel (la)

50. Quel est le seul pilote français de F1 à avoir été champion du monde ?
a) Alesi (Jean)
b) Villeneuve (Jacques)
c) Prost (Alain)

51. Quel nom donne-t-on au sucre contenu dans les fruits ?
a) Lactose (le)
b) Fructose (le)
c) Glucose (le)

52. Quelle toile sert de fond aux ouvrages de tapisserie à l'aiguille ?
a) Canevas (le)
b) Feutrine (la)
c) Boutis (le)

53. Quel dessert italien est préparé à base de fromage appelé « mascarpone » ?
a) Amaretti (l')
b) Tiramisu (le)
c) Panettone (le)

54. Dans la cuisine japonaise, comment appelle-t-on la boulette de riz vinaigré couronnée de lamelles de poisson cru, parfois enroulée dans une feuille d'algue ?
a) Mochi (le)
b) Sushi (le)
c) Sashimi (le)

55. Quel parachute est conçu pour s'élancer d'un versant montagneux ou du sommet d'une falaise ?
a) ULM (l')
b) Parapente (le)
c) Deltaplane (le)

56. Quel gâteau typiquement britannique se caractérise par l'emploi de graisse de bœuf ?
a) Plum-pudding (le)
b) Cup cake (le)
c) Cheese-cake (le)

57. Quel nom porte le col rond et plat inspiré d'un roman de Colette de 1900 ?
a) Col Sido (le)
b) Col Claudine (le)
c) Col Ingénu (le)

58. En équitation, sur quel arceau de métal le cavalier appuie-t-il le pied de chaque côté de la selle ?
a) Étrier (l')
b) Éperon (l')
c) Enclume (l')

59. Dans quel récipient en matière dure broie-t-on des aliments avec un pilon ?
a) Caquelon (le)
b) Mortier (le)
c) Hachoir (le)

60. Quelle est l'origine du nom du bouclier de Brennus, trophée du championnat de France de rugby ?
a) Prénom du graveur qui a créé le bouclier (le)
b) Surnom de Sébastien Chabal (le)
c) Nom d'un célèbre gladiateur romain (le)

61. Comment appelle-t-on une bague ornée d'un seul diamant ?
a) Marquise (une)
b) Solitaire (un)
c) Chaton (un)

62. Quel pays a remporté la Coupe du monde de football de 2010 ?
a) Pays-Bas (les)
b) Italie (l')
c) Espagne (l')

63. Quelle fameuse eau-de-vie est produite en Charente ?
a) Marc (le)
b) Armagnac (l')
c) Cognac (le)

64. Comment appelle-t-on une bague dont le plateau est gravé d'armoiries ou d'initiales ?
a) Rose (une)
b) Camée (un)
c) Chevalière (une)

65. Quel gâteau de pâte levée, additionnée de raisins secs, est imbibé après cuisson de rhum ou de kirsch ?
a) Panettone (le)
b) Pudding (le)
c) Baba (le)

66. Quelle compétition cycliste annuelle s'est disputée pour la première fois en juillet 1903 ?
a) Bordeaux-Paris

b) Tour de France (le)
c) Paris-Roubaix

67. Quel anglicisme désigne un athlète défiant officiellement le détenteur d'un titre ?
a) Sprinter (un)
b) Challenger (un)
c) Outsider (un)

68. Quel gâteau est composé à parts égales d'œufs, de farine, de beurre et de sucre ?
a) Quatre-quarts (le)
b) Manqué (le)
c) Visitandine (la)

69. Comment appelle-t-on une bande de cheveux coupée en ligne droite et retombant sur le front ?
a) Épis (des)
b) Frange (une)
c) Mèche (une)

70. Quel mot russe désigne un bonnet de fourrure qui protège les oreilles, le front et la nuque ?
a) *Kokochnik*
b) *Kazatchok*
c) *Chapka*

71. Quel manteau, fait d'une pièce de laine rectangulaire et percé d'une ouverture pour la tête, est en usage en Amérique latine ?
a) Lonja (la)
b) Poncho (le)
c) Pucho (le)

72. De 1976 à 1980, quel joueur de tennis suédois décrocha cinq victoires consécutives à Wimbledon ?
a) Borg (Björn)
b) Wilander (Mats)
c) Edberg (Stefan)

73. Quel couturier, né en Espagne en 1934, créa des robes en plastique, en papier et en cuir, en métal et en aluminium ?
a) Balenciaga (Cristobál)
b) Rabanne (Paco)
c) Renta (Oscar de la)

74. Quel créateur de mode, né en 1952, a réalisé des costumes pour Rita Mitsouko, Yvette Horner et Madonna ?
a) Gaultier (Jean-Paul)
b) Mugler (Thierry)
c) Lacroix (Christian)

75. Comment appelle-t-on le récipient en terre vernissée servant à cuire et à conserver les viandes ?
a) Terrine (la)
b) Sauteuse (la)
c) Cocotte (la)

76. Quel nom porte la grande poêle en fer à fond semi-sphérique et à deux anses utilisée dans la cuisine chinoise ?
a) Tajine (le)
b) Hibachi (le)
c) Wok (le)

77. En Inde, quel costume féminin est composé d'une pièce de coton ou de soie, drapée et ajustée sans coutures ni épingles ?
a) Sarouel (le)
b) Sari (le)
c) Sarong (le)

78. Quel terme désigne une période de quatre ans entre deux célébrations des jeux Olympiques ?
a) Olympique (une)
b) Olympiade (une)
c) Olympienne (une)

79. Comment appelle-t-on l'art de chasser à cheval avec des chiens ?
a) Battue (la)
b) Hallali (l')
c) Chasse à courre (la)

80. Quel jeu vidéo très populaire permet de gérer la vie quotidienne de personnages virtuels ?
a) Super Mario
b) Simpsons (les)
c) Sims (les)

Langue française

1. a) Abordage (un)
2. a) de
3. c) Standart (un)
4. c) Femme méchante et acariâtre (une)
5. c) censé
6. a) Monstre mythologique à la chevelure de serpents et au regard pétrifiant (un)
7. b) rémunérés
8. a) Hallali (un)
9. a) ... heaume
10. b) Chercher des aventures galantes
11. a) pairs
12. a) Palmarès (un)
13. c) Voix forte et retentissante (une)
14. b) pérégrinations
15. a) Canasson (un)
16. b) T'es
17. c) Obtenir une victoire très convoitée
18. b) Malaxer
19. a) Talons (les)
20. c) quelle
21. b) Inuits (les)
22. b) Semestre (un)
23. a) Quelles que
24. c) Déontologie (la)
25. c) délasser / délacez
26. b) Deuxième (le)
27. a) contre
28. b) Passé composé (le)
29. c) grecque / turque
30. c) Conjonction (une)
31. a) rejettera
32. c) Pia... (un)
33. a) soutien
34. a) Baladin (un)
35. a) détruise

36. a) Où vas-tu ?

37. a) Châssis (un)

38. b) donne-le-lui

39. b) La plupart d'entre vous savent plonger

40. a) ces

41. b) Châtiment (le)

42. a) à

43. c) Ô / ô / ô

44. a) Frustre

45. a) les

46. c) Dahlia (un)

47. b) Bien qu'

48. a) Forme impersonnelle

49. b) nous n'en avons pas profité

50. b) Cauchemar...

51. c) qu'en

52. b) Échoir

53. a) bouleaux

54. c) Sphynx

55. c) parallèles

56. b) Se réfugier

57. b) obnubilé

58. a) Régicide (un)

59. a) apparemment

60. b) Écho (un)

61. a) duré

62. c) Sinologue (un)

63. a) se / ce

64. a) Poupe (la)

65. b) voit

66. a) contondant

67. b) mystifie

68. a) rebuffade

69. c) Norvégien (le)

70. a) un paon

71. b) Traiter tout le monde selon la même mesure

72. b) donateur

73. c) Valoir

74. c) arrhes

75. b) values

76. a) Avoir une position sociale enviable

77. c) astronomes

78. b) Parce que les dentistes d'autrefois prétendaient ne jamais faire mal

79. b) gardera

80. c) Bacille (un)

Histoire

1. c) Fief (un)

2. b) Louis XIII

3. b) François Ier

4. c) Valois (les)

5. c) La Fayette (Marie Joseph Gilbert Motier, marquis de)

6. a) Fleur de lys (la)

7. c) Mur de Berlin (le)

8. b) Bhutto (Benazir)

9. a) Hiéroglyphe (l')

10. a) Nuremberg

11. a) Alexandre le Grand

12. c) Cardinal de Richelieu (le)

13. a) Henri IV

14. a) Cité interdite (la)

15. b) Florence

16. a) Régence (la)

17. c) Affaire Calas (l')

18. a) King (Martin Luther)

19. c) Roosevelt (Franklin D.)

20. c) Bataille de Verdun (la)

21. b) Maastricht

22. a) Vaux-le-Vicomte

23. a) Chemin des Dames (le)

24. c) Bataille de Trafalgar (la)

25. c) Anne d'Autriche

26. a) Castro (Fidel)

27. a) Allemagne (l')

28. c) Marianne

29. a) Schröder (Gerhard)

30. b) Roosevelt (Franklin D.)

31. b) Thatcher (Margaret)

32. c) Nasser (Gamal Abdel)

33. a) Attentat du Petit-Clamart (l')

34. c) Louis XIV

35. b) Francs (les)

36. c) Charles VII

37. c) Guillaume II

38. b) Saint-Pétersbourg

39. a) Maoris (les)

40. c) Bourbons (les)

41. c) Grand-père et petit-fils

42. a) Eltsine (Boris)

43. b) Prison du Temple (la)

44. b) Bataille de Trafalgar (la)

45. c) Mesrine (Jacques)

46. b) Mollet (Guy)

47. b) Trois Glorieuses (les)

48. c) Prohibition (la)

49. a) 1905

50. c) Île d'Elbe (l')

51. c) Croisade des Albigeois (la)

52. b) Fouquet (Nicolas)

53. a) Rouen

54. a) Carnac

55. b) Bourbons (les)

56. a) Cartier (Jacques)

57. b) Cathares (les)

58. a) Vauban (Sébastien Le Prestre, seigneur de)

59. a) Gandhi (Mohandas Karamchand)

60. c) Guillotine (la)

61. a) Diên Biên Phu

62. b) Louis XIV

63. a) Marquise de Pompadour (la)

64. b) Foch (Ferdinand)

65. a) Capone (Alphonse, dit Al)

66. b) Néolithique (le)

67. b) 1848

68. c) Salamandre (la)

69. a) MacArthur (Douglas)

70. c) Havel (Vaclav)

71. c) Mandarin (le)

72. a) Toutankhamon

73. c) Massalia

74. c) Foch (Ferdinand)

75. a) Bien-Aimé (le)

76. b) Écriture (l')

77. b) Assignats (les)

78. a) Dolmen (un)

79. b) Peste (la)

80. a) Médicis (les)

Arts et Littérature

1. c) Autobiographie (une)

2. b) Doisneau (Robert)

3. b) Baudelaire (Charles)

4. c) *Casablanca*

5. c) Portée (une)

6. a) Shakespeare (William)

7. a) Jérusalem

8. c) Colette (Sidonie Gabrielle)

9. a) Magritte (René)

10. c) Gainsbourg (Serge)

11. a) Œdipe

12. c) Dylan (Bob)

13. c) Dujardin (Jean)

14. b) *Étoile mystérieuse (l')*

15. b) Baroque (le)

16. a) Duris (Romain)

17. a) Dièse (le)

18. b) Lully (Jean-Baptiste)

19. b) Beatles (les)

20. c) Le Corbusier (Charles Édouard Jeanneret, dit)

21. a) Nadar (Félix Tournachon, dit)

22. a) Paris (*la Traversée de Paris*)

23. b) Accordéon (l')

24. a) Scott (Walter)

25. c) Tambour (le)

26. c) Tour Eiffel (la)

27. c) Grenade

28. a) Pierrot

29. b) Quasimodo

30. a) Musset (Alfred de)

31. b) Bashung (Alain)

32. a) Michel-Ange (Michelangelo Buonarroti, dit)

33. b) David (Louis)

34. a) Parthénon (le)

35. a) Picasso (Pablo)

36. b) Besson (Luc)

37. c) *Encyclopédie* (l')

38. c) Botticelli (Sandro Filipepi, dit)

39. c) Craig (Daniel)

40. c) Pastorale (une)

41. c) Vadim (Roger)

42. c) Rita Mitsouko (les)

43. a) Long-métrage (un)

44. a) Duras (Marguerite Donnadieu, dite)

45. a) Surréalisme (le)

46. b) Cotillard (Marion)

47. c) Beethoven (Ludwig van)

48. c) Tolkien (John Ronald Reuel)

49. c) Hollywood

50. b) Disney (Walt)

51. c) Rolling Stones (The)

52. b) *À bout de souffle*

53. a) *Kama-sutra* (le)

54. c) Broadway

55. b) Jackson (Michael)

56. b) Gainsbourg (Charlotte)

57. a) Festival de Cannes (le)

58. b) Poquelin (Jean-Baptiste)

59. a) Gamme (la)

60. b) Pyramides (les)

61. c) Bond (James) / Agent 007

62. a) Pont Mirabeau (le)

63. b) Dame du lac (la)

64. c) Ravel (Maurice)

65. c) « Sésame, ouvre-toi »

66. a) Valse (la)

67. b) Javert

68. b) *Sept Ans de réflexion*

69. c) Winehouse (Amy)

70. b) Auteuil (Daniel)

71. a) Le Nôtre (André)

72. a) Saint-Pétersbourg

73. a) Renoir (Auguste)

74. c) Barcelone

75. a) *Million Dollar Baby*

76. a) Van Gogh (Vincent)

77. b) Fitzgerald (Francis Scott)

78. b) Angoulême

79. a) Dickens (Charles)

80. c) *À la claire fontaine*

Mythologies, Religions et Philosophie

1. c) Ego

2. b) Catéchisme (le)

3. b) Cardinaux (les)

4. c) Croissant (le)

5. b) Louve (la)

6. b) Hindouisme (l')

7. c) Isis

8. c) Sphinx (le)

9. c) Exode (l')

10. a) Sabbatique

11. b) Tempête (la)

12. a) Mathusalem

13. a) Golgotha

14. a) Pâques

15. b) Ablution (une)

16. b) Noël

17. b) Éros

18. b) Latinus

19. c) Yéti (le)

20. b) Réincarnation (la)

21. b) Exorcisme (l')

22. c) Zeus

23. c) Poséidon

24. a) Moi (le)

25. b) Joseph

26. b) Kabbale (la)

27. b) Ramadan

28. a) Décan (le)

29. a) Kippa (la)

30. a) Axiologie (l')

31. a) Nietzsche (Friedrich)

32. a) Rousseau (Jean-Jacques)

33. c) Platon

34. a) Éden (l')

35. c) Tour de Babel (la)

36. a) Baptême (le)

37. c) Notre-Dame

38. b) La Mecque

39. c) Nietzsche (Friedrich)

40. a) Clé (la)

41. c) Franciscains (les)

42. c) Panthéon (le)

43. a) Antédiluvien

44. c) Talmud (le)

45. c) Aphrodite

46. b) Chien Cerbère (le)

47. b) Clio

48. a) Artémis

49. b) Hector

50. a) Delphes

51. c) Rois mages (les)

52. c) Flore

53. b) Samson

54. c) Épiphanie (l')

55. a) Hercule

56. c) Ulysse

57. b) Jean-Paul II

58. b) La Mecque

59. b) Vatican (au)

60. b) Descartes (René)

61. c) Engels (Friedrich)

62. a) Curie (Marie)

63. b) Beauvoir (Simone de)

64. c) Yang (le)

65. a) Christophe (saint)

66. c) Phénix (le)

67. a) Veau (le)

68. a) Chameau (le)

69. a) Argile (d')

70. b) Loi du Talion (la)

71. b) Neuf

72. c) Gaspar, Melchior et Balthazar

73. c) Chapelet (le)

74. b) Ulysse

75. c) *Penseur (le)*

76. b) Inquisition (l')

77. c) Acte manqué (un)

78. a) Quatre

79. b) Rousseau (Jean-Jacques)

80. a) Guerre sainte (la)

Économie et Politique

1. b) Taxe sur la valeur ajoutée (la)

2. c) Produit intérieur brut

3. c) Dividende (le)

4. b) 5 ans

5. c) Délai de paiement (un)

6. a) Tyrannie (une)

7. b) Banque centrale (une)

8. a) 35 heures

9. a) 18 ans

10. b) Intéressement (l')

11. c) Dow Jones (le)

12. c) Monopole (un)

13. b) Garantir un juste prix au producteur

14. c) Économie numérique (l')

15. c) Gaulle (Charles de)

16. a) Impôt sur le revenu (l')

17. c) Marchais (Georges)

18. b) Fond monétaire international

19. b) EADS

20. b) Énarque (un)

21. b) Bicamérisme (le)

22. a) 18 ans

23. a) Différence entre la valeur d'une production et celle des produits ayant servi à la réaliser (la)

24. a) Démocratie (la)

25. c) 6,559 57

26. b) Mouvement des entreprises de France

27. c) Président du Sénat (le)

28. c) Produits énergétiques (les)

29. c) 6 ans

30. b) 19,6 %

31. a) Député et maire

32. b) 5,5 %

33. a) Jospin (Lionel)

34. a) Accroissement de la valeur d'une ressource, d'un bien (l')

35. c) Marché dans lequel il n'y a que quelques vendeurs face à une multitude d'acheteurs (un)

36. b) Rockefeller (John Davison)

37. a) Équipe des collaborateurs d'un ministre (l')

38. b) De 1945 à 1975

39. b) Mitterrand (François)

40. a) Principe pollueur-payeur (le)

41. b) Strasbourg

42. c) 6 ans

43. b) Déposer une motion de censure

44. a) Premier ministre (le)

45. c) Assemblée nationale (l')

46. b) 22 avril et 6 mai

47. c) 1er janvier 2002

48. b) Accélération du progrès technique (l')

49. c) Mondialisation (la)

50. a) Ford (Henry)

51. c) Division du travail (la)

52. b) Entreprises (les)

53. a) Capitalisation boursière (la)

54. b) Cartel (un)

55. c) Obligation (une)

56. a) Capital-risque (un)

57. b) 1929

58. c) Chine (la)

59. b) Étalon-or (l')

60. a) Comportements individuels des agents économiques (les)

61. c) Relations entre les agrégats d'une économie (les)

62. a) Obligation (une)

63. a) Hyperinflation (une)

64. b) Années 1970 (les)

65. a) Bulle financière (une)

66. b) OPA (une)

67. c) Logement (le)

68. b) 10 %

69. c) Emprunt d'État à court ou moyen terme (un)

70. c) Action collective (une)

71. b) Conseil constitutionnel (le)

72. c) Canada (le)

73. a) Risque de solvabilité des emprunteurs (le)

74. a) 1982

75. a) Réserves de change (les)

76. b) Surchauffe (une)

77. b) 19,6 %

78. a) Sel (le)

79. a) Militaires (les)

80. a) Préfet (le)

Géographie

1. b) Yuan (le)
2. b) Tête de Maure (la)
3. a) Besançon
4. a) Libye (la)
5. c) Belle-Île-en-Mer
6. c) Bayonne
7. b) Rouge et jaune
8. b) Arabe (l')
9. c) Florin (le)
10. c) Floride (la)
11. a) Tokyo
12. a) Haute-Normandie (la)
13. a) Albi
14. c) Île de Manhattan (l')
15. c) Lons-le-Saunier
16. a) Picardie (la)
17. b) Japon (le)
18. c) Centre-Val de Loire (le)
19. c) Grenoble
20. a) Méditerranée (la)
21. a) Bouches-du-Rhône (les)
22. a) Escudo (l')
23. c) Montélimar
24. a) Place Rouge (la)
25. b) Palerme
26. b) Gulf Stream (le)
27. a) Haute-Savoie (la)
28. b) Charente-Maritime (la)
29. b) Tarn-et-Garonne (le)
30. c) Carnac
31. a) Amiens
32. c) Île de Pâques (l')

33. c) Canebière (la)
34. a) Cap Horn (le)
35. c) Pyrénées-Atlantiques (les)
36. b) Californie (la)
37. a) Océan Pacifique (l')
38. b) Andalousie (l')
39. c) Groenland (le)
40. b) Corse (la)
41. b) Barcelone
42. b) Champs-Élysées (les)
43. c) Bas-Rhin (le)
44. b) Chypriotes (les)
45. a) Guadeloupe (la)
46. b) Nouvelle-Calédonie (la)
47. c) Guyane (la)
48. a) Tahiti
49. b) Dakar
50. a) Lisbonne
51. a) Rouen
52. a) Hague (la)
53. c) Place Tian'anmen (la)
54. a) Lima
55. c) Dollar canadien (le)
56. b) Central Park
57. c) Étretat
58. b) Orly
59. b) Australie (l')
60. b) Fort-de-France
61. b) Bruxelles
62. a) Armor (l')
63. b) Tunis
64. c) Budapest
65. c) Avignon
66. c) Dollar (le)
67. c) Varsovie
68. a) Saint-Pierre-et-Miquelon
69. b) Gizeh
70. a) Japon (le)
71. b) Océan Indien (l')
72. a) Rabat
73. a) Arno (l')
74. c) Calvados (le)

75. b) Seine-Maritime et Eure

76. c) Florence

77. a) Marseille

78. b) Polynésie française (la)

79. c) Autan (l')

80. c) Nice

Géopolitique

1. b) Personne sans nationalité légale (une)

2. b) Organisation des Nations unies (l') / ONU (l')

3. c) New York

4. c) Washington

5. c) Chaussure (une)

6. b) Guerre des étoiles (la)

7. b) Kennedy (John F.)

8. b) Organisation non gouvernementale (une) / ONG (une)

9. c) République démocratique allemande (RDA)

10. a) République fédérale d'Allemagne (RFA)

11. c) Revendication territoriale pour des raisons démographiques ou économiques (à une)

12. c) Machiavel

13. a) Chinois (le)

14. a) Si tu veux la paix, prépare la guerre

15. c) La Haye

16. a) Idéologie (une)

17. c) 2009

18. c) Après 1945

19. b) 1962

20. a) Chaplin (sir Charlie)

21. c) Nehru (Jawaharlal)

22. b) Ki-moon (Ban)

23. b) Nationalisme (le)

24. a) Casques bleus (les)

25. a) Viêt-cong

26. a) Nixon (Richard)

27. b) Superpuissance émergente (une)

28. b) Stratégie (la)

29. b) Pacte de Varsovie (le)

30. b) Tactique (la)

31. b) Prix Nobel de la paix (le)

32. b) Accord d'Oslo (l')

33. b) Euromissiles (les)

34. b) Eurocorps (l')

35. c) Gandhi (Mahatma)

36. a) Oppenheimer (Robert)

37. a) Manhattan

38. a) Guérilla (une)

39. a) Révolution d'Octobre (la)

40. b) Habsbourg (les)

41. a) Nationalisation (une)

42. a) Restriction volontaire des naissances (la)

43. b) Hawaii

44. c) IRA (l')

45. b) Charia (la)

46. a) Vatican (le)

47. b) Chine (la)

48. b) Président de la République (le)

49. b) Loi nationale du pays survolé (la)

50. b) Mouvement des non-alignés (le)

51. a) Pacte de non-agression (un)

52. b) Genève (à)

53. c) Athènes

54. c) Économie (l')

55. c) Washington

56. c) 31 octobre 2011

57. b) Asie (l')

58. a) Traité de Maastricht (le)

59. c) Dollar (le)

60. b) Pays-Bas (les)

61. a) Cuba (à)

62. c) Altermondialistes (les)

63. a) Santé (de la)

64. a) Tocqueville (Charles de)

65. b) Tokyo

66. a) 1989

67. a) *Mein Kampf*

68. b) 1950

69. c) Cour internationale de justice (la)

70. b) Organisation internationale du travail (l') / OIT (l')

71. b) 1959

72. c) Arabie saoudite (l')

73. a) Neutre

74. a) Russie (la)

75. c) Arabie saoudite (l')

76. a) Organisation du traité de l'Atlantique Nord

77. b) 6 août 1945

78. b) Mururoa

79. b) 1963

80. c) Bruxelles

Mathématiques, Sciences et Techniques

1. b) O

2. a) Pasteur (Louis)

3. a) Otite (une)

4. b) 10 km

5. c) Multiplication (la)

6. a) 76

7. a) Braille (Louis)

8. b) 5

9. a) Papilles gustatives (les)

10. a) Quadrichromie (la)

11. c) Caducée (le)

12. b) 169 cm^2

13. c) Nobel (Alfred)

14. b) Ophtalmologie (l')

15. c) Phobie (une)

16. b) 66 h 40 min

17. c) Essieu (l')

18. b) 7,5

19. b) Galilée (Galileo Galilei, dit)

20. b) 2 401

21. a) Canine (la)

22. b) 19 320 secondes

23. c) Mètre cube (le)

24. c) Morse (Samuel)

25. c) Trachée (la)

26. b) Isocèle

27. b) Pupille (la)

28. a) Addition (l')

29. c) Zn

30. c) Omoplate (l')

31. a) kg

32. c) Italique (l')

33. a) Œsophage (l')

34. b) 13

35. b) Hippocrate

36. a) C

37. a) Estomac (l')

38. b) Électron (l')

39. c) Collyre (le)

40. a) 5

41. a) Hépatite (une)

42. b) Newton (Isaac)

43. c) Genou (le)

44. a) Raffinerie (la)

45. b) 7,2 euros

46. c) Octet (l')

47. a) Pneumologie (la)

48. b) Cu

49. b) 1 000

50. b) Becquerel (le)

51. b) 30

52. b) Acupuncture (l')

53. b) Ultraléger motorisé

54. b) 9 780 secondes

55. c) Métallurgie (la)

56. b) Volt (le)

57. c) Veine (la)

58. b) 42

59. a) Carrosserie (la)

60. b) 16 cm

61. b) Enclume (l')

62. b) 4 h 10 min

63. b) Ancre (l')

64. b) Tsé-tsé

65. a) Ovule (l')

66. a) Volta (Alexandre)

67. a) 6

68. a) Décibel (le)

69. b) Eau (l')

70. b) pH (le)

71. c) Orthodontie (l')

72. a) Gaz carbonique (le)

73. b) Tibia (le)

74. b) 9 minutes

75. b) Épaule (l')

76. a) Fe

77. c) Coccyx (le)

78. b) Lingot (un)

79. c) Pharmacie (la)

80. b) 6 kg

Nature et Environnement

1. c) Amanite (l')

2. c) Noyer (le)

3. a) Fossile (le)

4. c) Renard (le)

5. b) Maïs (le)

6. a) Poisson (un)

7. c) Phréatique

8. a) Raz de marée (le)

9. c) Aubépine (l')

10. a) Félidés (aux)

11. c) Brouillard
12. b) Fuji-Yama
13. a) Éolienne (l')
14. b) Galop (le)
15. a) Levure (la)
16. b) Terrier (le)
17. a) Lump (le)
18. b) Cabri (le)
19. b) Chêne-liège (le)
20. a) Meute (une)
21. c) Ruche (la)
22. b) Riz (le)
23. c) Mulet (le)
24. b) *Smog*
25. b) Agronomie (l')
26. b) Morse (le)
27. b) Caribou (le)
28. c) Horticulture (l')
29. c) Biche (la)
30. c) Chrysalide (la)
31. c) Haricot (le)
32. c) Bolet (le)
33. a) Échelle de Richter (l')
34. b) Yearling (un)
35. a) Colibri (le)
36. a) Artichaut (l')
37. c) Marcassins (les)
38. b) Branchies (les)
39. a) Morue (la)
40. b) Blaireau (du)
41. b) Abreuvoir (un)
42. a) Meuglement (le)
43. a) Atoll (un)
44. b) Homard (le)
45. c) Platane (le)
46. a) Particules d'eau (de)
47. c) Jachère (la)
48. a) Glaise (la)
49. a) Aspic (l')
50. c) Renardeau (le)
51. c) Truffe (la)
52. c) Ergot (l')

53. b) Houblon (le)

54. a) Poire (la)

55. b) Têtard (le)

56. a) Oxygène (de l')

57. a) Hennissement (le)

58. a) Clapier (le)

59. b) Jars (le)

60. c) Érable (l')

61. a) Laie (la)

62. c) Banc (un)

63. a) Glouglou (le)

64. b) Réchauffement climatique causé par les rayons infrarouges (le)

65. b) Ostréiculture (l')

66. a) Sédiment (un)

67. b) Basilic (le)

68. a) Plancton (le)

69. a) Lentille (la)

70. c) Sarrasin (le)

71. c) Laurier (le)

72. a) Girafon (le)

73. b) Asperge (l')

74. b) Delphinarium (le)

75. a) Banquise (la)

76. c) Soleil (du)

77. c) Processus permettant aux végétaux de se développer grâce à la lumière solaire (le)

78. c) H_2O

79. a) Herboriser

80. b) Darwin (Charles)

Sport et loisirs

1. a) Alliance (une)

2. c) Marennes

3. a) Drop (un)

4. b) Far (le)

5. c) Jonc (un)

6. b) Sucre d'orge (le)

7. c) Sumo (le)

8. b) Coquillettes (les)

9. c) Hollande

10. c) Dominos (les)

11. b) 410 à 460 grammes (entre)

12. b) Tarot (au)

13. c) Blanquette (la)

14. b) Mario

15. a) Indienne

16. a) Bombe (la)

17. c) Roulette (la)

18. b) Gambas (les)

19. a) Marathon

20. c) Brasseur (un)

21. a) Haka (le)

22. c) Le Mans

23. c) Viennoiserie (la)

24. b) Boomerang (le)

25. c) Bretzel (le)

26. c) Chop suey (le)

27. c) Fécule (la)

28. b) Clay (Cassius)

29. c) Mitaine (une)

30. a) Mohair (le)

31. b) Chewing-gum (le)

32. b) 16

33. c) Aïoli (l')

34. c) Abats (les)

35. c) Coco

36. b) Feta (la)

37. a) Ickx (Jacky)

38. c) Eau de Seltz (l')

39. b) Manaudou (Laure)

40. b) Sauce hollandaise (la)

41. a) Monopoly (le)

42. b) Badminton (le)

43. c) Poulidor (Raymond)

44. a) Barbe à papa (la)

45. a) Ketchup (le)

46. a) Croque-madame (le)

47. c) Gibus (un)

48. c) Fangio (Juan Manuel)

49. c) Sauce Béchamel (la)

50. c) Prost (Alain)

51. b) Fructose (le)

52. a) Canevas (le)

53. b) Tiramisu (le)

54. b) Sushi (le)

55. b) Parapente (le)

56. a) Plum-pudding (le)

57. b) Col Claudine (le)

58. a) Étrier (l')

59. b) Mortier (le)

60. a) Prénom du graveur qui a créé le bouclier (le)

61. b) Solitaire (un)

62. c) Espagne (l')

63. c) Cognac (le)

64. c) Chevalière (une)

65. c) Baba (le)

66. b) Tour de France (le)

67. b) Challenger (un)

68. a) Quatre-quarts (le)

69. b) Frange (une)

70. c) *Chapka*

71. b) Poncho (le)

72. a) Borg (Björn)

73. b) Rabanne (Paco)

74. a) Gaultier (Jean-Paul)

75. a) Terrine (la)

76. c) Wok (le)

77. b) Sari (le)

78. b) Olympiade (une)

79. c) Chasse à courre (la)

80. c) Sims (les)

DIFFICULTÉ

2

1. Complétez la phrase : « Affamés, les convives se sont jetés à l'... sur les petits-fours. »
a) envie
b) envies
c) envi

2. Que désigne le mot « misanthrope » ?
a) Un tueur en série
b) Une personne qui ne voit pas très bien de près
c) Une personne qui fuit ses semblables

3. Quel est le seul nom de la liste qui double la consonne *p* ?
a) Écho...e (une)
b) Synco...e (une)
c) Antilo...e (une)

4. Complétez la phrase : « Monsieur le directeur, vous trouverez ... copie de mes états de service. »
a) ci-joints
b) ci-joint
c) ci-jointe

5. Quel terme générique désigne les petits poissons qu'un pêcheur néglige ordinairement ?
a) Fretin (le)
b) Fricassée (la)
c) Friture (la)

6. Complétez la phrase : « Toutes les précautions ont été prises ... les travaux ne perturbent pas la circulation. »
a) de façon à ce que
b) de façon que
c) de façon afin que

7. Comment appelle-t-on le signe typographique en forme d'étoile ?
a) Esperluette (une)
b) Astérisque (un)
c) Ligature (une)

8. Complétez la phrase : « Pour le bien-être de tous, il faut que nous ... les sources d'énergie renouvelables. »
a) privilégierons
b) privilégiions
c) privilégions

9. Quel préfixe divise l'unité par un million ?
a) Micro
b) Pico
c) Nano

10. Complétez la phrase : « Les commissaires ne voulaient pas que ce cheval ... le départ, car il était probablement dopé. »
a) prenne
b) prit
c) prît

11. Quelle partie de la linguistique étudie le vocabulaire ?
a) Lexicologie (la)
b) Terminologie (la)
c) Morphologie (la)

12. Quelle orthographe est incorrecte ?
a) Elle épelle
b) Elle harcelle
c) Elle ensorcelle

13. Complétez la phrase : « C'est là que le ... blesse. »
a) bas
b) bât
c) ban

14. Comment appelle-t-on la syllabe qui précède l'avant-dernière syllabe d'un mot ?
a) Hypocoristique (l')
b) Antépénultième (l')
c) Pénultième (la)

15. Complétez la phrase : « ... la bague et le collier, tous ces bijoux n'ont aucune valeur. »
a) Exceptées
b) Exceptés
c) Excepté

16. Quelle phrase est correcte ?
a) Comme le vent se lève, mes cousines et moi déployons le cerf-volant
b) Quand le vent se lève, moi et mes cousines déploieront le cerf-volant.
c) Comme le vent se lève, moi et mes cousines déploierons le cerf-volant

17. Quel est le pluriel d'un nouveau-né ?
a) Nouveau-nés (des)
b) Nouveaux-nés (des)
c) Nouveaux-né (des)

18. L'un de ces verbes ne double pas la consonne après la voyelle *a*. Lequel ?
a) Ap...eler
b) Ap...ostropher
c) Ap... esantir

19. Complétez la phrase : « Le 18 mars 1962, les accords d'Évian ont ... la fin des hostilités en Algérie. »
a) celé
b) scellé
c) sellé

20. Quelle est la forme correcte du subjonctif plus-que-parfait du verbe « croire » ?
a) Le père, l'eûsses-tu cru, a répondu vertement à la mère Michel !
b) Le père, l'eusses-tu crû, a répondu vertement à la mère Michel !
c) Le père, l'eusses-tu cru, a répondu vertement à la mère Michel !

21. Quelle est la fonction du pronom personnel en italique : « Je n'en crois pas mes yeux. C'est bien vous qui avez écrit ce roman ! » ?
a) Attribut du sujet
b) Complément d'objet indirect du verbe
c) Attribut du complément d'objet

Difficulté 2

22. Complétez la phrase : « On prétendait que l'île de la Tortue était le ... du pirate Barberousse. »
a) re-paire
b) repaire
c) repère

23. Quelle est la phrase correcte ?
a) Les pétales de l'hibiscus sont rapidement tombés sur le sol
b) Les pétales de l'ibiscus sont rapidement tombés sur le sol
c) Les pétales de l'hibiscus sont rapidement tombées sur le sol

24. Complétez la phrase : « Le mois d'août a été chaud ; c'est ... pour la maturation du raisin. »
a) de bonnes augures
b) de bonne augure
c) de bon augure

25. Quel verbe est mal orthographié ?
a) croire
b) surseoir
c) déchoire

26. Complétez la phrase : « ... inoffensifs que paraissent ces cygnes, ne vous y fiez pas ! »
a) Quelque
b) Quels que
c) Quelques

27. Ces adjectifs débutent par le préfixe *in-*. Lequel ne double pas la consonne ?
a) I...ommable
b) I...occupé
c) I...ocent

28. Quelle phrase est correcte ?
a) Il affirme que son pain est cuit au feu de bois
b) Il s'étonne que le pain n'est pas cuit au feu de bois
c) Il regrette que le pain n'est pas cuit au feu de bois

29. Complétez la phrase : « Vous fixez les tableaux ... ils ne se décrochent pas ! »
a) de manière qu'
b) de manière à ce qu'
c) de façon à ce qu'

30. Quel est le seul mot qui ne se termine pas par *-ique* ?
a) Trop...
b) Tript...
c) Viat...

31. Complétez la phrase : « Ce patchwork est constitué de morceaux de tissus ... »
a) disparates
b) disparâtes
c) disparatres

32. Complétez la phrase : « Après l'opération, il a ... l'usage de ses membres inférieurs. »
a) recouvert
b) recouru
c) recouvré

33. Dans quel mot y a-t-il un accent circonflexe superflu ?
a) Opiniâtre
b) Psychiâtre (un)
c) Crâne (un)

34. Complétez la phrase : « Le film est si ennuyeux que nombre de spectateurs ... à s'en décrocher la mâchoire. »
a) baillent
b) bâillent
c) bayent

35. Comment s'appelle le sens particulier dans lequel un mot est employé ?
a) Exception (une)
b) Acception (une)
c) Acceptation (une)

36. Complétez la phrase : « C'est un redoutable ..., mais certains arbitres jugent ses ... à la limite de la régularité. »
a) plaqueur / placages
b) plaqueur / plaquages
c) plackeur / plackages

37. Quel mot de la liste ne double pas la consonne *f* ?
a) A...ût (un)
b) A...in de
c) A...irmer

38. Complétez la phrase : « Le P-DG de l'entreprise a donné un ... aux ingénieurs pour concevoir un modèle de voiture hybride. »
a) blanc-saint
b) blanc-seing
c) blanc-sein

39. Que signifie l'adjectif « protéiforme » ?
a) Qui peut se présenter sous des aspects divers
b) Qui est riche en protéines
c) Qui préserve la forme

40. Complétez la phrase : « Les ... baptismaux de cette cathédrale sont en marbre. »
a) fonds
b) fonts
c) fons

41. Si vous dites « il pleut des cordes », vous faites :
a) Métaphore (une)
b) Pléonasme (un)
c) Jeu de mots (un)

42. Laquelle de ces périphrases servant à désigner un ordinateur est erronée ?
a) Cerveau électronique (un)
b) Calculateur prodigue (un)
c) Exécuteur d'opérations difficiles (un)

43. Complétez la phrase : « Est-ce possible que le salaire mensuel de ce basketteur dépasse les ... dollars ? »
a) dix-huit milles dollars

b) onze cents mille dollars
c) trois cent mille dollars

44. Que trouve-t-on dans une pinacothèque ?
a) Œuvres picturales (des)
b) Fossiles marins (des)
c) Vins de grands crus (des)

45. Qu'est-ce qu'un hypocondriaque ?
a) Personne qui se croit toujours malade (une)
b) Médecin spécialiste des maladies intestinales (un)
c) Médicament contre l'hypoglycémie (un)

46. Complétez la phrase : « Les ouvriers réclamaient ... des conditions de travail décentes. »
a) à cor et à cri
b) à foison
c) à corps et à cris

47. Qu'est-ce qu'une prébende ?
a) Bande de terre cultivée dans un jardin (une)
b) Profit que tire une personne de l'exercice de sa charge (un)
c) Possibilité d'acheter un bien avant les autres intéressés (la)

48. Comment s'appelle le procédé par lequel l'auteur prête la parole à un être inanimé, à un mort ou à un absent ?
a) Aparté (un)
b) Tirade (une)
c) Prosopopée (une)

49. Complétez la phrase : « Les enquêteurs n'ont aucun indice ; ils se perdent en ... »
a) conjonctions
b) conjonctures
c) conjectures

50. De quelle langue est originaire le mot « kayak » ?
a) Arabe (l')
b) Quetchua (le)
c) Inuit (l')

51. Complétez la phrase : « Le ... des billets de banque permet de repérer la fausse monnaie. »
a) filigrane
b) filigramme
c) filetage

52. Quelle est la nature du mot en italique dans la phrase : « Le brocanteur brade un lot de tasses dépareillées ; il fait le *tout* pour cent euros seulement » ?
a) Nom (un)
b) Déterminant indéfini (un)
c) Adverbe (un)

53. Qu'est-ce qu'une allégorie ?
a) Représentation concrète d'une idée abstraite (la)
b) Énumération de termes concrets (l')

c) Rapprochement de deux adjectifs synonymes (le)

54. Complétez la phrase : « D'esprit ..., cet enquêteur a résolu l'énigme du vol des bijoux de la Bégum. »
a) sagace
b) sardonique
c) salace

55. Que désigne l'expression « le maître de céans » ?
a) Propriétaire des lieux (le)
b) Commissaire-priseur (le)
c) Président de séance (le)

56. Comment appelle-t-on les mots imitant des sons, comme *glouglou, pan, miaou, plouf...* ?
a) Flopées (des)
b) Prosopopées (des)
c) Onomatopées (des)

57. Qu'est-ce qu'une anicroche ?
a) Boisson au goût d'anis (une)
b) Petite difficulté passagère (une)
c) Note de musique (une)

58. Quel adjectif qualifie ce qui peut être mouillé par l'eau sans être dissous ?
a) Aquacole
b) Hydrophile
c) Hydraulique

59. Complétez la phrase : « Le guide a organisé l'expédition, et chacun des participants a payé sa... »
a) cote-parts
b) quote-part
c) côte-part

60. Quel seul mot de la liste peut être employé au singulier ?
a) Pourparlers (des)
b) Funérailles (des)
c) Exutoires (des)

61. Quelle orthographe est correcte ?
a) Du gibier à plume et à poil
b) Du gibier à plumes et à poil
c) Du gibier à plumes et à poils

62. Quelle est la fonction grammaticale du mot en italique dans la phrase : « Les gendarmes interpellent le propriétaire *dont* la voiture est mal garée » ?
a) Attribut du sujet
b) Complément de lieu
c) Complément du nom « voiture »

63. Complétez la phrase : « ... vous fassiez, vous ne pourrez pas vider la piscine avec un arrosoir ! »
a) Quoique
b) Bien que
c) Quoi que

64. Parmi ces adjectifs de couleur, lequel est invariable ?
a) Beige

b) Marron
c) Alezan

65. Complétez la phrase : « Tous les passagers sont sortis ... de l'accident. »
a) indèmes
b) indemmes
c) indemnes

66. Lequel de ces noms n'est pas du féminin ?
a) Épitaphe
b) Alvéole
c) Astérisque

67. Comment s'appelle une affection cutanée caractérisée par des rougeurs et des démangeaisons ?
a) Exzéma (un)
b) Eczéma (un)
c) Egzéma (un)

68. Complétez la phrase : « Après la dernière représentation, ce groupe d'acteurs s'est ... »
a) dissout
b) dissolu
c) dissous

69. Quel est le pluriel du mot « *gentilhomme* » ?
a) Gentilhommes (des)
b) Gentilshommes (des)
c) Gentilshomme (des)

70. Complétez la phrase : « Dans la dictée, il reste trois erreurs que tu as ... de corriger. »
a) oublié
b) oubliées
c) oubliée

71. Quelle est la phrase correcte ?
a) Tâchez de ne pas vous tâcher
b) Tachez de ne pas vous tâcher
c) Tâchez de ne pas vous tacher

72. Complétez la phrase : « Il les a laissés en ... sans vergogne ! »
a) plans
b) plant
c) plan

73. Qu'est-ce qu'un camaïeu ?
a) Une peinture n'utilisant qu'une seule couleur dans des tons différents
b) Une courte pèlerine que portent les ecclésiastiques
c) Les longues plumes du cou chez le coq

74. Complétez la phrase : « Aux archives de Lyon se trouvent des ... d'une valeur inestimable. »
a) incunables
b) incurables
c) indécodables

75. Que signifie l'expression « vouer aux gémonies » ?
a) Faire preuve de générosité
b) Soigner les personnes âgées

c) Exposer publiquement au mépris

76. Complétez la phrase : « Les dialogues de cette scène sont longs, mais les acteurs les ont ... appris par cœur. »
a) toutes
b) tous
c) tout

77. Quelle orthographe est incorrecte ?
a) Déshoneur (le)
b) Honoraires (des)
c) Honorifique

78. Complétez la phrase : « Les enquêteurs ont ... un vaste trafic de vestiges archéologiques dérobés. »
a) mis à ce jour
b) mis au jour
c) mis à jour

79. Quelle est la phrase correcte ?
a) Elles se sont rendus compte de leur erreur
b) Elles se sont rendues compte de leur erreur
c) Elles se sont rendu compte de leur erreur

80. Complétez la phrase : « Pour ... l'absence de sonorisation, le chanteur force sa voix. »
a) palier
b) pallier
c) pâllier

1. En avril 1917, quel pays entra en guerre aux côtés des Alliés ?
   a) Australie (l')
   b) États-Unis (les)
   c) Angleterre (l')

2. Quel souverain français sortit vainqueur de la bataille de Bouvines en 1214 ?
   a) Philippe II
   b) Philippe III le Hardi
   c) Philippe IV le Bel

3. Quel homme politique, ministre de la Police sous le Directoire, participa au coup d'État du 18-Brumaire ?
   a) Vidocq (François)
   b) Fouché (Joseph)
   c) Fouquier-Tinville (Antoine Quentin)

4. En 1769, quel navigateur anglais prit possession, au nom de son roi, des îles de la Société ?
   a) Carteret (Philip)
   b) Cook (James)
   c) Stanley (John Rowlands, sir Henry Morton)

5. En 1763, par quel traité la France céda-t-elle le Canada à l'Angleterre ?
   a) Traité de Paris (le)
   b) Traité de Londres (le)
   c) Traité de Montréal (le)

6. Quel nom portait la fille aînée de Louis XII et d'Anne de Bretagne ?
   a) Marguerite de Valois
   b) Claude de France
   c) Aliénor d'Aquitaine

7. Le 3 juillet 1940, dans quel port algérien la Royal Navy détruisit-elle une partie de la flotte française ?
   a) Béjaïa
   b) Mers el-Kébir
   c) Oran

8. Quel port situé à l'embouchure de l'estuaire de l'Elbe fut bombardé par les Alliés en juillet et août 1943 ?
   a) Brême
   b) Lübeck
   c) Hambourg

9. Quel révolutionnaire français est à l'origine du babouvisme ?
   a) Babeuf (François Noël, dit Gracchus)
   b) Barnave (Antoine)
   c) Robespierre (Maximilien de)

10. En 1494, quel roi de France naquit à Cognac ?
    a) Charles VIII
    b) François Ier
    c) Henri II

11. Quel roi de France est né à Pau le 13 décembre 1553 ?
    a) Henri II
    b) Henri III
    c) Henri IV

12. Quel est le nom des révoltes qui éclatèrent en mai 1358 et furent durement réprimées par Charles le Mauvais ?
a) Camisards (les)
b) Jacqueries (les)
c) Croquants (les)

13. Quel chevalier romain, ami de l'empereur Auguste, encouragea les lettres et les arts ?
a) Horace
b) Mécène
c) Cicéron

14. Quel roi de France a agrandi le royaume avec la Provence, la Picardie et le Roussillon ?
a) Louis XI
b) Louis XIV
c) François Ier

15. Quel général français, né en 1753, a donné son nom à une place de Strasbourg ?
a) Dumouriez (Charles François)
b) Kellermann (François Christophe)
c) Kléber (Jean-Baptiste)

16. En juin 1777, quel financier suisse fut nommé par Louis XVI directeur général des Finances ?
a) Condorcet (le marquis de)
b) Loménie de Brienne (Étienne de)
c) Necker (Jacques)

17. Comment appelle-t-on les guerres qui opposèrent Rome à Carthage de 264 à 146 avant Jésus-Christ ?
a) Guerres puniques (les)
b) Guerres numides (les)
c) Guerres persiques (les)

18. Quel général français se distingua pendant la guerre de Crimée en prenant le bastion de Malakoff le 8 septembre 1855 ?
a) Mac-Mahon (Edme Patrice, comte de)
b) Bazaine (Achille)
c) Trochu (Louis)

19. Quelle guerre opposa pendant trente ans la maison de Lancastre à la maison d'York ?
a) Guerre des Deux-Rois (la)
b) Guerre des Investitures (la)
c) Guerre des Deux-Roses (la)

20. Quel nom a-t-on donné au coup d'État du 25 avril 1974 au Portugal ?
a) Révolution des œillets (la)
b) Révolution culturelle (la)
c) Révolution de Velours (la)

21. De quelle nation le lion et la licorne sont-ils l'emblème ?
a) Espagne (l')
b) Grande-Bretagne (la)
c) Belgique (la)

22. Quel homme politique français s'opposa à la Terreur jacobine à la tête du groupe des « indulgents » ?
a) Danton (Georges Jacques)

b) Couthon (Georges)
c) Saint-Just (Louis Antoine de)

23. Quel homme politique fut président du Sénat français de 1968 à 1992 ?
a) Juppé (Alain)
b) Poher (Alain)
c) Madelin (Alain)

24. Quel pape fut notamment le protecteur de Michel-Ange et de Bramante ?
a) Pie VII
b) Jules II
c) Alexandre III

25. Quelle île la France acheta-t-elle à Gênes en 1768 ?
a) Île d'Elbe (l')
b) Porquerolles
c) Corse (la)

26. En 1963, quel homme d'État devint président des États-Unis après l'assassinat de John Fitzgerald Kennedy ?
a) Jackson (Andrew)
b) Johnson (Lyndon Baines)
c) Nixon (Richard Milhous)

27. En France, dans quelle ville s'est tenu le congrès de la SFIO en 1957 ?
a) Toulouse
b) Tours
c) Rennes

28. De quelle ville les corsaires Surcouf et Duguay-Trouin étaient-ils originaires ?
a) Saint-Malo
b) Dunkerque
c) Calais

29. En 1974, quel homme politique fonda la Ligue communiste révolutionnaire ?
a) Peyrefitte (Alain)
b) Geismar (Alain)
c) Krivine (Alain)

30. En 1364, quel homme de guerre breton fut fait prisonnier à la bataille d'Auray ?
a) Cadoudal (Georges)
b) Jean sans Terre
c) Du Guesclin (Bertrand)

31. En Russie, quel tsar promulgua les lois fondamentales de mai 1906 ?
a) Alexandre III
b) Nicolas II
c) Ivan IV

32. Quel homme politique devint Premier ministre de l'Espagne en 1982 ?
a) Gonzalez (Felipe)
b) Zapatero (José Luis Rodríguez)
c) Asnar López (José María)

33. Quel empire de l'Amérique précolombienne déclina après l'arrivée de l'Espagnol Pizarro ?
a) Empire maya (l')

b) Empire aztèque (l')
c) Empire inca (l')

34. Quelle actrice grecque devint ministre de la Culture de son pays en 1981 ?
a) Mercouri (Melina)
b) Mouskouri (Nana)
c) Papas (Irène)

35. Le 7 mai 1915, quel paquebot britannique fut torpillé près des côtes d'Irlande par un sous-marin allemand ?
a) *Lusitania* (le)
b) *Titanic* (le)
c) *Queen Elizabeth* (le)

36. Quel homme d'État fut élu président de la République chilienne en 1970 ?
a) Alessandri (Jorge)
b) Allende (Salvador)
c) Pinochet Ugarte (Augusto)

37. Dans quelle commune de la Haute-Marne est inhumé Charles de Gaulle ?
a) La Garenne-Colombes
b) Colombey-les-Deux-Églises
c) Sainte-Mère-Église

38. Quelle Espagnole noble Napoléon III épousa-t-il en janvier 1853 ?
a) Marie de Bragance
b) Isabelle de Valladolid
c) Eugénie de Montijo

39. En mars 1918, quel nom fut donné aux canons allemands de longue portée qui bombardent Paris ?
a) Panzer (le)
b) Bertha (la)
c) Dora (la)

40. Quel tsar prit la tête des armées de Russie, en septembre 1915 ?
a) Alexandre III
b) Paul Ier
c) Nicolas II

41. Quel pasteur noir américain obtint le prix Nobel de la paix en 1964 ?
a) King (Martin Luther)
b) Tutu (Desmond)
c) Malcolm X

42. En quelle année la Grande-Bretagne a-t-elle adhéré au Marché commun ?
a) 1962
b) 1972
c) 1982

43. Comment s'appelle l'assemblée qui prononça la peine de mort à l'encontre de Louis XVI en janvier 1793 ?
a) Comité de salut public (le)
b) Directoire (le)
c) Convention (la)

44. Quel homme d'État et maréchal allemand signa l'armistice de 1918 ?
a) Hindenburg (Paul von Beneckendorff und von)

b) Ludendorff (Erich)
c) Moltke (Helmuth von)

45. Quel homme d'État algérien renversa Ben Bella en 1965 ?
a) Boumediene (Houari)
b) Chadli (Chadli Ben Djedid, dit)
c) Bouteflika (Abdelaziz)

46. Quelle reine assuma la régence du royaume pendant la minorité de Saint Louis ?
a) Blanche de Castille
b) Catherine d'Aragon
c) Isabelle de Castille

47. Quel homme politique fut réélu à la tête du gouvernement israélien en 1955 ?
a) Meir (Golda)
b) Ben Gourion (David)
c) Dayan (Moshe)

48. Le 1er mai 1931, quel président américain inaugura l'Empire State Building ?
a) Eisenhower (Dwight David)
b) Roosevelt (Franklin Delano)
c) Hoover (Herbert Clark)

49. Quelle ville située en Terre sainte tomba aux mains des Francs le 15 juillet 1099 ?
a) Antioche
b) Saint-Jean-d'Acre
c) Jérusalem

50. Quel roi d'Angleterre fit élever la Tour de Londres en 1078 ?
a) Guillaume le Conquérant
b) Richard Cœur de Lion
c) Jean sans Terre

51. Quel amiral britannique fut le dernier vice-roi des Indes ?
a) Montgomery of Alamein (Bernard Law, vicomte)
b) Marlborough (John Churchill, duc de)
c) Mountbatten of Burm (Louis, comte)

52. Le 20 mai 1498, quel navigateur portugais atteignit l'Inde au nord de Calicut ?
a) Gama (Vasco de)
b) Cunha (Tristan da)
c) Cam (Diogo)

53. Quel chef de guerre breton, né vers 1320, débarrassa le royaume de France des Grandes Compagnies en 1366 ?
a) Du Guesclin (Bertrand)
b) Nominoë
c) Durward (Quentin)

54. Comment appelle-t-on le régime qui gouverna la France entre octobre 1795 et novembre 1799 ?
a) Directoire (le)
b) Convention nationale (la)
c) Consulat (le)

55. De 1912 à 1925, quel maréchal de France créa le protectorat français du Maroc ?
a) Gallieni (Joseph)
b) Lyautey (Louis Hubert)
c) Joffre (Joseph)

56. Quel homme politique tchadien a été le chef de l'État de 1982 à 1990 ?
a) Oueddei (Goukouni)
b) Compaoré (Blaise)
c) Habré (Hissène)

57. Quel maréchal devint roi de Naples en 1808 ?
a) Ney (Michel)
b) Murat (Joachim)
c) Soult (Jean de Dieu Nicolas)

58. Quel homme d'État russe reçut le prix Nobel de la paix le 15 octobre 1990 ?
a) Gorbatchev (Mikhaïl)
b) Eltsine (Boris)
c) Sakharov (Andreï)

59. Quel homme d'État anglais, comte d'Essex, fut décapité à Londres en 1540 ?
a) Becket (Thomas)
b) Cromwell (Thomas)
c) More (Thomas)

60. Quel est le premier navigateur français à avoir accompli le tour du monde de 1766 à 1769 ?
a) Bougainville (Louis Antoine de)
b) Dumont d'Urville (Jules)
c) Baudin (Nicolas)

61. Pendant la Révolution française, quel groupe politique était composé de députés de Bordeaux comme Vergniaud, Guadet ou Gensonne ?
a) Aquitains (les)
b) Marais (le)
c) Girondins (les)

62. Quel homme politique fut élu président des États-Unis le 4 novembre 1952 ?
a) Marshall (George Catlett)
b) Truman (Harry S.)
c) Eisenhower (Dwight David)

63. Quelle demoiselle d'honneur de Catherine d'Aragon fut la deuxième femme d'Henri VIII ?
a) Jane Eyre
b) Anne Boleyn
c) Marie Stuart

64. Quel président républicain fut battu par Roosevelt aux élections de 1932 ?
a) Harding (Warren)
b) Coolidge (Calvin)
c) Hoover (Herbert Clark)

65. En 1694, quel corsaire français força le blocus anglais devant Dunkerque ?
a) Bart (Jean)
b) Coligny (Gaspard de)
c) Cartier (Jacques)

66. En 1571, quelle bataille opposa la flotte chrétienne de la Sainte Ligue à la flotte turque d'Ali Pacha ?
a) Bataille des Dardanelles (la)
b) Bataille de Lépante (la)
c) Bataille d'Alexandrie (la)

67. Quel roi de France mit fin à l'indépendance de Strasbourg le 30 septembre 1681 ?
a) Louis XIII
b) Louis XIV
c) Louis XV

68. De 1671 à 1830, quel titre portait le chef de la Régence d'Alger ?
a) Raïs (le)
b) Caïd (le)
c) Dey (le)

69. Quelle reine d'Angleterre, deuxième femme d'Henri VIII, fut accusée d'adultère et décapitée en 1536 ?
a) Anne Boleyn
b) Catherine d'Aragon
c) Marie Stuart

70. Quel chef d'État soviétique Georges Pompidou a-t-il rencontré sur les bords de la mer Noire en mars 1974 ?
a) Brejnev (Leonid)
b) Khrouchtchev (Nikita)
c) Tchernenko (Konstantine)

71. Quel fils de Childéric Ier fut le premier roi des Mérovingiens ?
a) Clotaire Ier
b) Clovis Ier (dit le Grand)
c) Dagobert Ier

72. Sous quel nom est plus connue Marie-Josèphe Tascher de La Pagerie ?
a) Marie-Josèphe de Saxe
b) Joséphine de Beauharnais
c) Joséphine Baker

73. Quel cardinal fut acquitté, en 1786, après l'« affaire du Collier de la reine » ?
a) Cardinal de Mazarin (le)
b) Cardinal de Fleury (le)
c) Cardinal de Rohan (le)

74. En 1818, quel maréchal de France devint roi de Suède et de Norvège sous le nom de Charles XIV ?
a) Suchet (Louis)
b) Bernadotte (Jean-Baptiste)
c) Murat (Joachim)

75. Le 6 mai 1937, quel dirigeable allemand explosa au-dessus du New Jersey ?
a) *Graf Zeppelin* (le)
b) *USS Shenandoah* (le)
c) *Hindenburg* (le)

76. Quel homme politique tunisien fut élu président à vie en 1975 ?
a) Ben Bella (Ahmed)
b) Ben Ali (Zine el-Abidine)
c) Bourguiba (Habib ibn Ali)

77. Sous quel nom est plus connu Henri Eugène Philippe Louis d'Orléans qui reçut la soumission d'Abd el-Kader en 1843 ?
a) Duc d'Aumale (le)
b) Prince Eugène (le)
c) Philippe Égalité

78. En 451, quelle bataille disputée près de Troyes mit Attila en échec ?
a) Bataille de Tolbiac (la)
b) Bataille des champs Catalauniques (la)
c) Bataille de Gergovie (la)

79. Quel nom donnait-on dans l'Inde musulmane au gouverneur ou grand officier de la cour des empereurs moghols ?
a) Nabab (un)
b) Radjah (un)
c) Vizir (un)

80. De quel empire Victoria devint-elle l'impératrice le 27 avril 1876 ?
a) Empire du Commonwealth (l')
b) Empire d'Orient (l')
c) Empire des Indes (l')

1. Quel titre porte le premier film parlant tourné à Hollywood en 1927 ?
a) *Don Juan*
b) *Lumières de la ville (les)*
c) *Chanteur de jazz (le)*

2. Quel comédien a obtenu le prix d'interprétation masculine à Cannes, en 1986, pour le film *Tenue de soirée* ?
a) Blanc (Michel)
b) Stévenin (Jean-François)
c) Dewaere (Patrick)

3. Quel écrivain célèbre fut maire de Bordeaux de 1581 à 1585 ?
a) Montaigne (Michel de)
b) La Boétie (Étienne de)
c) Montesquieu (Charles de Secondat, baron de La Brède et de)

4. Quel peintre et graveur allemand est l'auteur du tableau *le Chevalier, la Mort et le Diable* ?
a) Cranach (Lucas)
b) Dürer (Albrecht)
c) Altdorfer (Albrecht)

5. Qui composa une *Petite Musique de nuit* en 1787 ?
a) Beethoven (Ludwig van)
b) Boccherini (Luigi)
c) Mozart (Wolfgang Amadeus)

6. Dans quelle ville d'Europe se trouve la porte de Brandebourg ?
a) Vienne
b) Berlin
c) Hambourg

7. À quel cinéaste italien doit-on *le Dernier Tango à Paris* en 1972 ?
a) Bertolucci (Bernardo)
b) Pasolini (Pier Paolo)
c) Sordi (Alberto)

8. À quelle romancière anglaise doit-on *le Meurtre de Roger Ackroyd* ?
a) James (Phyllis Dorothy James, dite P.D.)
b) Rendell (Ruth)
c) Christie (Agatha)

9. En 1975, qui chanta *l'Été indien* ?
a) Dassin (Joe)
b) Lenorman (Gérard)
c) Simon (Yves)

10. Quelle femme de lettres fut reçue à l'Académie française le 22 janvier 1981 ?
a) Carrère d'Encausse (Hélène)
b) Yourcenar (Marguerite)
c) Djebar (Assia)

11. Quelle pièce de poésie de quatorze vers est composée de deux quatrains et de deux tercets ?
a) Sonnet (un)
b) Rondeau (un)
c) Ballade (une)

12. Comment appelle-t-on le carreau de faïence émaillée à dominante bleue ?
a) Zellige (un)
b) Azulejo (un)
c) Émaux (des)

13. À quel auteur doit-on *la Dame de pique* en 1834 ?
a) Carroll (Lewis)
b) Pouchkine (Aleksandr)
c) Dumas fils (Alexandre Dumas, dit)

14. À quel architecte américain doit-on l'édification du musée Guggenheim à New York ?
a) Johnson (Philip)
b) Wright (Frank Lloyd)
c) Kahn (Louis)

15. Quel titre porte le premier épisode des aventures de Tintin ?
a) *Tintin au pays des Soviets*
b) *Tintin en Amérique*
c) *Tintin au Congo*

16. Quel film de Visconti, d'après Thomas Mann, réunit Silvana Mangano et Dirk Bogarde en 1971 ?
a) *Mort à Venise*
b) *Rome, ville ouverte*
c) *Stromboli*

17. Quel écrivain japonais, auteur du *Tumulte des flots* en 1954 et du *Pavillon d'or* en 1956, s'est suicidé en 1970 ?
a) Dazaï (Osamu)
b) Akutagawa (Ryunosuke)
c) Mishima (Yukio)

18. En 1633, quel dessinateur et graveur français réalise la série d'estampes intitulée *Misères et malheurs de la guerre* ?
a) Lorrain (Claude Gelée, dit Claude)
b) Callot (Jacques)
c) Bosse (Abraham)

19. En 1959, quel film Alain Resnais réalisa-t-il sur un scénario de Marguerite Duras ?
a) *Année dernière à Marienbad (l')*
b) *Jardins de Paris (les)*
c) *Hiroshima mon amour*

20. En 1862, quel roman dont l'action se situe à Carthage doit-on à Gustave Flaubert ?
a) *Énéide (l')*
b) *Carthage ou l'Empire de la mer*
c) *Salammbô*

21. À quel groupe de hard rock australien doit-on les albums *Highway to hell* et *Back in Black* ?
a) Midnight Oil
b) AC/DC
c) Rose Tattoo

22. Dans l'architecture arabe traditionnelle, quel grillage fait de petits bois tournés permet de voir sans être vu ?
a) Muqarnas (des)

b) Zellige (un)
c) Moucharabieh (un)

23. Dans quelle ville du Brésil est situé le Corcovado ?
a) Brasilia
b) Rio de Janeiro
c) Salvador (anc. Bahia)

24. Quel courant traditionnel et populaire est illustré par le Douanier Rousseau ?
a) Art brut (l')
b) Dada
c) Art naïf (l')

25. Dans quel film Woody Allen mêla-t-il réalité et fiction en faisant sortir le héros de l'écran ?
a) *Hollywood Ending*
b) *Broadway Danny Rose*
c) *Rose pourpre du Caire (la)*

26. À quel écrivain doit-on le roman *les Frères Karamazov* en 1880 ?
a) Tolstoï (Léon)
b) Tourgueniev (Ivan Sergueïevitch)
c) Dostoïevski (Fiodor Mikhaïlovitch)

27. À quel peintre doit-on le *Pèlerinage à l'île de Cythère* en 1717 ?
a) Fragonard (Jean Honoré)
b) Watteau (Antoine)
c) Boucher (François)

28. Qui réalisa *Jour de fête* en 1949 ?
a) Étaix (Pierre)
b) Sennett (Mack)
c) Tati (Jacques)

29. Qui composa la musique de l'opéra *les Indes galantes* en 1735 ?
a) Rameau (Jean-Philippe)
b) Couperin (François)
c) Vivaldi (Antonio)

30. Quel nom porte le groupe formé par Annie Lennox et Dave Stewart ?
a) Kills (The)
b) White Stripes (The)
c) Eurythmics (The)

31. Combien de cordes possède le violoncelle ?
a) 4
b) 5
c) 6

32. À quelle femme de lettres française doit-on *le Deuxième Sexe* en 1949 ?
a) Margerie (Diane de)
b) Réage (Dominique Aury, dite Pauline)
c) Beauvoir (Simone de)

33. En 1935, quel film d'Alfred Hitchcock met en scène un réseau d'espions et un innocent traqué en Écosse ?
a) *Trente-Neuf Marches (les)*
b) *Cinquième Colonne*
c) *Homme qui en savait trop (l')*

34. En 1886, quel écrivain est l'auteur du roman *Bel-Ami* ?
a) Huysmans (Georges Charles, dit Joris-Karl)
b) Maupassant (Guy de)
c) Balzac (Honoré de)

35. Quelle chanteuse interprète *les Amants d'un jour* en 1956 ?
a) Fontaine (Brigitte)
b) Piaf (Édith)
c) Barbara

36. Pour quelle chanteuse et danseuse Vincent Scotto composa-t-il *J'ai deux amours* ?
a) Baker (Joséphine)
b) Mistinguett
c) Jeanmaire (Zizi)

37. Quelle actrice interprète Miranda Priestley, fashionista tyrannique, dans *le Diable s'habille en Prada* ?
a) Close (Glenn)
b) Streep (Meryl)
c) Stone (Sharon)

38. Sur quel boulevard de Los Angeles peut-on voir les empreintes laissées par les plus grandes personnalités du cinéma ?
a) Hollywood Boulevard
b) Sunset Boulevard
c) Beverly Boulevard

39. À quel poète doit-on *le Fou d'Elsa* en 1963 ?
a) Ponge (Francis)
b) Aragon (Louis)
c) Cadou (René Guy)

40. Quelle actrice est la partenaire de Robert Mitchum dans *la Rivière sans retour* en 1954 ?
a) Gardner (Ava)
b) Monroe (Marilyn)
c) Hepburn (Katharine)

41. Quel poète français est l'auteur de *Calligrammes* en 1918 ?
a) Apollinaire (Guillaume)
b) Breton (André)
c) Desnos (Robert)

42. De 1862 à 1874, à quel architecte français doit-on la construction de l'Opéra de Paris ?
a) Garnier (Charles)
b) Percier (Charles)
c) Chassériau (Charles Frédéric)

43. Dans *les Quatre Cents Coups* de Truffaut, quel jeune comédien incarne Antoine Doinel ?
a) Frey (Sami)
b) Léaud (Jean-Pierre)
c) Perrin (Jacques)

44. Quel mouvement, né dans les années 1950, a eu pour représentants Roy Lichtenstein et Andy Warhol ?
a) Pop art (le)
b) Pointillisme (le)
c) Art conceptuel (l')

45. Quelle note vaut deux blanches ou quatre noires ?
a) Croche (la)
b) Ronde (la)
c) Triple croche (la)

46. En 1925, à quelle romancière doit-on *Mrs Dalloway* ?
a) Pym (Barbara)
b) Woolf (Virginia)
c) Austen (Jane)

47. Quel terme emploie-t-on pour désigner un ensemble d'au moins trois notes émises simultanément ?
a) Liaison (une)
b) Accord (un)
c) Degré (un)

48. Qui réalisa *le Cercle rouge*, avec Yves Montand dans le rôle de Jansen ?
a) Autant-Lara (Claude)
b) Melville (Jean-Pierre)
c) Costa-Gavras

49. Quel peintre français signa *les Glaneuses* en 1857 ?
a) Breton (Jules)
b) Courbet (Gustave)
c) Millet (Jean-François)

50. À Paris, quel ensemble de jardins publics entoure les laboratoires du Muséum national d'histoire naturelle ?
a) Jardin d'Acclimatation (le)
b) Jardin des Plantes (le)
c) Jardin du Luxembourg (le)

51. Selon Homère, quelle était la patrie d'Ulysse ?
a) Lesbos
b) Ithaque
c) Troie

52. Quel chanteur interpréta *les Amoureux des bancs publics* en 1953 ?
a) Ferrat (Jean)
b) Moustaki (Georges)
c) Brassens (Georges)

53. Avec quel instrument à cordes Yehudi Menuhin se produisit-il à l'âge de 7 ans à San Francisco ?
a) Violon (le)
b) Piano (le)
c) Violoncelle (le)

54. À quel dessinateur de bandes dessinées français doit-on *Adèle Blanc-Sec* ?
a) Tardi (Jacques)
b) Druillet (Philippe)
c) Gotlib (Marcel)

55. En 1932, quelle utopie futuriste, située en 2500, doit-on à Aldous Huxley ?
a) *Cité du soleil (la)*
b) *Meilleur des mondes (le)*
c) *Utopie*

56. En poésie, comment appelle-t-on une suite de vers dont les lettres initiales, lues verticalement, forment un mot ?
a) Acrostiche (un)

b) Anagramme (un)
c) Palindrome (un)

57. De quel pays est originaire la samba ?
a) Brésil (le)
b) Cuba
c) Argentine (l')

58. Quel roman de Jack Kerouac, paru en 1957, a été le livre clé de la Beat generation ?
a) *Désobéissance civile (la)*
b) *Chant du bourreau (le)*
c) *Sur la route*

59. À la fin des années 1950, quel architecte réalisa, entre autres bâtiments, le palais présidentiel de Brasilia ?
a) Niemeyer (Oscar)
b) Costa (Lúcio)
c) Reidy (Affonso Eduardo)

60. Dans quel film de Billy Wilder Marilyn a-t-elle comme partenaires Tony Curtis et Jack Lemmon en 1959 ?
a) *Le démon s'éveille la nuit*
b) *Certains l'aiment chaud*
c) *Joyeuse Parade (la)*

61. À quel groupe le chanteur Joe Strummer, décédé en décembre 2002, appartenait-il ?
a) Cramps (The)
b) Clash (The)
c) Ramones (The)

62. Dans quel musée du faubourg Saint-Germain peut-on voir les sculptures *le Penseur* et *les Bourgeois de Calais* ?
a) Musée Maillol (le)
b) Musée Rodin (le)
c) Musée Bourdelle (le)

63. Quel terme grec désigne l'effet de purification produit sur les spectateurs par une représentation dramatique ?
a) *Mimêsis (la)*
b) *Hermêneutikos (l')*
c) *Catharsis (la)*

64. Quelle héroïne de Racine, épouse de Thésée, éprouve une passion pour Hippolyte ?
a) Phèdre
b) Roxane
c) Andromaque

65. À quel réalisateur doit-on *Série noire*, en 1979, et *Nocturne indien*, en 1989 ?
a) Terzian (Alain)
b) Corneau (Alain)
c) Resnais (Alain)

66. Quelle romancière publia *les Hauts de Hurlevent* en 1847 ?
a) Brontë (Charlotte)
b) Brontë (Anne)
c) Brontë (Emily)

67. En 1957, quel film interprété par Fred Astaire et Cyd Charisse est

un remake musical de *Ninotchka* de Lubitsch ?
a) *Nuits blanches à Seattle*
b) *Belle de Moscou (la)*
c) *New York, New York*

68. Quelle tendance artistique, illustrée notamment par Braque et Picasso, apparaît en France vers 1906-1907 ?
a) Cubisme (le)
b) Expressionnisme (l')
c) Surréalisme (le)

69. En 1979, dans quel film Woody Allen est-il Isaac Davis, amoureux de Diane Keaton, sur des musiques de George Gershwin ?
a) *Manhattan*
b) *Stardust Memories*
c) *Annie Hall*

70. En jazz, quelle grande trompette à coulisse est utilisée pour des effets de glissando ?
a) Cornet à pistons (le)
b) Tuba (le)
c) Trombone (le)

71. Quelle héroïne du *Misanthrope* de Molière a pour soupirant attitré Alceste ?
a) Agnès
b) Célimène
c) Mariane

72. De quel roman de Stendhal Fabrice del Dongo est-il le héros ?
a) *Chartreuse de Parme (la)*
b) *Lucien Leuwen*
c) *Rouge et le Noir (le)*

73. Qui réalisa *les Dix Commandements* en 1923 et en 1956 ?
a) Gance (Abel)
b) B. De Mille (Cecil)
c) De Laurentiis (Dino)

74. Quel nom porte le festival de musique se déroulant à Rennes en décembre de chaque année ?
a) Folle Journée (la)
b) Transmusicales (les)
c) Hellfest

75. Sous quel nom est également connue la sixième symphonie de Beethoven ?
a) Symphonie du destin (la)
b) Symphonie pastorale (la)
c) Symphonie héroïque (la)

76. En 1928, quel roman de D.H. Lawrence décrit la liaison d'une lady avec le garde-chasse de son mari ?
a) *Amant de lady Chatterley (l')*
b) *Fille perdue (la)*
c) *Walden ou la Vie dans les bois*

77. À Barcelone, à quel architecte doit-on le parc Güell et la Casa Mila ?
a) Sert (Josep Lluís)
b) Fontseré (Josep)
c) Gaudí (Antonio)

78. Quelle ville d'Allemagne est réputée pour son festival d'opéras wagnériens ?
a) Bayreuth
b) Marienbad
c) Munich

79. Dans quelle forêt bretonne des romans de la Table ronde l'enchanteur Merlin séjourne-t-il ?
a) Forêt de Brocéliande (la)
b) Forêt de Branquily (la)
c) Forêt de Fréau (la)

80. À quel écrivain doit-on les *Contes de ma mère l'Oye* en 1697 ?
a) Ramuz (Charles-Ferdinand)
b) Perrault (Charles)
c) Dickens (Charles)

1. Quel philosophe français a refusé le prix Nobel de littérature en 1964 ?
   a) Le Clézio (Jean-Marie Gustave)
   b) Camus (Albert)
   c) Sartre (Jean-Paul)

2. Quels instruments de musique vainqueurs des murailles de Jéricho sont le symbole de la puissance absolue et miraculeuse ?
   a) Tambours (les)
   b) Trompettes (les)
   c) Cymbales (les)

3. Par quel terme désigne-t-on chacune des neuf déesses grecques qui présidaient aux arts libéraux ?
   a) Harpie (une)
   b) Gorgone (une)
   c) Muse (une)

4. Quel dieu grec est identifié à Mercure ?
   a) Hermès
   b) Poséidon
   c) Héraclès

5. Quelle divinité grecque boiteuse est le dieu du Feu et des Forges ?
   a) Polyphème
   b) Saturne
   c) Héphaïstos

6. Quel est le nom grec du dieu de la Guerre ?
   a) Hadès
   b) Arès
   c) Zeus

7. Dans la Bible, sur quelle montagne Moïse reçoit-il les Tables de la Loi ?
   a) Aréopage (l')
   b) Mont Sinaï (le)
   c) Mont Ararat (le)

8. Quel explorateur et religieux installé au Sahara est né à Strasbourg en 1858 ?
   a) Doughty (Charles)
   b) Monod (Théodore)
   c) Foucauld (Charles Eugène, vicomte de)

9. Quelle déesse est à la fois la sœur et l'épouse irascible de Zeus ?
   a) Artémis
   b) Héra
   c) Déméter

10. Quel héros grec, fils d'Égée, tue le Minotaure et sort du Labyrinthe grâce au fil d'Ariane ?
    a) Jason
    b) Thésée
    c) Argos

11. Quel fils de Zeus protège les marchands, les voyageurs et les voleurs ?
    a) Apollon
    b) Héraclès
    c) Hermès

12. Quelle fête chrétienne est célébrée le premier dimanche après la Pentecôte ?
    a) Trinité (la)

b) Ascension (l')
c) Annonciation (l')

13. **Comment se nomme, selon la religion chrétienne, le salut apporté par Jésus-Christ qui, par sa vie, sa mort et sa résurrection, libère l'humanité pécheresse ?**
a) Rédemption (la)
b) Salut (le)
c) Révélation (la)

14. **Quel est le nom des cinquante filles du roi d'Argos Danaos ?**
a) Danaïdes (les)
b) Dioscures (les)
c) Dionysies (les)

15. **Quel nom donne-t-on aux frères religieux de l'ordre fondé par saint Benoît de Nursie ?**
a) Bénédictins (les)
b) Trinitaires (les)
c) Bernardins (les)

16. **Dans quelle cité de l'époque homérique fut retrouvé le trésor dit « de Priam » ?**
a) Troie
b) Éphèse
c) Carthage

17. **Quel nom porte le vase sacré, à couvercle, où l'on conserve les hosties consacrées ?**
a) Calice (le)
b) Ciboire (le)
c) Graal (le)

18. **En 1840, à quel philosophe doit-on *Qu'est-ce que la propriété* ?**
a) Proudhon (Pierre Joseph)
b) Comte (Auguste)
c) Marx (Karl)

19. **Quel mouvement religieux préconise l'union de toutes les Églises chrétiennes en une seule ?**
a) Œcuménisme (l')
b) Panthéisme (le)
c) Particularisme (le)

20. **Quelle coiffure de cérémonie est portée par les papes, les évêques et certains abbés ?**
a) Rochet (le)
b) Dalmatique (la)
c) Mitre (la)

21. **Qui est la sainte patronne des musiciens ?**
a) Marie-Madeleine (sainte)
b) Cécile (sainte)
c) Véronique (sainte)

22. **À quelle divinité grecque attribue-t-on le caducée ?**
a) Hadès
b) Asclépios
c) Hermès

23. **Quelle déesse, fille de Zeus, aide Ulysse à retourner à Ithaque ?**
a) Athéna
b) Hélène
c) Nausicaa

24. Quel dieu, époux d'Amphitrite, peut provoquer des orages, ébranler les rochers et faire jaillir des sources ?
a) Zeus
b) Porphyrion
c) Poséidon

25. Quel dieu est le fils de Zeus et de Léto et le frère d'Artémis ?
a) Apollon
b) Nérée
c) Pollux

26. Quelle expression latine signifie « à volonté » ?
a) *Ab ovo*
b) *In fine*
c) *Ad libitum*

27. Quels présents les Rois mages apportent-ils à Jésus ?
a) De l'or, du vermeil et des diamants
b) De l'or, de l'encens et de la myrrhe
c) De l'huile, du sel et de l'encens

28. Quel dieu du panthéon indien est représenté avec un corps d'homme, bien en chair, surmonté d'une tête d'éléphant ?
a) Ganesh
b) Shiva
c) Kali

29. Dans la mythologie, comment appelle-t-on le vide antérieur à la création ?
a) Prémices (les)
b) Chaos (le)
c) Genèse (la)

30. Quelle expression latine signifie « À la ville [de Rome] et à l'univers » ?
a) *Urbi et orbi*
b) *Ab urbe condita*
c) *Aut Caesar, aut nihil*

31. Quelle déesse romaine est considérée comme la protectrice des femmes ?
a) Vénus
b) Minerve
c) Junon

32. Vers 399 avant Jésus-Christ, quel philosophe grec, accusé d'impiété et de corruption de la jeunesse, est condamné à boire la ciguë ?
a) Socrate
b) Diogène
c) Épicure

33. Quel livre du Nouveau Testament décrit les sept visions de l'apôtre Jean sur la fin du monde et annonce la victoire du Christ ?
a) Évangile selon Saint Jean (l')
b) Actes des Apôtres (les)
c) Apocalypse (l')

34. Quel dieu égyptien est adoré sous la forme d'un chacal ?
a) Horus
b) Anubis
c) Rê

35. Quelle tribu légendaire de femmes guerrières descend, selon la mythologie grecque, du dieu Arès et de la nymphe Harmonie ?
a) Astartées (les)
b) Amazones (les)
c) Walkyries (les)

36. Quel nom porte, dans la mythologie grecque, le trio de monstres formé par Euryale, Sthéno et Méduse ?
a) Érinyes (les)
b) Sirènes (les)
c) Gorgones (les)

37. Quelle sainte a protégé Paris et ses habitants de l'invasion d'Attila et de ses hordes de Huns ?
a) Marguerite (sainte)
b) Jeanne (sainte)
c) Geneviève (sainte)

38. Quelle expression latine signifie « un autre moi-même » ?
a) *Cogito ergo sum*
b) *Alter ego*
c) *Primus inter pares*

39. Quel nom donne-t-on aux chapitres ou divisions du Coran ?
a) Verset (un)
b) Sourate (une)
c) Article (un)

40. Quel nom désigne le début de l'ère de l'islam ?
a) Hadj
b) Hégire
c) Hadith

41. Quel philosophe de l'école antique stoïcienne est l'auteur de *Phèdre*, des *Troyennes* ou de *Médée* ?
a) Eschyle
b) Sénèque
c) Socrate

42. Dans quelle partie de son corps résidait la force herculéenne de Samson ?
a) Talons (dans ses)
b) Bras (dans ses)
c) Cheveux (dans ses)

43. Quelle fête religieuse catholique est fixée le premier dimanche suivant le 1er janvier ?
a) Jour des Rois (le)
b) Chandeleur (la)
c) Immaculée Conception (l')

44. Quel héros de la mythologie, fils de Zeus et d'Alcmène, nettoie les écuries d'Augias, cueille les pommes du jardin des Hespérides et enchaîne Cerbère ?
a) Hercule
b) Tantale
c) Achille

45. Quel grand théologien de l'Église catholique a lutté contre les hérétiques et écrit les *Confessions* ?
a) Thomas d'Aquin (saint)

b) Augustin (saint)
c) Jérôme (saint)

46. Quelle sorte de vestibule transversal est placée à l'entrée des églises paléochrétiennes ?
a) Transept (le)
b) Vaisseau central (le)
c) Narthex (le)

47. Quel patriarche, chef d'un clan araméen, est un personnage majeur des religions juive, chrétienne et islamique ?
a) Mathusalem
b) Abraham
c) Salomon

48. Quel héros légendaire grec, embarqué sur le navire *Argo* avec les Argonautes, réussit à s'emparer de la Toison d'or ?
a) Hercule
b) Ulysse
c) Jason

49. À quel objet associe-t-on la figure pittoresque de Diogène ?
a) Écuelle (une)
b) Sandales (des)
c) Tonneau (un)

50. Quel ouvrage, phare de la pensée politique, a été écrit par Tocqueville ?
a) *De la démocratie en Grèce antique*
b) *De la démocratie en Amérique*
c) *De la démocratie en France*

51. Sous l'égide de quel philosophe a été créé le quotidien *Libération* en 1973 ?
a) Sartre (Jean-Paul)
b) Marx (Karl)
c) Onfray (Michel)

52. Qui a écrit : « La religion est l'opium du peuple » ?
a) Nietzsche (Friedrich)
b) Proudhon (Pierre-Joseph)
c) Marx (Karl)

53. Qui fut le théoricien de la non-violence ?
a) Jésus-Christ
b) King (Martin Luther)
c) Gandhi

54. Comment Albert Camus est-il mort ?
a) Attentat (dans un)
b) Accident de voiture (dans un)
c) Arrêt cardiaque (d'un)

55. Qui a développé le thème du surhomme ?
a) Nietzsche (Friedrich)
b) Maurras (Charles)
c) Jésus-Christ

56. Quel est le synonyme de « transcendance » ?
a) Abstraction

b) Immanence
c) Réalité

57. **Quel nom porte la sainte patronne de Paris ?**
a) Agathe (sainte)
b) Lucie (sainte)
c) Geneviève (sainte)

58. **Dans l'Antiquité, quel oiseau était l'emblème d'Athènes ?**
a) Aigle (l')
b) Vautour (le)
c) Chouette (la)

59. **Comment appelle-t-on les livres qui, tout en se présentant comme inspirés par Dieu, ne font pas partie du canon biblique juif ou chrétien ?**
a) Synoptiques (les)
b) Apocryphes (les)
c) Épîtres (les)

60. **Quel dieu marin grec reçoit de Poséidon, son père, le don de changer de forme à volonté ?**
a) Nérée
b) Achéloos
c) Protée

61. **Quelle magicienne légendaire du cycle des Argonautes s'enfuit avec Jason ?**
a) Andromède
b) Cassandre
c) Médée

62. **Quel réformateur religieux fonda à Strasbourg l'Église protestante française en 1538 ?**
a) Luther (Martin)
b) Zwingli (Ulrich)
c) Calvin (Jean Cauvin, dit)

63. **Quel fils d'Hermès est le dieu des Bergers et des Troupeaux, de la Nature et des Bêtes sauvages ?**
a) Bacchus
b) Nessus
c) Pan

64. **Quel prophète est enlevé vers le ciel sur un char de feu ?**
a) Isaïe
b) Élie
c) Ézéchiel

65. **Quelle Église de rite syrien est implantée surtout au Liban ?**
a) Baptiste
b) Copte
c) Maronite

66. **Quel nom porte la fête du Nouvel An juif, au début de l'automne ?**
a) Yom Kippour
b) Pessah
c) Rosh ha-Shana

67. **Quel chancelier d'Angleterre publia *Utopie*, en 1516 ?**
a) Campanella (Tommaso)
b) Bacon (Francis)
c) More (Thomas)

68. **Quel philosophe allemand publia *la Phénoménologie de l'esprit* en 1807 ?**
a) Fichte (Johann Gottlieb)
b) Hegel (Georg Wilhelm Friedrich)
c) Schelling (Friedrich Wilhelm Joseph von)

69. **À quel dieu grec est assimilée la divinité romaine Saturne ?**
a) Cronos
b) Éros
c) Ouranos

70. **Que signifie en sanskrit le titre *Bouddha* ?**
a) Prophète
b) Éveillé
c) Dieu

71. **Que représente le *Nirvana* dans la religion bouddhiste ?**
a) Paix intérieure (la)
b) Prière (la)
c) Paradis (le)

72. **Chez les catholiques, comment appelle-t-on le ministre qui a reçu l'ordre immédiatement inférieur à la prêtrise ?**
a) Diacre (le)
b) Clerc (le)
c) Archidiacre (l')

73. **Quel philosophe grec, né en 384 avant Jésus-Christ, a été le précepteur d'Alexandre ?**
a) Aristote
b) Démocrite
c) Plotin

74. **Quelle intellectuelle a écrit *Le Deuxième Sexe* ?**
a) Halimi (Gisèle)
b) Groult (Benoîte)
c) Beauvoir (Simone de)

75. **Quel nom donne-t-on à la philosophie de Platon suivie par ses disciples ?**
a) Platonisme
b) Platonicisme
c) Aristotélisme

76. **Quel philosophe a fondé en 2002 l'Université populaire de Caen ?**
a) Lévy (Bernard-Henri)
b) Onfray (Michel)
c) Ferry (Luc)

77. **De qui le roi Salomon tombe-t-il éperdument amoureux ?**
a) Reine de Numidie (de la)
b) Reine de Carthage (de la)
c) Reine de Saba (de la)

78. **Quel nom porte précisément l'Église des mormons ?**
a) Église de Jésus-Christ des Saints des Derniers Jours (l')
b) Église des Enfants de Dieu (l')
c) Église des Témoins de Jéovah (l')

79. **Parmi ces différentes communautés de croyants, lesquels ne sont pas chrétiens ?**

a) Salafistes (les)
b) Coptes (les)
c) Maronites (les)

80. **Qu'est-ce qu'un postulat ?**

a) Demande (une)
b) Hypothèse (une)
c) Énoncé indémontrable (un)

1. Quand éclata la crise des subprimes aux États-Unis ?
   a) 2002
   b) 2005
   c) 2007

2. Quel est le mécanisme de la TVA sociale ?
   a) Affectation d'une partie des charges sociales à la relance de la consommation (l')
   b) Affectation d'une partie du produit de la TVA au financement de la protection sociale (l')
   c) Affectation d'une partie du produit de la TVA à la productivité des entreprises (l')

3. Comment appelle-t-on la mise en réserve de monnaie qui ne fait pas l'objet d'un placement productif ?
   a) Épargne (l')
   b) Thésaurisation (la)
   c) Capitalisation (la)

4. Comment s'appelle l'organisation internationale mise en place en 1995 qui veille à l'application des accords commerciaux internationaux ?
   a) Organisation mondiale du commerce (l')
   b) Organisation internationale du commerce (l')
   c) Organisation de coopération et de développement économiques (l')

5. Quelle est la définition d'un coût marginal ?
   a) Ensemble des dépenses nécessaires à la production d'un bien (l')
   b) Coût de production d'une unité supplémentaire (le)
   c) Coût par unité produite (le)

6. Comment appelait-on dans l'Antiquité romaine un citoyen exempt d'impôts et qui n'était considéré comme utile que par les enfants qu'il engendrait ?
   a) Citoyen (un)
   b) Pauvre (un)
   c) Prolétaire (un)

7. Que signifie le sigle CTFVP ?
   a) Commission de transfert de fonds et de valorisation de placements
   b) Commission de travail des finances publiques
   c) Commission pour la transparence financière de la vie politique

8. Quel critère n'est pas suffisant en lui-même pour qualifier un pays de « paradis fiscal » selon l'OCDE ?
   a) Absence de véritable échange de renseignements à des fins fiscales avec d'autres États (une)
   b) Des impôts inexistants ou insignifiants (des)
   c) Absence de transparence (une)

9. Comment appelle-t-on la taxe sur les mouvements internationaux de capitaux pour limiter la spéculation, proposée au début des années 1970 par un économiste américain ?
a) Taxe Tobin (la)
b) Taxe sur les capitaux (la)
c) Taxe contre la spéculation (la)

10. Quel est le pays qui a les réserves de change les plus élevées ?
a) États-Unis (les)
b) Chine (la)
c) Japon (le)

11. Qu'est-ce qu'un contribuable ?
a) Personne qui supporte seulement les impôts indirects (une)
b) Personne qui supporte les impôts directs et indirects (une)
c) Personne qui supporte seulement les impôts directs (une)

12. Qui proclame officiellement les résultats de l'élection présidentielle ?
a) Président du Sénat (le)
b) Président du Conseil constitutionnel (le)
c) Président de l'Assemblée nationale (le)

13. Quels ont été les scores lors de la dernière élection présidentielle ?
a) Hollande (François) : 51,6 % / Sarkozy (Nicolas) : 48,4 %
b) Hollande (François) : 53,6 % / Sarkozy (Nicolas) : 46,4 %
c) Hollande (François) : 52,6 % / Sarkozy (Nicolas) : 47,4 %

14. Comment appelle-t-on le montage financier frauduleux qui consiste à rémunérer les investissements des clients par les fonds procurés par les nouveaux entrants ?
a) Chaîne de Markov (la)
b) Chaîne de Madoff (la)
c) Chaîne de Ponzi (la)

15. D'après quelle catastrophe a été nommée la directive européenne dite « de Seveso » ?
a) Pollution dans un village italien appelé Seveso par la dioxine en 1976 (la)
b) Fuite de gaz toxique de l'usine de pesticide Seveso en Inde en 1984 (la)
c) Explosion de l'usine AZF à Toulouse en 2001 (l')

16. Quel est l'écrivain français qui a théorisé la séparation des pouvoirs visant à séparer les différentes fonctions de l'État, afin de limiter l'arbitraire et d'empêcher les abus ?
a) Montesquieu
b) Rousseau (Jean-Jacques)
c) Voltaire

17. Quel est le taux que doivent indiquer les établissements de crédit dans leurs offres de prêt aux particuliers ?
a) Taux nominal (le)
b) Taux effectif global (le)
c) Taux actuariel (le)

18. Combien y a-t-il en France de sénateurs ?
a) 321
b) 348
c) 362

19. En quelle année les femmes ont-elles pu voter en France ?
a) 1919
b) 1928
c) 1944

20. Qu'est-ce qu'une société transnationale ?
a) Firme implantée de façon durable à l'étranger (une)
b) Firme implantée dans les paradis fiscaux (une)
c) Firme financière (une)

21. Comment appelle-t-on une phase de deux trimestres consécutifs de baisse absolue du Produit intérieur brut (PIB) ?
a) Déflation (une)
b) Récession (une)
c) Crise (une)

22. Quelle est l'origine du mot « travail » ?
a) *Trepalium*, un instrument de torture
b) *Transpiratio*, « transpiration »
c) *Trauma*, « blessure »

23. De quoi ne dépend pas la valeur d'usage d'une marchandise ?
a) Prix (de son)
b) Circonstances (des)
c) Utilisateur (de son)

24. Quel économiste britannique publia en 1798 l'*Essai sur le principe de population* ?
a) Ricardo (David)
b) Malthus (Thomas Robert)
c) Marshall (Alfred)

25. Qui a dit : « Le temps, c'est de l'argent » ?
a) Ford (Henry)
b) C'est un proverbe anglais : *Time is money*
c) Rockefeller (John Davison)

26. De quand datent les premières pièces en or et en argent trouvées en Asie Mineure ?
a) 1 000 avant Jésus-Christ
b) 600 avant Jésus-Christ
c) 400 avant Jésus-Christ

27. Quel pays a connu une hyperinflation après la Première Guerre mondiale ?
a) Autriche (l')
b) Italie (l')
c) Allemagne (l')

28. En quelle année éclata la bulle Internet ?
a) 1999
b) 2001
c) 2009

29. Quel ingénieur britannique fit breveter en 1769 la première machine à vapeur ?
a) Stephenson (George)
b) Murdoch (William)
c) Watt (James)

30. Comment appelle-t-on une offre par laquelle une société fait connaître son intention d'échanger ses propres titres contre ceux d'une société qu'elle désire contrôler selon une proportion d'échange déterminée ?
a) OPA (une)
b) OPE (une)
c) OPR (une)

31. Quel est le synonyme d'« agrégat » ?
a) Total (un)
b) Accumulation (une)
c) Consolidation (une)

32. Que faut-il prendre en compte pour estimer le pouvoir d'achat d'un ménage ?
a) Évolution de ses revenus et de son patrimoine (l')
b) Évolution de ses revenus
c) Évolution de ses revenus et des prix (l')

33. Le pouvoir d'achat peut-il augmenter quand les prix montent ?
a) Oui
b) Aucun rapport entre eux
c) Non

34. À combien s'élève la population active en France en 2011 ?
a) 20,8 millions de personnes
b) 25,8 millions de personnes
c) 30,8 millions de personnes

35. Quelle est la part des femmes dans la population active en France en 2011 ?
a) 42,5 %
b) 47,5 %
c) 52,5 %

36. Comment appelle-t-on une diminution continue et forte des prix par des mesures monétaires, financières ou plus générales ?
a) Récession (une)
b) Déflation (une)
c) Crise (une)

37. Quel est l'indice qui mesure l'inflation ?
a) Indice du niveau des revenus (l')
b) Indice des prix à la consommation (l')
c) Produit intérieur brut (le)

38. Quel est l'organisme public en France chargé de la publication des statistiques et de diverses enquêtes et études ?
a) INSEE (l')
b) IRD (l')
c) INSERM (l')

39. Qu'est-ce qui n'est pas de la monnaie scripturale ?
a) Billet de banque (le)

b) Virement (le)
c) Chèque (le)

40. À quoi correspond le Produit intérieur brut (PIB) ?
a) Valeur ajoutée totale des biens et services produits annuellement, plus la TVA et les droits de douane (à la)
b) Valeur ajoutée totale des biens et services produits annuellement sur un territoire national (à la)
c) Valeur ajoutée totale des biens et services produits annuellement par des entreprises nationales (à la)

41. Quelle est la base de la taxe sur la valeur ajoutée (TVA) ?
a) Biens consommés (les)
b) Biens et services consommés (les)
c) Biens et services consommés en France par des Français (les)

42. Combien y a-t-il de taux de TVA en France ?
a) 3
b) 4
c) 5

43. Quelle est la différence entre les impôts directs et les impôts indirects ?
a) Les impôts indirects sont perçus directement et nominativement par l'Administration
b) Les impôts indirects ne sont versés que par les étrangers
c) Les impôts directs sont perçus directement et nominativement par l'Administration

44. Comment appelle-t-on l'amplitude de variation d'un titre, d'un fond, d'un marché ou d'un indice sur une période donnée ?
a) Volatilité (la)
b) Variabilité (la)
c) Mobilité (la)

45. Qu'est-ce qu'un redevable ?
a) Personne qui supporte les impôts directs et indirects (une)
b) Personne qui supporte seulement les impôts indirects (une)
c) Personne qui supporte seulement les impôts directs (une)

46. À quoi peut-on souscrire avec un bon de souscription ?
a) Action à un prix fixé le jour de l'Assemblée générale extraordinaire (à une)
b) Action à un prix fixé le jour de la souscription (à une)
c) Action à un prix fixé d'avance et jusqu'à une date déterminée (à une)

47. Comment appelle-t-on le revenu d'une obligation ?
a) Dividende (un)
b) Coupon (un)
c) Bénéfice (un)

48. Quand les salariés ont-ils obtenu 15 jours de congés payés ?
a) 1919
b) 1936
c) 1946

49. Sur quelle base peut-on réquisitionner du personnel gréviste ?
a) Atteinte à l'activité économique (à l'occasion d'une)
b) Atteinte constatée ou prévisible au bon ordre, à la salubrité, à la tranquillité et à la sécurité publiques (à l'occasion d'une)
c) Atteinte aux personnes (à l'occasion d'une)

50. Qu'est-ce qui n'est pas vrai à propos du droit de grève ?
a) Le salarié en grève doit cesser totalement le travail
b) Des revendications professionnelles doivent être posées
c) La grève a une durée légale

51. Que désignent les actifs toxiques ?
a) Actifs financiers que leurs détenteurs ne peuvent plus vendre (les)
b) Entreprises traitant les déchets toxiques (les)
c) Dettes élevées dans les entreprises (les)

52. Comment appelait-on la marge de fluctuation des cours des monnaies dans la CEE de 1973 à 1979 afin d'en éviter les fluctuations erratiques ?
a) Serpent monétaire européen (le)
b) SME (le)
c) Système de change européen (le)

53. Quand l'agence Standard & Poor's a-t-elle la première dégradé le triple A de la France ?
a) Janvier 2012
b) Mai 2012
c) Décembre 2012

54. Comment s'appelle une politique budgétaire qui, pour assurer le plein-emploi, préconise une relance de la consommation, une baisse du taux d'intérêt, un accroissement des investissements publics ?
a) Politique keynésienne (une)
b) Politique malthusienne (une)
c) Politique néolibérale (une)

55. Quelle a été la particularité de la période nommée « les Trente Glorieuses » en France ?
a) Émancipation des femmes (une)
b) Forte croissance économique (une)
c) Augmentation de la natalité (une)

56. **Qu'appelle-t-on le taux d'activité ?**
a) Mesure de la productivité d'une entreprise (la)
b) Rapport entre les personnes actives et la population en âge de travailler (le)
c) Rapport entre les personnes sans emploi et la population en âge de travailler (le)

57. **Combien y a-t-il en France de députés à l'Assemblée nationale ?**
a) 482
b) 523
c) 577

58. **En quelle année le mandat du président de la République est-il passé à 5 ans ?**
a) 1998
b) 2000
c) 2002

59. **À qui ne revient pas l'initiative de la révision de la Constitution ?**
a) Membres du Parlement (aux)
b) Président de la République sur proposition du Premier ministre (au)
c) Assemblée nationale (à l')

60. **Que prévoit l'article 11 de la Constitution ?**
a) Promulgation des lois par le président de la République (la)
b) Possibilité pour le président de la République de soumettre certains projets de loi au référendum populaire (la)
c) Droit de grâce du président de la République (le)

61. **Quelles entreprises sont prises en compte dans le calcul du PIB (Produit intérieur brut) ?**
a) Toutes les entreprises ou étrangères implantées en France
b) Toutes les entreprises françaises implantées en France et à l'étranger
c) Seulement les entreprises françaises implantées en France

62. **Quelles sont les entités que notent les agences de notation ?**
a) États et collectivités locales, entreprises privées ou publiques (les)
b) Seulement les États et les collectivités locales
c) Seulement les États et les entreprises publiques

63. **Que sont des subprimes ?**
a) Crédits à la consommation avec un taux d'emprunt variable (des)
b) Crédits immobiliers gagés sur le logement avec un taux d'emprunt fixe (des)
c) Crédits immobiliers gagés sur le logement avec un taux d'emprunt fixe les premières années puis variable (des)

64. À quel âge est-on éligible en France pour être président de la République ?
a) 18 ans
b) 23 ans
c) 30 ans

65. Quand est apparue la notion d'« actif toxique » ?
a) Avec l'augmentation des déchets toxiques en 2000
b) Avec la crise des subprimes de 2007
c) Avec le choc pétrolier de 2008

66. Comment s'appelle la bourse électronique créée en 1971 aux États-Unis, spécialisée dans la cotation des jeunes entreprises à forte croissance ?
a) CAC 40 (le)
b) NYSE (le)
c) Nasdaq (le)

67. Comment appelle-t-on les 30 valeurs boursières les plus importantes qui servent à calculer l'indice boursier de Wall Street ?
a) Blue chips (les)
b) Best chips (les)
c) Gold chips (les)

68. Quel est le principal pays producteur de blé au monde ?
a) Inde (l')
b) Chine (la)
c) Russie (la)

69. Quel est le nom de l'agence française de l'espace créée en 1961 ?
a) CNRS (le)
b) CNNS (le)
c) CNES (le)

70. À quel âge est-on éligible en France pour être sénateur ?
a) 18 ans
b) 24 ans
c) 30 ans

71. De quel mot anglo-saxon le terme « mondialisation » est-il la traduction ?
a) *Universalisation*
b) *Globalisation*
c) *Mondialisation*

72. Quel financier écossais créa une banque à Paris et fut contrôleur général des Finances en France en 1720 ?
a) Bentham (Jeremy)
b) Smith (Adam)
c) Law (John)

73. Dans quel édifice se tient l'Assemblée nationale à Paris ?
a) Palais du Luxembourg (le)
b) Palais Brongniart (le)
c) Palais Bourbon (le)

74. Quelle fut la première femme française à devenir Premier ministre en 1991 ?
a) Veil (Simone)

b) Cresson (Édith)
c) Auriol (Jacqueline)

75. Comment appelle-t-on une entreprise implantée dans de nombreux pays par l'intermédiaire de ses filiales ?
a) Oligopole (une)
b) Multinationale (une)
c) Société mère (une)

76. Quelle est l'assemblée qui donne au gouvernement son avis sur les textes ou les questions d'ordre économique et social en France ?
a) Conseil d'État (le)
b) Conseil économique et social (le)
c) Cour des comptes (la)

77. Comment appelle-t-on une loi à l'initiative d'un parlementaire ?
a) Proposition de loi (une)
b) Projet de loi (un)
c) Initiative parlementaire (une)

78. Qui prend des ordonnances ?
a) Président de la République (le)
b) Gouvernement (le)
c) Assemblée nationale (l')

79. Quel est le dirigeant chinois qui a ouvert son pays à l'économie mondiale ?
a) Hu Jintao
b) Jiang Zemin
c) Deng Xiaoping

80. Qui a dit : « La propriété, c'est le vol » ?
a) Engels (Friedrich)
b) Marx (Karl)
c) Proudhon (Pierre-Joseph)

1. Quel pays a pour unité monétaire le shekel ?
   a) Israël
   b) Turquie (la)
   c) Iran (l')

2. Quelle est la langue officielle du Guatemala ?
   a) Portugais (le)
   b) Guarani (le)
   c) Espagnol (l')

3. Quelles sont les trois couleurs du drapeau de la Russie ?
   a) Blanc, bleu et rouge
   b) Rouge, bleu et noir
   c) Rouge, blanc et noir

4. Comment appelle-t-on les habitants de Béziers ?
   a) Biterrois (les)
   b) Balzilais (les)
   c) Béziérains (les)

5. Quel pont suspendu traverse la Garonne à la hauteur de Lormont ?
   a) Pont d'Aquitaine (le)
   b) Pont de La Roche-Bernard (le)
   c) Pont de Tancarville (le)

6. Dans quelle région se trouve le département de la Haute-Loire ?
   a) Auvergne Rhône-Alpes (l')
   b) Pays de la Loire (les)
   c) Languedoc-Roussillon Midi-Pyrénées (le)

7. Combien l'Alsace-Champagne-Ardenne-Lorraine compte-t-elle de départements ?
   a) 6
   b) 8
   c) 10

8. Quelle région administrative comprend notamment les départements du Doubs, du Jura, de la Haute-Saône et du Territoire de Belfort ?
   a) Alsace-Champagne-Ardenne-Lorraine (l')
   b) Bourgogne Franche-Comté (la)
   c) Centre-Val de Loire (le)

9. Quel lac de la bordure sud des Alpes renferme les îles Borromées ?
   a) Lac Majeur (le)
   b) Lac de Côme (le)
   c) Lac de Garde (le)

10. Quel pays d'Afrique a pour capitale Libreville ?
    a) Gabon (le)
    b) Liberia (le)
    c) Cameroun (le)

11. De quelle province du Canada la ville de Toronto est-elle la capitale ?
    a) Colombie-Britannique (la)
    b) Ontario (l')
    c) Québec (le)

12. Quelle île, située en face de Marseille, est célèbre pour son château fort construit en 1524 ?
    a) Île d'Yeu (l')
    b) Île de Batz (l')
    c) Îlot d'If (l')

13. De quel fleuve l'Ain est-il un affluent ?
a) Rhône (le)
b) Rhin (le)
c) Loire (la)

14. Quel nom est donné à l'extrémité sud-ouest du lac Léman ?
a) Lac de Nyon (le)
b) Lac d'Évian (le)
c) Lac de Genève (le)

15. À Paris, quelle place est située au pied de la montagne Sainte-Geneviève ?
a) Place Maubert (la)
b) Place Denfert-Rochereau (la)
c) Place Vendôme (la)

16. De quel département la ville de Mont-de-Marsan est-elle le chef-lieu ?
a) Gers (le)
b) Landes (les)
c) Lot-et-Garonne (le)

17. Dans quel département est située la ville de Dinard ?
a) Morbihan (le)
b) Côtes-d'Armor (les)
c) Ille-et-Vilaine (l')

18. Dans quel département se trouve la ville d'Auch ?
a) Hautes-Pyrénées (les)
b) Gers (le)
c) Ariège (l')

19. Quel fleuve, long de 100 kilomètres, arrose la ville de Dinan ?
a) Trieux (le)
b) Rance (la)
c) Arguenon (l')

20. Quelle région du sud-ouest de la Bretagne est comprise entre la pointe du Raz et Le Pouldu ?
a) Cornouaille (la)
b) Trégorrois (le)
c) Pays de Léon (le)

21. Quelle chaîne granitique culmine à 384 mètres au signal de Toussaines en Bretagne ?
a) Monts d'Arrée (les)
b) Massif du Carlitte (le)
c) Massif de la Serre (le)

22. Quelle est la capitale fédérale de l'Australie ?
a) Sydney
b) Canberra
c) Wellington

23. En Italie, dans quelle province se trouve la ville de Sienne ?
a) Émilie-Romagne (l')
b) Toscane (la)
c) Ombrie (l')

24. Quel pays est composé du Tonkin, de l'Annam et de la Cochinchine ?
a) Thaïlande (la)
b) Cambodge (le)
c) Viêt Nam (le)

25. **Quel port de Russie, situé sur la mer du Japon, est le terminus du Transsibérien ?**
a) Khabarovsk
b) Vladivostok
c) Magadan

26. **Combien de départements composent la région Pays de la Loire ?**
a) 2 (Mayenne, Sarthe)
b) 3 (Loire-Atlantique, Maine-et-Loire, Vendée)
c) 5 (Loire-Atlantique, Maine-et-Loire, Mayenne, Sarthe, Vendée)

27. **Quelle ville de Belgique est située au confluent de la Meuse et de la Sambre ?**
a) Namur
b) Charleroi
c) Liège

28. **Quel est le nom français des îles Falkland ?**
a) Îles Loyauté (les)
b) Îles de l'Amirauté (les)
c) Îles Malouines (les)

29. **Au bord de quel lac se trouve la ville de Chicago ?**
a) Lac Ontario (le)
b) Lac Michigan (le)
c) Lac Érié (le)

30. **Sur quelle avenue de New York se trouvent l'Empire State Building et la cathédrale Saint-Patrick ?**
a) Cinquième Avenue (la)
b) Troisième Avenue (la)
c) Broadway

31. **À Londres, dans quelle rue se trouve la résidence officielle du Premier ministre britannique ?**
a) Downing Street
b) Baker Street
c) Oxford Street

32. **Quel affluent du Rhin traverse la ville de Strasbourg ?**
a) Ill (l')
b) Bruche (la)
c) Meurthe (la)

33. **Quelle station balnéaire, située sur la côte normande, fut créée par le duc de Morny en 1860 ?**
a) Honfleur
b) Cabourg
c) Deauville

34. **Quel volcan actif est le point culminant de la Guadeloupe, à 1 467 mètres ?**
a) Mont Bleu (le)
b) Soufrière (la)
c) Montagne Pelée (la)

35. **Quel fleuve prend sa source au pied du plateau de Langres en Haute-Marne ?**
a) Seine (la)
b) Meuse (la)
c) Rhône (le)

36. Quel petit État, enclavé dans l'État d'Afrique du Sud, a pour capitale Maseru ?
a) Lesotho (le)
b) Malawi (le)
c) Swaziland (le)

37. Aujourd'hui, sous quel nom sont plus connues les îles de la Désolation ?
a) Îles Kerguelen (les)
b) Îles Saint-Pierre-et-Miquelon (les)
c) Îles Crozet (les)

38. Quel État d'Afrique occidentale a pour capitale Niamey ?
a) Niger (le)
b) Burkina Faso (le)
c) Mali (le)

39. Quel est le chef-lieu départemental du Lot ?
a) Villeneuve-sur-Lot
b) Figeac
c) Cahors

40. Depuis 1959, quel pont routier établi sur la Seine réduit de 102 kilomètres la distance entre Le Havre et Caen ?
a) Pont de Chatou (le)
b) Pont de Tancarville (le)
c) Pont de Normandie (le)

41. Quelle ville de Normandie se situe entre les péninsules de la Hague et du Val de Saire ?
a) Cherbourg
b) Granville
c) Carentan

42. Quelle île de Bretagne, située au large de Quiberon, a pour chef-lieu Le Palais ?
a) Belle-Île-en-Mer
b) Île d'Yeu (l')
c) Île de Groix (l')

43. À Paris, quel jardin jouxte le Sénat ?
a) Jardin du Luxembourg (le)
b) Tuileries (les)
c) Champ-de-Mars (le)

44. Sur quel fleuve est bâtie Moscou en Russie ?
a) Volga (la)
b) Neva (la)
c) Moskova (la)

45. Quel est l'autre nom de la mer des Antilles ?
a) Mer d'Iroise (la)
b) Mer de Banda (la)
c) Mer des Caraïbes (la)

46. Quelle ville est la capitale de la Jamaïque ?
a) Port Morant
b) Kingstown
c) Kingston

47. Quel département de la région Île-de-France renferme les villes de L'Haÿ-les-Roses et du Kremlin-Bicêtre ?
a) Hauts-de-Seine (les)

b) Essonne (l')
c) Val-de-Marne (le)

48. Quelle est la plus grande des îles Anglo-Normandes ?
a) Guernesey
b) Jersey
c) Aurigny

49. De quel département la ville de Guéret est-elle la préfecture ?
a) Indre (l')
b) Haute-Vienne (la)
c) Creuse (la)

50. Quel fleuve d'Indochine sert de frontière entre la Birmanie et le Laos et entre le Laos et la Thaïlande ?
a) Mékong (le)
b) Fleuve Rouge (le)
c) Fleuve Jaune (le)

51. Quel nom donne-t-on à une embouchure fluviale soumise à la marée, formant une indentation profonde dans le tracé littoral ?
a) Estuaire (un)
b) Crique (une)
c) Baie (une)

52. Quelle ville d'Espagne, capitale de l'Aragon, est traversée par l'Èbre ?
a) Tarragone
b) Saragosse
c) Salamanque

53. Quelle ville au bord du Gange compte environ 1 500 temples ?
a) Bénarès
b) Patna
c) Jaipur

54. Quel nom porte le massif cristallin provençal qui borde la Méditerranée ?
a) Montagne Noire (la)
b) Corbières (les)
c) Esterel (l')

55. Quelle ville des Hautes-Alpes, située à 1 321 mètres d'altitude, est la plus haute cité d'Europe ?
a) Briançon
b) Saint-Gervais-les-Bains
c) Saint-Étienne-de-Tinée

56. Quelle ville des Alpes-Maritimes est considérée comme la capitale des parfums ?
a) Vence
b) Valensole
c) Grasse

57. Quel nom donne-t-on au port d'Athènes ?
a) Le Pirée
b) Nauplie
c) Épire (l')

58. Quelle chaîne de montagnes de France et de Suisse se prolonge en Allemagne par des plateaux calcaires ?
a) Vosges (les)

b) Alpes (les)
c) Jura (le)

59. À l'embouchure de quel fleuve se trouve la ville de Lisbonne ?
a) Douro (le)
b) Tage (le)
c) Sado (le)

60. Quelle est l'unité monétaire du Maroc ?
a) Dinar (le)
b) Riyal (le)
c) Dirham (le)

61. Quelle ville est l'agglomération la plus peuplée de l'Inde ?
a) Bombay
b) New Delhi
c) Calcutta

62. Quel archipel est devenu le cinquantième État des États-Unis en 1959 ?
a) Îles Hawaii (les)
b) Bahamas (les)
c) Porto Rico

63. Quel État insulaire d'Asie est composé principalement des îles Hokkaido, Honshu, Shikoku et Kyushu ?
a) Japon (le)
b) Philippines (les)
c) Indonésie (l')

64. Quelle ville, anciennement appelée Léopoldville, est la capitale de la République démocratique du Congo ?
a) Kampala
b) Brazzaville
c) Kinshasa

65. Comment appelle-t-on les habitants de la ville de Limoges ?
a) Limogeais (les)
b) Limousins (les)
c) Limougeauds (les)

66. Dans quelle ville commence le canal du Midi, reliant la Méditerranée à la vallée de la Garonne ?
a) Agen
b) Muret
c) Toulouse

67. Quel fleuve, à la frontière des États-Unis et du Canada, joint les lacs Érié et Ontario ?
a) Niagara (le)
b) Saint-Clair (le)
c) Saint-Laurent (le)

68. Quel État des Grandes Antilles est situé à l'entrée du golfe du Mexique, entre le détroit de Floride et le seuil de Yucatán ?
a) République dominicaine (la)
b) Cuba
c) Jamaïque (la)

69. Quelle ville est la capitale fédérale de la Suisse ?
a) Berne
b) Zurich
c) Lausanne

70. Quel nom donne-t-on aux habitants du Guatemala ?
a) Guatémaliens (les)
b) Guatémaltèques (les)
c) Guatémalais (les)

71. De quelle région de Normandie, abritant les villes de Dieppe et d'Étretat, les Cauchois sont-ils les habitants ?
a) Pays de Caux (le)
b) Pays de Bray (le)
c) Lieuvin (le)

72. Quel État d'Amérique centrale est situé entre le Nicaragua et le Panamá ?
a) Belize (le)
b) Guatemala (le)
c) Costa Rica (le)

73. Dans quel pays se trouve l'ancienne cité de Smyrne ?
a) Syrie (la)
b) Turquie (la)
c) Grèce (la)

74. Dans quel département est situé Le Tréport ?
a) Calvados (le)
b) Somme (la)
c) Seine-Maritime (la)

75. Quel est l'ancien nom de la Thaïlande ?
a) Tonkin (le)
b) Siam (le)
c) Cochinchine (la)

76. Quelle rivière des États-Unis est le principal affluent du Mississippi ?
a) Arkansas (l')
b) Missouri (le)
c) Ohio (l')

77. Quel archipel volcanique de l'océan Pacifique dépend de l'Équateur depuis 1832 ?
a) Îles Juan Fernández (les)
b) Îles Marquises (les)
c) Îles Galápagos (les)

78. De quel État insulaire de l'océan Indien la ville de Port Louis est-elle la capitale ?
a) Maldives (les)
b) Seychelles (les)
c) Île Maurice (l')

79. Quel groupe d'îles de la Côte d'Azur se situe au large de Cannes ?
a) Îles de Lérins (les)
b) Îles Frisonnes (les)
c) Îles de Glénan (les)

80. Quelle ville est la capitale du Texas ?
a) Dallas
b) Austin
c) Houston

1. Parmi ces pays détenant la bombe nucléaire, qui n'a pas signé le traité de non-prolifération des armes nucléaires (TNP) ?
a) Inde
b) Chine
c) Russie

2. Quel est le pays qui a le plus d'hommes sous les drapeaux ?
a) Russie (la)
b) Chine (la)
c) États-Unis (les)

3. Quel est le pays au monde qui a le plus gros budget militaire ?
a) Royaume-Uni (le)
b) États-Unis (les)
c) Chine (la)

4. Quelle philosophe américaine d'origine allemande étudia le totalitarisme et mit l'accent sur la convergence du nazisme et du stalinisme ?
a) Heiberg (Simone)
b) Arendt (Hannah)
c) Weill (Simone)

5. Quelle est la source d'énergie la plus utilisée en Amérique du Nord ?
a) Nucléaire (le)
b) Pétrole (le)
c) Charbon (le)

6. Quel est le pays qui n'a pas de frontière avec l'Irak ?
a) Afghanistan (l')
b) Koweït (le)
c) Iran (l')

7. À quel pays appartient le canal de Panamá ?
a) Panamá (au)
b) États-Unis (aux)
c) Communauté internationale (à la)

8. Comment appelle-t-on un modèle théorique de pensée qui oriente la recherche et la réflexion scientifiques ?
a) Postulat (un)
b) Paradigme (un)
c) Axiome (un)

9. Quel est le plus grand pays du monde en superficie ?
a) Canada (le)
b) Russie (la)
c) États-Unis (les)

10. Combien de victimes fit la bombe nucléaire lancée sur Hiroshima ?
a) 80 000
b) 140 000
c) 210 000

11. Comment appelle-t-on une structure formalisée utilisée pour rendre compte d'un ensemble de phénomènes qui possèdent entre eux certaines relations ?
a) Référence (une)
b) Modèle (un)
c) Archétype (un)

12. Lequel de ces États ne fait pas partie de l'espace Schengen ?
a) Pologne (la)
b) Royaume-Uni (le)
c) Finlande (la)

13. D'après le droit de la mer, à combien de milles marins des côtes s'étend la zone économique exclusive (ZEE) ?
a) 50
b) 200
c) 500

14. Quel est le pays qui n'a pas de frontière avec l'Égypte ?
a) Tunisie (la)
b) Israël
c) Lybie (la)

15. Quand a été décidée la construction d'un mur de séparation en Israël ?
a) 1982
b) 1992
c) 2002

16. Parmi ces pays, quel est celui qui n'a pas l'arme nucléaire ?
a) Pakistan (le)
b) Brésil (le)
c) Inde (l')

17. En quelle année a eu lieu le premier essai nucléaire américain ?
a) 1935
b) 1945
c) 1955

18. Quelle est la première dynastie impériale chinoise qui réalisa l'unification du pays en 221 avant Jésus-Christ ?
a) Qin
b) Sui
c) Song

19. En quelle année l'armée d'Alexandre le Grand atteignit-elle l'Indus ?
a) 346 avant Jésus-Christ
b) 326 avant Jésus-Christ
c) 326 après Jésus-Christ

20. Au VIe-Ve siècle avant Jésus-Christ, qui écrivit *l'Art de la guerre*, le plus ancien traité de stratégie connu ?
a) Caton l'Ancien
b) Hésiode
c) Sun Zi / Sun Tse

21. Quel est le pays qui n'est pas issu de l'ex-Yougoslavie ?
a) Croatie
b) Albanie
c) Bosnie-Herzégovine

22. Selon Machiavel, il existe trois façons de « se maintenir dans les villes ou principautés qui, avant d'être conquises, vivaient sous leurs propres lois ». Laquelle n'est pas de lui ?
a) Les laisser vivre selon leurs lois
b) Modifier leurs lois
c) Les détruire

23. Qu'est-ce qui déclencha la Première Guerre mondiale en 1914 par le jeu des alliances ?
a) Déclaration de guerre de l'Allemagne à la France (la)
b) Déclaration de guerre de l'Empire austro-hongrois à la Serbie (la)
c) Déclaration de guerre de la Serbie à l'Empire austro-hongrois (la)

24. Quel président américain énonça en 1823 la doctrine qui porte son nom, s'opposant à toute intervention européenne dans les affaires du continent américain ?
a) Monroe (James)
b) Adams (John)
c) Jefferson (Thomas)

25. Comment appelle-t-on la politique consistant, pour un État, à s'intégrer le moins possible à la vie internationale et à récuser toute ingérence dans ses propres affaires ?
a) Protectionnisme (le)
b) Isolationnisme (l')
c) Individualisme (l')

26. Quel est le dernier pays à avoir rejoint la zone euro en 2011 ?
a) Slovaquie (la)
b) Grèce (la)
c) Estonie (l')

27. Quel est le statut de Hongkong ?
a) Région administrative spéciale de la Chine (une)
b) État indépendant (un)
c) Territoire de la Couronne britannique (un)

28. Quel fut le dernier président blanc de l'Afrique du Sud ?
a) De Klerk (Johannes)
b) De Klerk (Frederik)
c) Botta (Pieter)

29. Comment les États-Unis espèrent empêcher l'immigration illégale en provenance du Mexique ?
a) En créant un no man's land le long de la frontière
b) En construisant un mur de séparation le long de la frontière
c) En mettant un garde tous les cinq cents mètres le long de la frontière

30. Quelle est l'origine principale des migrants dans les pays du Golfe ?
a) Asiatique
b) Européenne
c) Africaine

31. Quelle est la source d'énergie la plus utilisée en Asie-Pacifique ?
a) Charbon (le)
b) Hydroélectricité (l')
c) Pétrole (le)

32. Comment appelle-t-on l'ensemble des conventions internationales conclues dans le souci d'améliorer la protection des personnes en temps de guerre ?
a) Conventions de Genève (les)

b) Conventions de Rome (les)
c) Conventions de Paris (les)

33. Combien d'États ont un représentant à l'Assemblée générale de l'ONU ?
a) 153
b) 193
c) 233

34. En quelle année a eu lieu le blocus de Berlin par l'URSS en riposte à l'unification des trois secteurs d'occupation occidentaux de la ville ?
a) 1948
b) 1961
c) 1973

35. Combien d'États font partie de l'espace Schengen qui permet une libre circulation des personnes à l'intérieur de leurs frontières ?
a) 12
b) 26
c) 35

36. En quelle année a eu lieu la prise d'otages de membres de l'équipe olympique d'Israël à Munich ?
a) 1964
b) 1972
c) 1976

37. Quel est l'organisme créé en 1944 qui surveille les politiques de change, gère l'octroi de crédits aux pays rencontrant des difficultés dans leur balance des paiements ?
a) Banque mondiale (la)
b) Fonds monétaire international (le) / FMI (le)
c) Banque centrale européenne (la) / BCE (la)

38. Quelle est l'organisation internationale qui offre à ses membres un cadre pour analyser, élaborer et améliorer dans la concertation leurs politiques économiques et sociales ?
a) Fonds monétaire international (le) / FMI (le)
b) Organisation de coopération et de développement économique (l') / OCDE (l')
c) Banque mondiale (la)

39. Où se trouve le siège de l'Organisation de coopération et de développement économique (OCDE) ?
a) Bonn (à)
b) Strasbourg (à)
c) Paris (à)

40. Quelle est la langue qui ne fait pas partie des six langues officielles de l'ONU ?
a) Allemand (l')
b) Chinois (le)
c) Anglais (l')

41. Quel pays fut exclu de la Ligue arabe en 1979 pour avoir signé les accords de Camp David ?
a) Égypte (l')
b) Syrie (la)
c) Jordanie (la)

42. Que requiert la résolution 242 du Conseil de sécurité de l'ONU du 22 novembre 1967 ?
a) Reprise des négociations de paix (la)
b) Reconnaissance d'Israël par les États arabes (la)
c) Retrait des forces armées israéliennes des territoires occupés (le)

43. À l'étude de quel grand espace Fernand Braudel, historien français, consacra un ouvrage en 1949 ?
a) Méditerranée (la)
b) Russie (la)
c) Afrique (l')

44. Quelle organisation veille à l'application des accords commerciaux internationaux ?
a) Banque mondiale (la)
b) Fonds monétaire international (le) / FMI (le)
c) Organisation mondiale du commerce (l') / OMC (l')

45. Dans quelle ville se trouve le siège de l'Organisation mondiale du commerce (OMC) ?
a) Lausanne
b) Berne
c) Genève

46. Quel est le pays qui n'a pas de frontière avec Israël ?
a) Liban (le)
b) Irak (l')
c) Égypte (l')

47. Quel est l'accord signé en 1947 à Genève qui a fourni le cadre des grandes négociations commerciales internationales ?
a) GATT (le)
b) SALT (le)
c) BATT (le)

48. Combien d'habitants pourrait compter la planète d'ici à 2050 (projection médiane) ?
a) 8,3 milliards d'habitants
b) 9,3 milliards d'habitants
c) 10,3 milliards d'habitants

49. Quelle institution, créée en 1992 par le traité de Maastricht, définit et met en œuvre la politique européenne commune ?
a) Organisation de coopération et de développement économique (l') / OCDE (l')
b) Banque centrale européenne (la) / BCE (la)
c) Fonds monétaire international (le) / FMI (le)

50. Qui publia en 1853-1855 l'*Essai sur l'inégalité des races humaines* dont se réclamèrent les théoriciens du racisme germanique ?
a) Barrès (Maurice)
b) Maurras (Charles)
c) Gobineau (Joseph Arthur, comte de)

51. Quand les deux guerres du Golfe ont-elles eu lieu ?
a) 1964 et 1973

b) 1978 et 1980
c) 1991 et 2003

52. Quel est le pays qui ne fait pas partie des cinq membres permanents du Conseil de sécurité de l'ONU disposant du droit de veto ?
a) Russie (la)
b) Allemagne (l')
c) Chine (la)

53. Quel est le traité d'alliance signé en 1949 qui garantit aux États signataires l'appui des États-Unis en cas d'agression ?
a) Organisation du traité de l'Atlantique Nord (l') / OTAN (l')
b) Communauté européenne de défense (la) / CED (la)
c) Traité de Bruxelles (le)

54. Quand a eu lieu la guerre d'Indochine ?
a) De 1946 à 1975
b) De 1950 à 1953
c) De 1964 à 1975

55. En quelle année l'Assemblée générale de l'ONU a-t-elle adopté la Déclaration universelle des droits de l'homme ?
a) 1945
b) 1948
c) 1952

56. Quel pays est concerné par le programme « pétrole contre nourriture » adopté par une résolution du Conseil de sécurité des Nations unies en 1995 ?
a) Iran (l')
b) Jordanie (la)
c) Irak (l')

57. Quel est l'historien grec qui écrivit un ouvrage relatant les guerres médiques au Ve siècle avant Jésus-Christ ?
a) Hérodote
b) Thucydide
c) Polybe

58. À quelle date Hongkong a-t-elle été rétrocédée à la Chine populaire par la Grande-Bretagne ?
a) 1984
b) 1997
c) 2000

59. De quand date le premier choc pétrolier ?
a) 1962
b) 1973
c) 1979

60. Quelle est la région du monde qui abrite le plus grand nombre de pays soumis au stress hydrique ?
a) Inde (l')
b) Afrique subsaharienne (l')
c) Maghreb (le)

61. Comment appelle-t-on le moment où la production mondiale de

pétrole commencera à décliner suite à l'épuisement des réserves ?
a) Plateau pétrolier (le)
b) Déclin pétrolier (le)
c) Pic pétrolier (le)

62. Quel est le traité entré en vigueur le 1er novembre 1993 qui œuvre à la poursuite de l'Union économique et monétaire et à une politique étrangère et de sécurité commune ?
a) Traité de Rome (le)
b) Traité de Paris (le)
c) Traité de Maastricht (le)

63. Quelle est l'agence de l'ONU créée en 1951 qui s'occupe des réfugiés ?
a) Agence internationale pour les réfugiés (l') / AIR (l')
b) Organisation des Nations unies pour les réfugiés (l') / ONUR (l')
c) Haut-commissariat des Nations unies pour les réfugiés (le) / UNHCR (l')

64. En quelle année débuta la guerre froide qui opposa les États-Unis, l'URSS et leurs alliés respectifs ?
a) 1947
b) 1952
c) 1962

65. Combien y a-t-il de sous-marins nucléaires français en service ?
a) 2
b) 4
c) 10

66. Quel est le nom du dernier sous-marin nucléaire français mis en service en 2010 ?
a) *Foudroyant (le)*
b) *Terrible (le)*
c) *Redoutable (le)*

67. Dans quel pays se trouve la ville de Yalta où se réunirent Churchill, Roosevelt et Staline du 4 au 11 février 1945 ?
a) Russie (en)
b) Géorgie (en)
c) Ukraine (en)

68. Quand fut instituée la Cour internationale de justice par l'ONU ?
a) 1945
b) 1970
c) 2004

69. Combien de membres permanents compte le Conseil de sécurité de l'ONU ?
a) 5
b) 15
c) 30

70. À quelle date fut créé l'État d'Israël ?
a) 29 novembre 1947
b) 14 mai 1948
c) 17 juin 1958

71. Quand a eu lieu la guerre de Corée ?
a) De 1946 à 1954
b) De 1950 à 1953
c) De 1964 à 1975

72. Quand les États-Unis sont-ils entrés directement en guerre au Viêt Nam aux côtés des Sud-Vietnamiens ?
a) 1954
b) 1964
c) 1970

73. Quand Berlin est-elle redevenue la capitale de l'Allemagne réunifiée ?
a) 1990
b) 1992
c) 1995

74. Quel est le traité qui ouvrit la voie à la réunification allemande le 12 septembre 1990 ?
a) Traité de Berlin (le)
b) Traité de Moscou (le)
c) Traité de Varsovie (le)

75. Quel événement est à l'origine de la guerre du canal de Suez en 1956, menée par Israël, la France et la Grande-Bretagne contre l'Égypte ?
a) Nationalisation de la Compagnie du canal par Nasser (la)
b) Construction du barrage d'Assouan (la)
c) Blocus de l'Égypte par la Grande-Bretagne (le)

76. Comment appelle-t-on les guerres qui opposèrent les Grecs à l'Empire perse de 490 à 479 avant Jésus-Christ ?
a) Guerres du Péloponnèse (les)
b) Guerres gréco-punique (les)
c) Guerres médiques (les)

77. Quelles sont les îles au large de l'Argentine, occupées par l'Angleterre depuis 1832, qui donnèrent lieu à un conflit armé en 1982 entre les deux pays ?
a) Malouines (les)
b) Îles des États (les)
c) Îles Valdés (les)

78. Quels sont les accords financiers internationaux qui instaurèrent un système monétaire favorisant le rôle du dollar dans le monde ?
a) Washington (de)
b) Bretton Woods (de)
c) Berlin (de)

79. En quelle année, sous la présidence de Charles de Gaulle, la France s'est-elle retirée de l'OTAN ?
a) 1959
b) 1966
c) 1968

80. Quel est le premier film américain sorti en 1940 qui prit ouvertement position contre Hitler et le régime nazi ?
a) *Guerre dans l'ombre (la)*
b) *Aigle (l')*
c) *Dictateur (le)*

1. Quelle unité de mesure d'éclairement lumineux a pour symbole « lx » ?
   a) Linux (le)
   b) Lux (le)
   c) Lexème (le)

2. Complétez la série « 2 - 6 - 5 - 15 - 14 - 42 - ... » :
   a) 41
   b) 46
   c) 126

3. En médecine, quel est le nom du globule blanc ?
   a) Leucocyte (le)
   b) Hématie (l')
   c) Hémoglobine (l')

4. En 1869, quel chimiste russe est l'auteur de la classification périodique des éléments chimiques ?
   a) Einstein (Albert)
   b) Lenz (Heinrich)
   c) Mendeleïev (Dmitri Ivanovitch)

5. Quel est le résultat de la somme des angles d'un carré ?
   a) 90°
   b) 360°
   c) 520°

6. Quelle science étudie les glandes à sécrétion interne ainsi que leur pathologie ?
   a) Endocrinologie (l')
   b) Oncologie (l')
   c) Stomatologie (la)

7. À combien s'élèvent, au bout de 9 mois, les intérêts d'un placement de 2 000 euros rémunéré à 5 % par an ?
   a) 45 euros
   b) 60 euros
   c) 75 euros

8. En anatomie, quel nom porte le muscle de la face antérieure de la cuisse ?
   a) Long péronier (le)
   b) Grand adducteur (le)
   c) Quadriceps (le)

9. Quel est le produit du quart de 10 et de 10 au carré ?
   a) 40
   b) 250
   c) 1 000

10. En 1878, quel inventeur américain mit au point l'ampoule électrique à incandescence ?
    a) Goudsmit (Samuel Abraham)
    b) Edison (Thomas)
    c) Newton (Isaac)

11. On a planté des rosiers des deux côtés d'une allée de 20 m. Ils sont espacés de 40 cm. Combien y en a-t-il ?
    a) 80
    b) 100
    c) 120

12. Quelle particule forme, avec le neutron, la famille des nucléons ?
a) Proton (le)
b) Électron (l')
c) Boson (le)

13. Quel est le symbole chimique du chrome ?
a) Cm
b) Cr
c) Ch

14. Combien coûte un billet de théâtre au plein tarif, si le tarif réduit (de 20 %) coûte 30 euros ?
a) 36 euros
b) 36,75 euros
c) 37,50 euros

15. En mathématiques, comment nomme-t-on dans un triangle la droite passant par un sommet et par le milieu du côté opposé ?
a) Bissectrice (la)
b) Médiatrice (la)
c) Médiane (la)

16. Quelle est la formule de calcul du périmètre d'un cercle de rayon R ?
a) 2 (3,14 x R)
b) R^2 x 3,14
c) R x 3,14 x 2

17. À qui doit-on la première liaison téléphonique de l'histoire en 1876 ?
a) Edison (Thomas)
b) Morse (Samuel)
c) Bell (Alexander Graham)

18. Quel est le tiers de 21 au carré ?
a) 42
b) 49
c) 77

19. En anatomie, quelle région du diencéphale est située au-dessus de l'hypophyse et en avant du thalamus ?
a) Hypothalamus (l')
b) Corps calleux (le)
c) Dure-mère (la)

20. Quel est le symbole chimique de l'or ?
a) Au
b) Or
c) O

21. Quelle branche de l'anatomie étudie la formation, l'évolution et la composition des tissus vivants ?
a) Histologie (l')
b) Phylogénie (la)
c) Cytologie (la)

22. Quelle glande digestive, à sécrétion interne et externe, est située derrière l'estomac ?
a) Vésicule biliaire (la)
b) Pancréas (le)
c) Glande parotide (la)

23. Quel est le volume d'un cube de 5 cm d'arête ?
a) 25 cm^3
b) 125 cm^3
c) 250 cm^3

24. Comment appelle-t-on la phobie des places et lieux publics ?
a) Agoraphobie (l')
b) Claustrophobie (la)
c) Nosophobie (la)

25. Quelle solution colloïdale sert à empeser le linge ?
a) Poix (la)
b) Amidon (l')
c) Glutamate (le)

26. Par opposition à l'italique, comment appelle-t-on le caractère dont le dessin est perpendiculaire à sa ligne de base ?
a) Vénitien (le)
b) Romain (le)
c) Bâton (le)

27. Quel est le quart de 20 au cube ?
a) 75
b) 125
c) 625

28. Quel volumineux viscère, d'aspect brun-rouge, est à la fois glande digestive et organe de réserve et d'excrétion ?
a) Rate (la)
b) Bile (la)
c) Foie (le)

29. Quel est le symbole chimique de l'aluminium ?
a) Am
b) Al
c) A

30. Quelle glande en forme de cône, située derrière l'estomac, sécrète l'insuline et le glucagon ?
a) Foie (le)
b) Pancréas (le)
c) Surrénale (la)

31. Quel physicien, né en 1736, établit les lois du magnétisme et de l'électrostatique ?
a) Gillipsie (Charles C.)
b) Dupin (Charles)
c) Coulomb (Charles de)

32. Quel est le sixième de la moitié 240 au carré ?
a) 300
b) 400
c) 600

33. À qui doit-on l'invention du premier revolver en 1835 ?
a) Winchester (William)
b) Browning (Tod)
c) Colt (Samuel)

34. Quelle est l'unité de mesure d'intensité du courant électrique ?
a) Ampère (l')
b) Ohm (l')
c) Volt (le)

35. Quelle est, en pourcentage, la surface occupée par un massif de 6 m^2 dans un jardin de 75 m^2 ?
a) 6 %
b) 8 %
c) 12 %

36. Comment appelle-t-on la partie postérieure et inférieure de la tête ?
a) Occiput (l')
b) Atlas (l')
c) Nuque (la)

37. Complétez la série « 8 000 - 4 000 - 3 960 - 1 980 - 1 940 - 970 - ... » :
a) 485
b) 920
c) 930

38. En 1839, quel Américain découvrit la vulcanisation du caoutchouc ?
a) Du Pont de Nemours (Éleuthère Irénée)
b) Goodyear (Charles)
c) Gibbs (Willard)

39. Quel terme médical désigne un mal de tête ?
a) Craniopharyngiome (la)
b) Céphalée (la)
c) Encéphalite (l')

40. Quelle unité de mesure de navigation aérienne ou maritime vaut 1 852 m ?
a) Mille nautique (le)
b) Yard (le)
c) Nœud (le)

41. Quel est le tiers de 9 au cube ?
a) 9
b) 27
c) 81

42. Quelle unité de température a comme symbole « K » ?
a) Kelvin (le)
b) Krypton (le)
c) Kérion (le)

43. À quel type de véhicule à vapeur est associée la machine inventée par George Stephenson en 1814 ?
a) Locomotive (la)
b) Bateau (le)
c) Automobile (l')

44. Chez l'homme, quel axe osseux s'étend de la base du crâne au bassin ?
a) Cervicales (les)
b) Rachis (le)
c) Axe cérébro-spinal (l')

45. Quel est le prix d'un ordinateur, sachant que l'acheteur a payé un acompte de 75 euros représentant 20 % du total ?
a) 375 euros
b) 450 euros
c) 750 euros

46. Quel est le symbole chimique du soufre ?
a) So
b) Sf
c) S

47. Comment nomme-t-on l'ensemble des mâts d'un navire ?
a) Espar (l')

b) Mâture (la)
c) Gréement (le)

48. En 1889, quelle invention dans le domaine de la photographie doit-on à George Eastman ?
a) Diaphragme (le)
b) Pellicule [photo] (la)
c) Chambre noire (la)

49. Quel est le produit du cinquième de 15 et de 3 au cube ?
a) 45
b) 81
c) 90

50. En anatomie, quelles cavités contractiles constituent le cœur, avec les oreillettes ?
a) Utricules (les)
b) Myocardes (les)
c) Ventricules (les)

51. Quel nom désigne tout appareil capable de s'élever ou de circuler dans les airs ?
a) Aérostat (l')
b) Aéronef (l')
c) Aéroplane (l')

52. À quelle heure locale se pose un avion allant de New York à Paris, sachant qu'il a décollé à 7 heures, que le décalage horaire est de 6 heures et que le vol dure 8 heures ?
a) 17 heures
b) 21 heures
c) 23 heures

53. Comment appelle-t-on la science ayant pour objet d'étude les os du squelette ?
a) Rhumatologie (la)
b) Ostéopathie (l')
c) Ostéologie (l')

54. Quel est le principal alcaloïde de l'opium utilisé en médecine ?
a) Laudanum (le)
b) Morphine (la)
c) Aspirine (l')

55. À quelle psychiatre française doit-on *Lorsque l'enfant paraît* en 1977 ?
a) Morgenstern (Sophie)
b) Eliacheff (Caroline)
c) Dolto (Françoise)

56. Quelle partie d'un navire de commerce est comprise entre le plafond du ballast et le pont ou l'entrepont ?
a) Cale (la)
b) Accastillage (l')
c) Soute (la)

57. Sachant qu'un mouchoir a un périmètre de 40 cm, de combien de centimètres doit-on diminuer son côté pour que sa surface passe à 64 cm^2 ?
a) 2 cm

b) 6 cm
c) 10 cm

58. Par quel terme désigne-t-on l'ensemble des préparations et des manœuvres d'un navire pour quitter le port ?
a) Salvage (le)
b) Marnage (le)
c) Appareillage (l')

59. En navigation, quel instrument permet de déterminer la latitude en mesurant la hauteur du Soleil au méridien ?
a) Anémomètre (l')
b) Boussole (la)
c) Sextant (le)

60. En 1895, quel physicien allemand découvrit les rayons X ?
a) Lenz (Wilhelm)
b) Röntgen (Wilhelm Conrad)
c) Braun (Ferdinand)

61. Quel est le symbole chimique du chlore ?
a) C
b) Ch
c) Cl

62. Quel grand canot, utilisé en cas de naufrage, doit son nom au mot de l'ancien français signifiant « coquille de noix » ?
a) Chaloupe (la)
b) Canoë (le)
c) Drisse (la)

63. Comment appelle-t-on un solide à sept faces ?
a) Hexaèdre (un)
b) Hectaèdre (un)
c) Heptaèdre (un)

64. Quel adjectif qualifie des gaz comme l'hélium, le néon ou l'argon ?
a) Parfait
b) Rare
c) Halogène

65. Quel était le nom de l'avion à bord duquel Lindbergh traversa l'Atlantique en mai 1927 ?
a) *Bird of Fire* (le)
b) *Spirit of Saint Louis* (le)
c) *Blue Bird* (le)

66. Dans quelle ville de Saône-et-Loire fut fabriquée la première locomotive française en 1838 ?
a) Chalon-sur-Saône
b) Gueugnon
c) Le Creusot

67. La largeur d'une nappe est égale aux deux tiers de sa longueur. Sachant que son périmètre mesure 15 m, quelle est sa longueur ?
a) 3 m
b) 4,5 m
c) 6 m

68. Quel médecin anglais fut le premier à avoir décrit de façon exacte la circulation du sang en 1628 ?
a) Hodgkin (Thomas)

b) Fleming (Alexander)
c) Harvey (William)

69. En 1777, quel chimiste français réalisa la première analyse de l'air ?
a) Coulomb (Charles de)
b) Lavoisier (Antoine Laurent de)
c) Berthollet (Claude Louis)

70. Comment appelle-t-on la décomposition chimique de certaines substances en fusion ou en solution produite par un courant électrique ?
a) Pyrolyse (la)
b) Précipitation (la)
c) Électrolyse (l')

71. À quelle heure locale se pose un avion allant de Saint-Pétersbourg à Paris, sachant qu'il a décollé à 7 heures, que le décalage horaire est de 2 heures et que le vol dure 3 heures 30 ?
a) 2 heures 30
b) 8 heures 30
c) 10 heures 30

72. Au départ de Paris, quelle ville fut la destination finale de l'*Orient-Express* sur la ligne créée le 5 juin 1883 ?
a) Istanbul
b) Budapest
c) Venise

73. Quel cosmonaute soviétique fut le premier homme à accomplir un vol spatial le 12 avril 1961 ?
a) Mendeleïev (Dmitri Ivanovitch)
b) Gagarine (Iouri)
c) Tupolev (Andreï)

74. Pour tracer un cercle, un compas doit être déplacé suivant quel angle ?
a) 90°
b) 180°
c) 360°

75. En psychiatrie, quel terme désigne un repli pathologique sur soi, accompagné de perte du contact avec le monde extérieur ?
a) Prostration (la)
b) Paranoïa (la)
c) Autisme (l')

76. Quel os long forme la partie externe du squelette de l'avant-bras ?
a) Carpe (le)
b) Radius (le)
c) Cubitus (le)

77. Quelle méthode de suggestion est étudiée par Freud avec Charcot en 1885 ?
a) Hypnose (l')
b) Thérapie cognitive (la)
c) Méthode Coué (la)

78. Quel est le plus léger des gaz rares ?
a) Hélium (l')
b) Hadron (le)
c) Hydrogène (l')

79. En regardant vers l'avant, comment appelle-t-on le côté gauche d'un navire ?
a) Bâbord (le)
b) Sabord (le)
c) Tribord (le)

80. Comment appelle-t-on la substance solide qui se forme dans une solution sous l'action d'un réactif ?
a) Fraction (la)
b) Distillat (le)
c) Précipité (le)

1. Quel mélange, issu des zones profondes de la Terre, doit son nom au mot grec signifiant « pâte pétrie » ?
   a) Granite (le)
   b) Magma (le)
   c) Lave (la)

2. Parmi les pays les plus pollueurs, lequel n'est pas signataire du protocole de Kyoto en 1997 ?
   a) États-Unis (les)
   b) Chine (la)
   c) Australie (l')

3. Quel champignon en forme de corne d'abondance est également appelé « craterelle » ?
   a) Trompette-de-la-mort (la)
   b) Girolle (la)
   c) Chanterelle (la)

4. Quelle céréale des pays chauds est également appelée « gros mil » ?
   a) Sorgho (le)
   b) Amarante (l')
   c) Quinoa (le)

5. En agriculture, comment nomme-t-on la substance végétale fraîche ou séchée destinée à l'alimentation du bétail ?
   a) Tourteau (le)
   b) Fourrage (le)
   c) Tourbe (la)

6. Quel est l'ancien nom de l'hydroélectricité ?
   a) Turbine d'altitude (la)
   b) Courant aquatique (le)
   c) Houille blanche (la)

7. Quel mammifère marin est aussi appelé « épaulard » ?
   a) Orque (l')
   b) Cachalot (le)
   c) Rorqual (le)

8. Quel nom donne-t-on au blé germé, séché et concassé, très utilisé dans la cuisine des pays du Moyen-Orient ?
   a) Polenta (la)
   b) Boulgour (le)
   c) Kacha (la)

9. Quel mammifère voisin du phoque est aussi appelé « loutre de mer » ?
   a) Léopard de mer (le)
   b) Morse (le)
   c) Otarie (l')

10. Sous quel autre nom connaît-on l'hydrologie marine ?
    a) Marégraphie (la)
    b) Océanographie (l')
    c) Hydraulique (l')

11. Par quel terme désigne-t-on la partie amont d'un glacier où la neige se transforme en glace ?
    a) Névé (le)
    b) Cirque (le)
    c) Sérac (le)

12. Quel nom donne-t-on à un cours d'eau en Afrique du Nord ?
a) Sebkhet (le)
b) Chott (le)
c) Oued (l')

13. Quel mammifère charognard se caractérise par son arrière-train surbaissé ?
a) Hyène (l')
b) Protèle (le)
c) Chacal (le)

14. Quelle partie de la géologie peut notamment étudier la déformation des terrains par les mouvements des plaques ?
a) Tectonique (la)
b) Géophysique (la)
c) Géologie structurale (la)

15. Comment appelle-t-on une émission volcanique gazeuse ?
a) Soufrière (une)
b) Fumerolle (une)
c) Nuée ardente (une)

16. Quel poisson, originaire de la mer des Sargasses, a la forme d'un serpent ?
a) Anguille (l')
b) Murène (la)
c) Sabre (le)

17. Quel reptile de l'ancien monde tropical est le plus grand des lézards actuels ?
a) Iguane (l')
b) Sphénodon (le)
c) Varan (le)

18. Quel passereau des régions tropicales est également appelé « oiseau-mouche » ?
a) Troglodyte (le)
b) Colibri (le)
c) Souimanga (le)

19. Quel nom donne-t-on au poisson-pilote du requin ?
a) Rémora (le)
b) Poisson volant (le)
c) Labre nettoyeur (le)

20. Quel arbre, originaire de l'Asie du Sud-Est, donne un bois brun à grain fin, imputrescible, très prisé en construction navale ?
a) Teck (le)
b) Pitchpin (le)
c) Acajou (l')

21. Sous quel autre nom connaît-on le « poisson-chat » ?
a) Brochet (le)
b) Silure (le)
c) Omble (l')

22. Quel mollusque fait l'objet de la mytiliculture ?
a) Moule (la)
b) Coquille Saint-Jacques (la)
c) Ormeau (l')

23. Quel arbre des régions tropicales et des eaux saumâtres se caractérise par ses grandes racines aériennes en arceaux ?
a) Figuier banian (le)
b) Palétuvier (le)
c) Cyprès des étangs (le)

24. Quelle grande chouette nocturne est également appelée « chat-huant » ?
a) Harfang (le)
b) Hulotte (la)
c) Effraie (l')

25. Comment appelle-t-on l'ensemble des grains mâles d'une plante contenus dans les anthères des étamines ?
a) Anthérozoïdes (les)
b) Spores (les)
c) Pollen (le)

26. Quelle partie du lièvre et du lapin s'étend depuis le bas des épaules jusqu'à la queue ?
a) Râble (le)
b) Quasi (le)
c) Gibelotte (la)

27. Quel est le rang du gaz naturel parmi les combustibles les plus utilisés ?
a) Troisième (après le pétrole et le charbon)
b) Deuxième (après le pétrole)
c) Quatrième (après le pétrole, le charbon et le bois)

28. De quel mammifère la hase est-elle la femelle ?
a) Chevreuil (le)
b) Sanglier (le)
c) Lièvre (le)

29. Quel champignon est utilisé dans la préparation de l'antibiotique découvert par Fleming en 1928 ?
a) Moisissure (la)
b) Pénicillium (le)
c) Trichophyton (le)

30. Quelle est la pire marée noire qui a touché les côtes bretonnes ?
a) *Amoco Cadiz*
b) *Prestige*
c) *Erika*

31. Quel mammifère est appelé « méhari » en Afrique du Nord ?
a) Dromadaire (le)
b) Mulet (le)
c) Chameau (le)

32. Quelle est la date du premier choc pétrolier ?
a) 1929
b) 1973
c) 1982

33. Quel mollusque bivalve peut être « belon », « bouzigues » ou « gravette » ?
a) Coque (la)
b) Moule (la)
c) Huître (l')

34. Comment nomme-t-on la rupture des glaces d'un fleuve gelé ?
a) Raspoutitsa (la)
b) Débâcle (la)
c) Embâcle (l')

35. Comment appelle-t-on l'organe mâle des plantes à fleurs ?
a) Spermatophore (le)
b) Étamine (l')
c) Style (le)

36. En 1809, quel naturaliste français exposa la première grande théorie de l'évolution des espèces dans l'ouvrage *Philosophie zoologique* ?
a) Lamarck (J.-B. de Monet, chevalier de)
b) Buffon (G.L. Leclerc, comte de)
c) Cuvier (G., baron)

37. Quel charbon fossile, d'aspect ligneux ou terreux, est intermédiaire entre la tourbe et la houille ?
a) Lignite (le)
b) Charbon de bois (le)
c) Coke (le)

38. Quel petit crabe brun, doté de pattes postérieures spatulées, est également appelé « crabe laineux » ?
a) Tourteau (le)
b) Araignée de mer (l')
c) Étrille (l')

39. Quelle airelle aux baies bleu-noir est également appelée « brimbelle » ?
a) Mûre (la)
b) Myrtille (la)
c) Belladone (la)

40. Quelle science s'occupe de la forme et des dimensions de la Terre ?
a) Topographie (la)
b) Cartographie (la)
c) Géodésie (la)

41. Quel poisson marin serpentiforme à la peau nue possède une large bouche munie de fortes dents ?
a) Murène (la)
b) Anguille de mer (l')
c) Congre (le)

42. Quel fruit originaire d'Asie est le symbole de l'amour et de la fécondité ?
a) Mangue (la)
b) Grenade (la)
c) Pêche (la)

43. Quel terme générique désigne les plantes cultivées pour leurs graines ou pour leurs fruits riches en lipides ?
a) Protéiques (les)
b) Protéagineux (les)
c) Oléagineux (les)

44. Quel nom portent les fruits du cacaoyer ?
a) Cabosses (les)

b) Gousses (les)
c) Akènes (les)

45. Quel est le nom courant du ménure, passereau d'Australie, de la taille d'un faisan ?
a) Oiseau-lyre (l')
b) Loriot (le)
c) Paradisier (le)

46. Quel oiseau des forêts d'Amérique tropicale au bec vivement coloré peut être « toco » ou « de Cuvier » ?
a) Ara (l')
b) Toucan (le)
c) Calao (le)

47. Quel pourcentage est identique dans le code génétique du chimpanzé et de l'être humain ?
a) 80,5 %
b) 95 %
c) 98,5 %

48. Quel type de pollution s'est répandu sur les côtes lors du naufrage du *Prestige* ?
a) Hydrocarbures (des)
b) Méthane (du)
c) Pesticides (des)

49. Quelle est l'origine du nom de la Directive européenne dite « Seveso » qui identifie les sites industriels présentant des risques d'accidents majeurs ?
a) Acronyme (un)
b) Nom du député qui a proposé cette réglementation (le)
c) Catastrophe dans la ville de Seveso (une)

50. À quel type d'urgences se consacre le dispositif ORSEC ?
a) Tout type de catastrophes (à)
b) Cas d'incendies (aux)
c) Cas de sécheresses particulièrement graves (aux)

51. Dans quelle décennie est apparue la notion de développement durable ?
a) Années 1950 (les)
b) Années 1980 (les)
c) Années 2000 (les)

52. Quand a eu lieu la fusion du réacteur de la centrale nucléaire de Tchernobyl ?
a) Juillet 1976
b) Avril 1986
c) Mars 1997

53. Combien y a-t-il de centrales nucléaires en France ?
a) 5
b) 20
c) 60

54. Quel volcan culminant à 2 631 mètres, situé dans le sud-est de La Réunion, est encore actif ?
a) Nyiragongo (le)
b) Piton des Neiges (le)
c) Piton de la Fournaise (le)

55. Quelle grosse graine comestible de la famille des haricots était à l'origine le légume utilisé dans la préparation du cassoulet ?
a) Pois fourrager (le)
b) Fève (la)
c) Pois (le)

56. Comment appelle-t-on le « cri » de la grenouille ?
a) Gloussement (le)
b) Croassement (le)
c) Coassement (le)

57. Quel petit mammifère rongeur d'Amérique du Sud est également appelé « cochon d'Inde » ?
a) Hamster (le)
b) Cobaye (le)
c) Chinchilla (le)

58. Comment le python tue-t-il ses proies ?
a) Il les empoisonne par morsure
b) Il les étouffe en s'enroulant autour d'elles
c) Il les blesse au moyen de ses écailles

59. Quel rapace nocturne se distingue du hibou par l'absence d'aigrettes ?
a) Chouette (la)
b) Faucon (le)
c) Engoulevent (l')

60. Lequel de ces animaux n'est pas un marsupial ?
a) Diable de Tasmanie (le)
b) Koala (le)
c) Gerboise (la)

61. Quelle plante, utilisée en cuisine comme condiment, a un bulbe formé de douze à seize caïeux protégés par une enveloppe parcheminée ?
a) Ail (l')
b) Câpre (le)
c) Oignon (l')

62. Quel savant fut le premier à étudier de façon scientifique les travaux agricoles et a publié, en 1600, *Théâtre d'Agriculture et mesnage des champs* ?
a) Serres (Olivier de)
b) Caton l'ancien
c) La Quintinie (Jean-Baptiste de)

63. Quel arbre, originaire d'Australie et pouvant dépasser 50 mètres de hauteur, produit des huiles essentielles utilisées en pharmacie ?
a) Eucalyptus (l')
b) Callistémon (le)
c) Niaouli (le)

64. Quelle légumineuse méridionale, se présentant en graines arrondies et bosselées, trouve-t-on dans des plats comme le *puchero* ?
a) Arachide (l')
b) Pois chiche (le)
c) Lupin (le)

65. Quel champignon en forme de poire dégage une poussière brune de ses spores lorsqu'il est desséché ?
a) Vesse-de-loup (la)
b) Gyromitre (le)
c) Clavaire en pilon (la)

66. Quelle céréale nécessite pour sa culture des sols humides ou submergés ?
a) Quinoa (le)
b) Riz (le)
c) Épeautre (l')

67. Quel petit poisson peut être « Royan » ?
a) Maquereau (le)
b) Anchois (l')
c) Sardine (la)

68. Quelle plante pouvant être « pomponette rose » ou « pomponette rouge » est parfois appelée « fleur de Pâques » ?
a) Dahlia pompon (le)
b) Rose cent-feuilles (la)
c) Pâquerette (la)

69. Quel type de catastrophe a frappé le site de Fukushima ?
a) Marée noire (une)
b) Accident nucléaire (un)
c) Explosion dans une raffinerie (une)

70. Quel terme générique désigne la maladie de la vigne due à un champignon du genre *Plasmopara* ?
a) Fonte (la)
b) Rouille (la)
c) Mildiou (le)

71. Quel poisson marin de la famille des serranidés appelle-t-on « loup » en Méditerranée ?
a) Sar (le)
b) Bar (le)
c) Mérou (le)

72. Quel parasite des animaux, également appelé « ver solitaire », se propage par la consommation de viande crue ou insuffisamment cuite ?
a) Loase (la)
b) Ténia (le)
c) Ankylostome (l')

73. Quelle partie de la biologie étudie les fonctions et les propriétés des organes et des tissus des êtres vivants ?
a) Éthologie (l')
b) Physiologie (la)
c) Anatomie (l')

74. Quel cétacé était appelé autrefois la « licorne de mer » ?
a) Béluga (le)
b) Baleine à bec (la)
c) Narval (le)

75. Quel mammifère carnivore d'Afrique et d'Asie est charognard ?
a) Coléoptère (le)
b) Vautour chaugoun (le)
c) Hyène (la)

76. Quelle race de chiens a un corps et une tête identiques à ceux des grands chiens, mais dont les jambes sont très courtes ?
a) Teckel (le)
b) Chihuahua (le)
c) Basset (le)

77. À partir des stigmates de quelle plante bulbeuse produit-on une épice jaune-orangé ?
a) Safran (du)
b) Muscade (de la)
c) Cannelle (de la)

78. Quel mammifère marin possède des « fanons » ?
a) Baleine (la)
b) Morse (le)
c) Orque (l')

79. Quelle est la racine de la plante, riche en vitamines B1 et B2, dont le nom chinois signifie « plante-homme » ?
a) Ginseng (le)
b) Maté (le)
c) Guarana (le)

80. Quel mammifère insectivore a les yeux atrophiés et l'odorat et l'ouïe extrêmement développés ?
a) Taupe (la)
b) Marmotte (la)
c) Musaraigne (la)

1. Quel vin doit son nom à une île de l'Atlantique où il est produit ?
   a) Porto Santo (le)
   b) Madère (le)
   c) Corvo (le)

2. Au rugby, de quelle nation le chardon est-il l'emblème ?
   a) Irlande (l')
   b) Écosse (l')
   c) Pays de Galles (le)

3. Quel est le premier jeu de rôle mis au point par Gary Gigax en 1974 ?
   a) Blackmoor
   b) Mages et Sorciers
   c) Donjons et Dragons

4. Quelle languette de pâte, frite à l'huile et saupoudrée de sucre, est une spécialité de Lyon ?
   a) Oreillette (l')
   b) Pet-de-nonne (le)
   c) Bugne (la)

5. Sous quel autre nom est plus connu le jeu de cartes la « patience » ?
   a) Réussite (la)
   b) Mistigri (le)
   c) Crapette (la)

6. À partir du lait de quel animal est fabriqué le fromage appelé « beaufort » ?
   a) Bufflonne (la)
   b) Vache (la)
   c) Brebis (la)

7. À quelle hauteur se situe la barre transversale entre les poteaux de rugby ?
   a) 1,5 mètres
   b) 3 mètres
   c) 5 mètres

8. En 2006, quelle équipe de football remporta la Coupe du monde en Allemagne ?
   a) Italie (l')
   b) Brésil (le)
   c) Espagne (l')

9. Quel cocktail est composé de gin, de jus de citron et de sucre, additionné d'eau gazeuse ?
   a) Gin-fizz (le)
   b) Daiquiri (le)
   c) Gin tonic (le)

10. Quel coureur automobile français remporta sept titres de champion du monde des rallyes entre 2004 et 2010 ?
    a) Villeneuve (Jacques)
    b) Prost (Alain)
    c) Loeb (Sébastien)

11. En 1957, quel cycliste remporta le Tour de France ?
    a) Poulidor (Raymond)
    b) Anquetil (Jacques)
    c) Gaul (Charly)

12. Quel sport de balle se joue face à face dans les « jeux directs » et

face au fronton dans les « jeux de blaid » ?
a) Pelote basque (la)
b) Balle aux prisonniers (la)
c) Longue paume (la)

13. À la belote, quelle est la carte maîtresse dans la couleur d'atout ?
a) As (l')
b) Roi (le)
c) Valet (le)

14. Au tarot, quel nom français portent le 1 d'atout, le 21 d'atout et l'excuse ?
a) Jockers (les)
b) Bornes (les)
c) Bouts (les)

15. Qui est le premier cycliste français à remporter le Tour de France trois années consécutives, en 1953, 1954 et 1955 ?
a) Anquetil (Jacques)
b) Bobet (Louison)
c) Robic (Jean)

16. En 1978, quel joueur argentin est sacré meilleur buteur du championnat Metropolitano ?
a) Kempes (Mario)
b) Ardiles (Osvaldo)
c) Maradona (Diego)

17. En 2007, quel couturier français a dessiné les uniformes des agents de la SNCF et l'intérieur de certains trains ?
a) Mugler (Thierry)
b) Gaultier (Jean-Paul)
c) Lacroix (Christian)

18. En 1948, quel boxeur français devint champion du monde des poids moyens en battant Tony Zale ?
a) Thil (Marcel)
b) Halimi (Alphonse)
c) Cerdan (Marcel)

19. Quelle sauce vinaigrette est additionnée d'un mélange de fines herbes, de câpres et d'échalotes hachées ?
a) Sauce moutarde (la)
b) Sauce andalouse (la)
c) Sauce ravigote (la)

20. Quel cycliste espagnol remporta le Tour de France en 2009 ?
a) Delgado (Pedro)
b) Induráin (Miguel)
c) Contador (Alberto)

21. Quel couturier français, successeur de Dior en 1957, reçut l'oscar de la mode pour l'ensemble de son œuvre en 1985 ?
a) Bohan (Marc)
b) Ferré (Gianfranco)
c) Saint Laurent (Yves)

22. Dans quel jeu de cartes, inventé en 1926, le partenaire de l'attaquant ayant nommé la couleur du contrat est appelé « le mort » ?
a) Poker (le)
b) Bridge (le)
c) Bataille (la)

23. En 1979, quel sportif organisa le premier rallye-raid Paris-Dakar ?
a) Vatine (Paul)
b) Sabine (Thierry)
c) Auriol (Hubert)

24. Quel humoriste français fut rédacteur en chef de *l'Os à moelle* de 1938 à 1940 ?
a) Doris (Pierre)
b) Dac (Pierre)
c) Blanche (Francis)

25. Quelle sauce froide, faite de jaunes d'œufs durs écrasés, de condiments hachés, émulsionnés à l'huile et au vinaigre, accompagne la tête de veau ?
a) Sauce gribiche (la)
b) Sauce poivrade (la)
c) Sauce lyonnaise (la)

26. Quel bonbon de sucre cuit parfumé à la menthe est une spécialité de Cambrai ?
a) Pastille (la)
b) Bêtise (la)
c) Sottise (la)

27. Quel nom porte le nougat dur fait d'amandes broyées et de caramel ?
a) Pâte d'amandes (la)
b) Nougatine (la)
c) Calisson (le)

28. Quel nom porte la confiserie à base de pulpe de fruits, de sucre et de pectine ?
a) Gomme (la)
b) Pâte de fruits (la)
c) Bergamote (la)

29. Quel footballeur d'origine malienne remporta la Coupe de France en 1986 et en 1987 avec Bordeaux ?
a) Boli (Basile)
b) Tigana (Jean)
c) Trésor (Marius)

30. En 1988, 1990 et 1991, quel pilote brésilien de F1 fut champion du monde ?
a) Piquet (Nelson)
b) Senna (Ayrton)
c) Fittipaldi (Emerson)

31. En 1994 et 1995 et de 2000 à 2004, quel pilote allemand fut champion du monde de F1 ?
a) Ickx (Jacky)
b) Schumacher (Michael)
c) Lauda (Nicky)

32. Quel est le nom commercial du poumon d'un animal de boucherie ?
a) Ris (le)
b) Fressure (la)
c) Mou (le)

33. Comment appelle-t-on un ragoût de gibier préparé avec le sang de l'animal, du vin et des oignons ?
a) Marinade (une)
b) Civet (un)
c) Carbonnade (une)

34. Quelle petite pâtisserie est la spécialité de la ville de Commercy ?
a) Beignet (le)
b) Madeleine (la)
c) Pannequet (le)

35. Comment appelle-t-on un plissé de dentelle ou de mousseline ornant le devant d'une chemise ?
a) Jabot (un)
b) Cravate (une)
c) Fraise (une)

36. Quel collier porté par les Celtes était fait d'une tige de métal tordue ?
a) Châtelaine (la)
b) Torque (le)
c) Sautoir (le)

37. Dans quelle ville d'Afrique du Sud se disputa la finale de la Coupe du monde de football de 2010 ?
a) Le Cap
b) Johannesburg
c) Pretoria

38. Quel vin de liqueur, titrant au minimum 16,5 % vol, est produit dans les Charentes ?
a) Pineau (le)
b) Ratafia (le)
c) Pommeau (le)

39. Quelle institution de jeux le gouvernement français créa-t-il par une loi en 1933 ?
a) Loterie nationale (la)
b) Tiercé (le)
c) Quinté (le)

40. Quel gâteau parisien aurait été dédié au saint patron des boulangers et des pâtissiers ?
a) Saint-honoré (le)
b) Saint-valentin (le)
c) Saint-epvre (le)

41. Dans quelle discipline de sport nautique à rames le barreur peut-il intervenir ?
a) Canoë (le)
b) Aviron (l')
c) Kayak (le)

42. Quel nom donne-t-on à la partie centrale d'une bague où est enchâssée une pierre ou une perle ?
a) Solitaire (le)
b) Couronne (la)
c) Chaton (le)

43. Quel manteau ajusté à la taille vient du mot anglais *riding coat*, signifiant « vêtement pour aller à cheval » ?
a) Redingote (la)
b) Réduve (la)
c) Redondance (la)

44. Comment s'appelle l'étroit panier recourbé qui prolonge la main à la pelote basque ?
a) Bannette (la)
b) Panière (la)
c) Chistera (le)

45. En orfèvrerie, comment appelle-t-on l'argent recouvert d'une couche d'or ?
a) Palladium (le)
b) Platine (le)
c) Vermeil (le)

46. En 1992 et 1996, quelle athlète est championne olympique du 400 mètres ?
a) Arron (Christine)
b) Pérec (Marie-José)
c) Soumaré (Myriam)

47. Quels pantalons descendant jusqu'à la cheville étaient traditionnellement portés par les Gaulois ?
a) Saie (la)
b) Braies (les)
c) Cérampelines (les)

48. De 1927 à 1932, quel joueur de tennis français est six fois vainqueur de la Coupe Davis avec l'équipe de France ?
a) Bolelli (Henri)
b) Leconte (Henri)
c) Cochet (Henri)

49. Quel général anglais a fondé le scoutisme en 1908 ?
a) Boyce (William)
b) Russell Burnham (Frederick)
c) Baden-Powell (Robert)

50. Quelle émission de France 3 produite par Georges Pernoud a pour principal sujet la mer ?
a) *Thalassa*
b) *Ushuaïa*
c) *Des racines et des ailes*

51. Quel art martial japonais est pratiqué à l'aide de sabres de bambou ?
a) Kendo (le)
b) Taekwondo (le)
c) Aïkido (l')

52. De quelle plante potagère tire-t-on un sel qui sert surtout à condimenter le jus de tomate, les crèmes de légume et les sauces de salade ?
a) Céleri-rave (le)
b) Cerfeuil (le)
c) Navet (le)

53. Quel nom porte le pantalon traditionnel d'Afrique du Nord, à jambes bouffantes et entrejambe bas ?
a) Gandoura (la)
b) Sarouel (le)
c) Sari (le)

54. En 1986, quel chanteur français trouva la mort lors du Paris-Dakar ?
a) Balavoine (Daniel)
b) Lenorman (Gérard)
c) François (Claude)

55. Comment s'appelle le cavalier qui, dans les courses de taureaux, attaque l'animal avec la pique ?
a) Picador (le)
b) Torero (le)
c) Matador (le)

56. De quel poisson provient le caviar ?
a) Mulet (le)
b) Saumon (le)
c) Esturgeon (l')

57. Quelle soupe de légumes cuits avec du confit d'oie est une spécialité béarnaise ?
a) Potée (la)
b) Gaspacho (le)
c) Garbure (la)

58. Quelle coiffure, dans laquelle les cheveux sont torsadés et roulés sur la nuque, doit son nom au mot latin signifiant « chaîne » ?
a) Tresse (la)
b) Cadenette (la)
c) Chignon (le)

59. En 1968, quel athlète américain inventa une nouvelle technique de saut en hauteur ?
a) Fosbury (Dick)
b) Brumel (Valeriy)
c) Beamon (Bob)

60. Quel type de bonbons sont les *fudge*, les *toffees* et les *hopjes* ?
a) Caramels (des)
b) Loukoums (des)
c) Dragées (des)

61. Quel vêtement traditionnel tahitien est une pièce d'étoffe nouée au-dessus de la poitrine ou à la taille ?
a) Paréo (le)
b) Tapa (le)
c) Pagne (le)

62. En 2010, quel pilote allemand de F1 devint le plus jeune champion du monde de l'histoire ?
a) Button (Jenson)
b) Vettel (Sebastian)
c) Hamilton (Lewis)

63. De combien de joueurs est constituée une équipe de handball ?
a) 5
b) 6
c) 7

64. Quel nom donne-t-on à l'églefin fumé ?
a) Haddock (le)
b) Kipper (le)
c) Morue (la)

65. Quel poisson, dont les organes contiennent un poison violent, est une spécialité de la cuisine japonaise ?
a) Sanma (le)
b) Poisson-pierre (le)
c) Fugu (le)

66. Comment appelle-t-on l'ancêtre de la bière du temps des Gaulois ?
a) Hyprocras (l')
b) Gerboise (la)
c) Cervoise (la)

67. À quel jeu sont associés le dix de der et le capot ?
a) Canasta (à la)
b) Poker (au)
c) Belote (à la)

68. Quel nom donne-t-on à la fourche à trois pointes utilisée pour harponner les poissons ?
a) Trident (le)
b) Trièdre (le)
c) Foène (la)

69. Quel fromage est surtout fabriqué dans la vallée de la Touques, dans le Calvados ?
a) Pont-l'évêque (le)
b) Morbier (le)
c) Maroilles (le)

70. Quel bonbon, rayé de bandes alternativement cristallines et opaques, est le plus souvent en forme de tétraèdre ?
a) Pralin (le)
b) Berlingot (le)
c) Roudoudou (le)

71. En 1968, quel skieur français remporta trois médailles d'or aux jeux Olympiques de Grenoble ?
a) Périllat (Guy)
b) Killy (Jean-Claude)
c) Bonlieu (François)

72. Sur quel circuit se court le Grand Prix de Grande-Bretagne ?
a) Monza
b) Silverstone
c) Nürburgring

73. Quel jeu très répandu sur le continent africain se pratique avec 48 graines réparties entre deux rangées de six trous ?
a) Bao (le)
b) Fanorona (le)
c) Awalé (l')

74. Quel sirop, très visqueux, incristallisable, constitue le résidu de la fabrication du sucre ?
a) Mélasse (la)
b) Sucre de canne (le)
c) Rapadura (le)

75. Quel ragoût de viande mijoté avec des oignons, des pommes de terre et du paprika est une spécialité hongroise ?
a) Bortsch (le)
b) Goulasch (le)
c) Tokány (le)

76. Comment appelle-t-on le petit plat oblong dans lequel on sert des hors-d'œuvre ?
a) Compotier (le)
b) Ravier (le)
c) Saladier (le)

77. Quelle station balnéaire des États-Unis, en Floride, est célèbre pour ses courses automobiles ?
a) Indianapolis
b) Daytona Beach
c) Long Beach

78. Quel entremets du Limousin se prépare avec des cerises noires et une pâte à crêpes assez épaisse ?
a) Far (le)
b) Moka (le)
c) Clafoutis (le)

79. Quel navigateur disparut en mer lors de la première Route du Rhum en novembre 1978 ?
a) Colas (Alain)
b) Mosconi (Alain)
c) Gerbault (Alain)

80. Quel joueur de tennis américain fut premier joueur mondial de 1981 à 1984 ?
a) McEnroe (John)
b) Sampras (Pete)
c) Connors (Jimmy)

Langue française

1. c) envi
2. c) Une personne qui fuit ses semblables
3. a) Échoppe (une)
4. b) ci-joint
5. a) Fretin (le)
6. b) de façon que
7. b) Astérisque (un)
8. b) privilégiions
9. a) Micro
10. c) prît
11. a) Lexicologie (la)
12. b) Elle harcelle
13. b) bât
14. b) Antépénultième (l')
15. c) Excepté
16. a) Comme le vent se lève, mes cousines et moi déployons le cerf-volant
17. a) Nouveau-nés (des)
18. b) Apostropher
19. b) scellé
20. c) Le père, l'eusses-tu cru, a répondu vertement à la mère Michel !
21. a) Attribut du sujet
22. b) repaire
23. a) Les pétales de l'hibiscus sont rapidement tombés sur le sol
24. c) de bon augure
25. c) déchoire
26. a) Quelque
27. b) Inoccupé
28. a) Il affirme que son pain est cuit au feu de bois
29. a) de manière qu'
30. b) Triptyque
31. a) disparates
32. c) recouvré
33. b) Psychiatre (un)

34. b) bâillent

35. b) Acception (une)

36. b) plaqueur / plaquages

37. b) Afin de

38. b) blanc-seing

39. a) Qui peut se présenter sous des aspects divers

40. b) fonts

41. a) Métaphore (une)

42. b) Calculateur prodigue (un)

43. c) trois cent mille dollars

44. a) Œuvres picturales (des)

45. a) Personne qui se croit toujours malade (une)

46. a) à cor et à cri

47. b) Profit que tire une personne de l'exercice de sa charge (un)

48. c) Prosopopée (une)

49. c) conjectures

50. c) Inuit (l')

51. a) filigrane

52. a) Nom (un)

53. a) Représentation concrète d'une idée abstraite (la)

54. a) sagace

55. a) Propriétaire des lieux (le)

56. c) Onomatopées (des)

57. b) Petite difficulté passagère (une)

58. b) Hydrophile

59. b) quote-part

60. c) Exutoires (des)

61. a) Du gibier à plume et à poil

62. c) Complément du nom « voiture »

63. c) Quoi que

64. b) Marron

65. c) indemnes

66. c) Astérisque

67. b) Eczéma (un)

68. c) dissous

69. b) Gentilshommes (des)

70. a) oublié

71. c) Tâchez de ne pas vous tacher

72. c) plan

73. a) Une peinture n'utilisant qu'une seule couleur dans des tons différents

74. a) incunables

75. c) Exposer publiquement au mépris

76. b) tous

77. a) Déshoneur (le)

78. b) mis au jour

79. c) Elles se sont rendu compte de leur erreur

80. b) pallier

Histoire

1. b) États-Unis (les)

2. a) Philippe II

3. b) Fouché (Joseph)

4. b) Cook (James)

5. a) Traité de Paris (le)

6. b) Claude de France

7. b) Mers el-Kébir

8. c) Hambourg

9. a) Babeuf (François Noël, dit Gracchus)

10. b) François Ier

11. c) Henri IV

12. b) Jacqueries (les)

13. b) Mécène

14. a) Louis XI

15. c) Kléber (Jean-Baptiste)

16. c) Necker (Jacques)

17. a) Guerres puniques (les)

18. a) Mac-Mahon (Edme Patrice, comte de)

19. c) Guerre des Deux-Roses (la)

20. a) Révolution des œillets (la)

21. b) Grande-Bretagne (la)

22. a) Danton (Georges Jacques)

23. b) Poher (Alain)

24. b) Jules II

25. c) Corse (la)

26. b) Johnson (Lyndon Baines)

27. a) Toulouse

28. a) Saint-Malo

29. c) Krivine (Alain)

30. c) Du Guesclin (Bertrand)

31. b) Nicolas II

32. a) Gonzalez (Felipe)

33. c) Empire inca (l')

34. a) Mercouri (Melina)

35. a) *Lusitania* (le)

36. b) Allende (Salvador)

37. b) Colombey-les-Deux-Églises

38. c) Eugénie de Montijo

39. b) Bertha (la)

40. c) Nicolas II

41. a) King (Martin Luther)

42. b) 1972

43. c) Convention (la)

44. a) Hindenburg (Paul von Beneckendorff und von)

45. a) Boumediene (Houari)

46. a) Blanche de Castille

47. b) Ben Gourion (David)

48. c) Hoover (Herbert Clark)

49. c) Jérusalem

50. a) Guillaume le Conquérant

51. c) Mountbatten of Burm (Louis, comte)

52. a) Gama (Vasco de)

53. a) Du Guesclin (Bertrand)

54. a) Directoire (le)

55. b) Lyautey (Louis Hubert)

56. c) Habré (Hissène)

57. b) Murat (Joachim)

58. a) Gorbatchev (Mikhaïl)

59. b) Cromwell (Thomas)

60. a) Bougainville (Louis Antoine de)

61. c) Girondins (les)

62. c) Eisenhower (Dwight David)

63. b) Anne Boleyn

64. c) Hoover (Herbert Clark)

65. a) Bart (Jean)

66. b) Bataille de Lépante (la)

67. b) Louis XIV

68. c) Dey (le)

69. a) Anne Boleyn

70. a) Brejnev (Leonid)

71. b) Clovis Ier (dit le Grand)

72. b) Joséphine de Beauharnais

73. c) Cardinal de Rohan (le)

74. b) Bernadotte (Jean-Baptiste)

75. c) *Hindenburg* (le)

76. c) Bourguiba (Habib ibn Ali)

77. a) Duc d'Aumale (le)

78. b) Bataille des champs Catalauniques (la)

79. a) Nabab (un)

80. c) Empire des Indes (l')

Arts et Littérature

1. c) *Chanteur de jazz (le)*

2. a) Blanc (Michel)

3. a) Montaigne (Michel de)

4. b) Dürer (Albrecht)

5. c) Mozart (Wolfgang Amadeus)

6. b) Berlin

7. a) Bertolucci (Bernardo)

8. c) Christie (Agatha)

9. a) Dassin (Joe)

10. b) Yourcenar (Marguerite)

11. a) Sonnet (un)

12. b) Azulejo (un)

13. b) Pouchkine (Aleksandr)

14. b) Wright (Frank Lloyd)

15. a) *Tintin au pays des Soviets*

16. a) *Mort à Venise*

17. c) Mishima (Yukio)

18. b) Callot (Jacques)

19. c) *Hiroshima mon amour*

20. c) *Salammbô*

21. b) AC/DC

22. c) Moucharabieh (un)

23. b) Rio de Janeiro

24. c) Art naïf (l')

25. c) *Rose pourpre du Caire (la)*

26. c) Dostoïevski (Fiodor Mikhaïlovitch)

27. b) Watteau (Antoine)

28. c) Tati (Jacques)

29. a) Rameau (Jean-Philippe)

30. c) Eurythmics (The)

31. a) 4

32. c) Beauvoir (Simone de)

33. a) *Trente-Neuf Marches (les)*

34. b) Maupassant (Guy de)

35. b) Piaf (Édith)

36. a) Baker (Joséphine)

37. b) Streep (Meryl)

38. a) Hollywood Boulevard

39. b) Aragon (Louis)

40. b) Monroe (Marilyn)

41. a) Apollinaire (Guillaume)

42. a) Garnier (Charles)

43. b) Léaud (Jean-Pierre)

44. a) Pop art (le)

45. b) Ronde (la)

46. b) Woolf (Virginia)

47. b) Accord (un)

48. b) Melville (Jean-Pierre)

49. c) Millet (Jean-François)

50. b) Jardin des Plantes (le)

51. b) Ithaque

52. c) Brassens (Georges)

53. a) Violon (le)

54. a) Tardi (Jacques)

55. b) *Meilleur des mondes (le)*

56. a) Acrostiche (un)

57. a) Brésil (le)

58. c) *Sur la route*

59. a) Niemeyer (Oscar)

60. b) *Certains l'aiment chaud*

61. b) Clash (The)

62. b) Musée Rodin (le)

63. c) *Catharsis (la)*

64. a) Phèdre

65. b) Corneau (Alain)

66. c) Brontë (Emily)

67. b) *Belle de Moscou (la)*

68. a) Cubisme (le)

69. a) *Manhattan*

70. c) Trombone (le)

71. b) Célimène

72. a) *Chartreuse de Parme (la)*

73. b) B. De Mille (Cecil)

74. b) Transmusicales (les)

75. b) Symphonie pastorale (la)

76. a) *Amant de lady Chatterley (l')*

77. c) Gaudí (Antonio)

78. a) Bayreuth

79. a) Forêt de Brocéliande (la)

80. b) Perrault (Charles)

Mythologies, Religions et Philosophie

1. c) Sartre (Jean-Paul)

2. b) Trompettes (les)

3. c) Muse (une)

4. a) Hermès

5. c) Héphaïstos

6. b) Arès

7. b) Mont Sinaï (le)

8. c) Foucauld (Charles Eugène, vicomte de)

9. b) Héra

10. b) Thésée

11. c) Hermès

12. a) Trinité (la)

13. a) Rédemption (la)

14. a) Danaïdes (les)

15. a) Bénédictins (les)

16. a) Troie

17. b) Ciboire (le)

18. a) Proudhon (Pierre Joseph)

19. a) Œcuménisme (l')

20. c) Mitre (la)

21. b) Cécile (sainte)

22. c) Hermès

23. a) Athéna

24. c) Poséidon

25. a) Apollon

26. c) *Ad libitum*

27. b) De l'or, de l'encens et de la myrrhe

28. a) Ganesh

29. b) Chaos (le)

30. a) *Urbi et orbi*

31. c) Junon

32. a) Socrate

33. c) Apocalypse (l')

34. b) Anubis

35. b) Amazones (les)

36. c) Gorgones (les)

37. c) Geneviève (sainte)

38. b) *Alter ego*

39. b) Sourate (une)

40. b) Hégire

41. b) Sénèque

42. c) Cheveux (dans ses)

43. a) Jour des Rois (le)

44. a) Hercule

45. b) Augustin (saint)

46. c) Narthex (le)

47. b) Abraham

48. c) Jason

49. c) Tonneau (un)

50. b) *De la démocratie en Amérique*

51. a) Sartre (Jean-Paul)

52. c) Marx (Karl)

53. c) Gandhi

54. b) Accident de voiture (dans un)

55. a) Nietzsche (Friedrich)

56. a) Abstraction

57. c) Geneviève (sainte)

58. c) Chouette (la)

59. b) Apocryphes (les)

60. c) Protée

61. c) Médée

62. c) Calvin (Jean Cauvin, dit)

63. c) Pan

64. b) Élie

65. c) Maronite

66. c) Rosh ha-Shana

67. c) More (Thomas)

68. b) Hegel (Georg Wilhelm Friedrich)

69. a) Cronos

70. b) Éveillé

71. a) Paix intérieure (la)

72. a) Diacre (le)

73. a) Aristote

74. c) Beauvoir (Simone de)

75. a) Platonisme

76. b) Onfray (Michel)

77. c) Reine de Saba (de la)

78. a) Église de Jésus-Christ des Saints des Derniers Jours (l')

79. a) Salafistes (les)

80. c) Énoncé indémontrable (un)

Économie et Politique

1. c) 2007

2. b) Affectation d'une partie du produit de la TVA au financement de la protection sociale (l')

3. b) Thésaurisation (la)

4. a) Organisation mondiale du commerce (l')

5. b) Coût de production d'une unité supplémentaire (le)

6. c) Prolétaire (un)

7. c) Commission pour la transparence financière de la vie politique

8. b) Des impôts inexistants ou insignifiants (des)

9. a) Taxe Tobin (la)

10. b) Chine (la)

11. b) Personne qui supporte les impôts directs et indirects (une)

12. b) Président du Conseil constitutionnel (le)

13. a) Hollande (François) : 51,6 % / Sarkozy (Nicolas) : 48,4 %

14. c) Chaîne de Ponzi (la)

15. a) Pollution dans un village italien appelé Seveso par la dioxine en 1976 (la)

16. a) Montesquieu

17. b) Taux effectif global (le)

18. b) 348

19. c) 1944

20. a) Firme implantée de façon durable à l'étranger (une)

21. b) Récession (une)

22. a) *Trepalium*, un instrument de torture

23. a) Prix (de son)

24. b) Malthus (Thomas Robert)

25. b) C'est un proverbe anglais : *Time is money*

26. b) 600 avant Jésus-Christ

27. c) Allemagne (l')

28. b) 2001

29. c) Watt (James)

30. b) OPE (une)

31. a) Total (un)

32. c) Évolution de ses revenus et des prix (l')

33. a) Oui

34. b) 25,8 millions de personnes

35. b) 47,5 %

36. b) Déflation (une)

37. b) Indice des prix à la consommation (l')

38. a) INSEE (l')

39. a) Billet de banque (le)

40. b) Valeur ajoutée totale des biens et services produits annuellement sur un territoire national (à la)

41. b) Biens et services consommés (les)

42. b) 4

43. c) Les impôts directs sont perçus directement et nominativement par l'Administration

44. a) Volatilité (la)

45. c) Personne qui supporte seulement les impôts directs (une)

46. c) Action à un prix fixé d'avance et jusqu'à une date déterminée (à une)

47. b) Coupon (un)

48. b) 1936

49. b) Atteinte constatée ou prévisible au bon ordre, à la salubrité, à la tranquillité et à la sécurité publiques (à l'occasion d'une)

50. c) La grève a une durée légale

51. a) Actifs financiers que leurs détenteurs ne peuvent plus vendre (les)

52. a) Serpent monétaire européen (le)

53. a) Janvier 2012

54. a) Politique keynésienne (une)

55. b) Forte croissance économique (une)

56. b) Rapport entre les personnes actives et la population en âge de travailler (le)

57. c) 577

58. b) 2000

59. c) Assemblée nationale (à l')

60. b) Possibilité pour le président de la République de soumettre certains projets de loi au référendum populaire (la)

61. a) Toutes les entreprises ou étrangères implantées en France

62. a) États et collectivités locales, entreprises privées ou publiques (les)

63. c) Crédits immobiliers gagés sur le logement avec un taux d'emprunt fixe les premières années puis variable (des)

64. a) 18 ans

65. b) Avec la crise des subprimes de 2007

66. c) Nasdaq (le)

67. a) Blue chips (les)

68. b) Chine (la)

69. c) CNES (le)

70. b) 24 ans

71. b) *Globalisation*

72. c) Law (John)

73. c) Palais Bourbon (le)

74. b) Cresson (Édith)

75. b) Multinationale (une)

76. b) Conseil économique et social (le)

77. a) Proposition de loi (une)

78. b) Gouvernement (le)

79. c) Deng Xiaoping

80. c) Proudhon (Pierre-Joseph)

Géographie

1. a) Israël
2. c) Espagnol (l')
3. a) Blanc, bleu et rouge
4. a) Biterrois (les)
5. a) Pont d'Aquitaine (le)
6. a) Auvergne Rhône-Alpes (l')
7. c) 10
8. c) Bourgogne-Franche-Comté (la)
9. a) Lac Majeur (le)
10. a) Gabon (le)
11. b) Ontario (l')
12. c) Îlot d'If (l')
13. a) Rhône (le)
14. c) Lac de Genève (le)
15. a) Place Maubert (la)
16. b) Landes (les)
17. c) Ille-et-Vilaine (l')
18. b) Gers (le)
19. b) Rance (la)
20. a) Cornouaille (la)
21. a) Monts d'Arrée (les)
22. b) Canberra
23. b) Toscane (la)
24. c) Viêt Nam (le)
25. b) Vladivostok
26. c) 5 (Loire-Atlantique, Maine-et-Loire, Mayenne, Sarthe, Vendée)
27. a) Namur
28. c) Îles Malouines (les)
29. b) Lac Michigan (le)
30. a) Cinquième Avenue (la)
31. a) Downing Street
32. a) Ill (l')
33. c) Deauville
34. b) Soufrière (la)
35. b) Meuse (la)
36. a) Lesotho (le)
37. a) Îles Kerguelen (les)

38. a) Niger (le)

39. c) Cahors

40. b) Pont de Tancarville (le)

41. a) Cherbourg

42. a) Belle-Île-en-Mer

43. a) Jardin du Luxembourg (le)

44. c) Moskova (la)

45. c) Mer des Caraïbes (la)

46. c) Kingston

47. c) Val-de-Marne (le)

48. b) Jersey

49. c) Creuse (la)

50. a) Mékong (le)

51. a) Estuaire (un)

52. b) Saragosse

53. a) Bénarès

54. c) Esterel (l')

55. a) Briançon

56. c) Grasse

57. a) Le Pirée

58. c) Jura (le)

59. b) Tage (le)

60. c) Dirham (le)

61. c) Calcutta

62. a) Îles Hawaii (les)

63. a) Japon (le)

64. c) Kinshasa

65. c) Limougeauds (les)

66. c) Toulouse

67. a) Niagara (le)

68. b) Cuba

69. a) Berne

70. b) Guatémaltèques (les)

71. a) Pays de Caux (le)

72. c) Costa Rica (le)

73. b) Turquie (la)

74. c) Seine-Maritime (la)

75. b) Siam (le)

76. b) Missouri (le)

77. c) Îles Galápagos (les)

78. c) Île Maurice (l')

79. a) Îles de Lérins (les)

80. b) Austin

Géopolitique

1. a) Inde
2. b) Chine (la)
3. b) États-Unis (les)
4. b) Arendt (Hannah)
5. b) Pétrole (le)
6. a) Afghanistan (l')
7. a) Panamá (au)
8. b) Paradigme (un)
9. b) Russie (la)
10. b) 140 000
11. b) Modèle (un)
12. b) Royaume-Uni (le)
13. b) 200
14. a) Tunisie (la)
15. c) 2002
16. b) Brésil (le)
17. b) 1945
18. a) Qin
19. b) 326 avant Jésus-Christ
20. c) Sun Zi / Sun Tse
21. b) Albanie
22. b) Modifier leurs lois
23. b) Déclaration de guerre de l'Empire austro-hongrois à la Serbie (la)
24. a) Monroe (James)
25. b) Isolationnisme (l')
26. c) Estonie (l')
27. a) Région administrative spéciale de la Chine (une)
28. b) De Klerk (Frederik)
29. b) En construisant un mur de séparation le long de la frontière
30. a) Asiatique
31. a) Charbon (le)
32. a) Conventions de Genève (les)
33. b) 193
34. a) 1948

35. b) 26

36. b) 1972

37. b) Fonds monétaire international (le) / FMI (le)

38. b) Organisation de coopération et de développement économique (l') / OCDE (l')

39. c) Paris (à)

40. a) Allemand (l')

41. a) Égypte (l')

42. c) Retrait des forces armées israéliennes des territoires occupés (le)

43. a) Méditerranée (la)

44. c) Organisation mondiale du commerce (l') / OMC (l')

45. c) Genève

46. b) Irak (l')

47. a) GATT (le)

48. b) 9,3 milliards d'habitants

49. b) Banque centrale européenne (la) / BCE (la)

50. c) Gobineau (Joseph Arthur, comte de)

51. c) 1991 et 2003

52. b) Allemagne (l')

53. a) Organisation du traité de l'Atlantique Nord (l') / OTAN (l')

54. a) De 1946 à 1975

55. b) 1948

56. c) Irak (l')

57. a) Hérodote

58. b) 1997

59. b) 1973

60. b) Afrique subsaharienne (l')

61. c) Pic pétrolier (le)

62. c) Traité de Maastricht (le)

63. c) Haut-commissariat des Nations unies pour les réfugiés (le) / UNHCR (l')

64. a) 1947

65. b) 4

66. b) *Terrible (le)*

67. c) Ukraine (en)

68. a) 1945

69. b) 15

70. b) 14 mai 1948

71. b) De 1950 à 1953

72. b) 1964

73. a) 1990

74. b) Traité de Moscou (le)

75. a) Nationalisation de la Compagnie du canal par Nasser (la)

76. c) Guerres médiques (les)

77. a) Malouines (les)

78. b) Bretton Woods (de)

79. b) 1966

80. c) *Dictateur (le)*

Mathématiques, Sciences et Techniques

1. b) Lux (le)

2. a) 41

3. a) Leucocyte (le)

4. c) Mendeleïev (Dmitri Ivanovitch)

5. b) 360°

6. a) Endocrinologie (l')

7. c) 75 euros

8. c) Quadriceps (le)

9. b) 250

10. b) Edison (Thomas)

11. b) 100

12. a) Proton (le)

13. b) Cr

14. c) 37,50 euros

15. c) Médiane (la)

16. a) 2 (3,14 x R)

17. c) Bell (Alexander Graham)

18. b) 49

19. a) Hypothalamus (l')

20. a) Au

21. a) Histologie (l')

22. b) Pancréas (le)

23. b) 125 cm^3

24. a) Agoraphobie (l')

25. b) Amidon (l')

26. b) Romain (le)

27. b) 125

28. c) Foie (le)

29. b) Al

30. b) Pancréas (le)

31. c) Coulomb (Charles de)

32. b) 400

33. c) Colt (Samuel)

34. a) Ampère (l')

35. b) 8 %

36. a) Occiput (l')

37. c) 930

38. b) Goodyear (Charles)

39. b) Céphalée (la)

40. a) Mille nautique (le)

41. b) 27

42. a) Kelvin (le)

43. a) Locomotive (la)

44. b) Rachis (le)

45. a) 375 euros

46. c) S

47. b) Mâture (la)

48. b) Pellicule [photo] (la)

49. b) 81

50. c) Ventricules (les)

51. b) Aéronef (l')

52. b) 21 heures

53. c) Ostéologie (l')

54. b) Morphine (la)

55. c) Dolto (Françoise)

56. a) Cale (la)

57. a) 2 cm

58. c) Appareillage (l')

59. c) Sextant (le)

60. b) Röntgen (Wilhelm Conrad)

61. c) Cl

62. a) Chaloupe (la)

63. c) Heptaèdre (un)

64. b) Rare

65. b) *Spirit of Saint Louis* (le)

66. c) Le Creusot

67. b) 4,5 m

68. c) Harvey (William)

69. b) Lavoisier (Antoine Laurent de)

70. c) Électrolyse (l')

71. b) 8 heures 30

72. a) Istanbul

73. b) Gagarine (Iouri)

74. c) 360°

75. c) Autisme (l')

76. b) Radius (le)

77. a) Hypnose (l')

78. a) Hélium (l')

79. a) Bâbord (le)

80. c) Précipité (le)

Nature et Environnement

1. b) Magma (le)

2. a) États-Unis (les)

3. a) Trompette-de-la-mort (la)

4. a) Sorgho (le)

5. b) Fourrage (le)

6. c) Houille blanche (la)

7. a) Orque (l')

8. b) Boulgour (le)

9. c) Otarie (l')

10. b) Océanographie (l')

11. a) Névé (le)

12. c) Oued (l')

13. a) Hyène (l')

14. a) Tectonique (la)

15. b) Fumerolle (une)

16. a) Anguille (l')

17. c) Varan (le)

18. b) Colibri (le)

19. a) Rémora (le)

20. a) Teck (le)

21. b) Silure (le)

22. a) Moule (la)

23. b) Palétuvier (le)

24. b) Hulotte (la)

25. c) Pollen (le)

26. a) Râble (le)

27. a) Troisième (après le pétrole et le charbon)

28. c) Lièvre (le)

29. b) Pénicillium (le)

30. a) *Amoco Cadiz*

31. a) Dromadaire (le)

32. b) 1973

33. c) Huître (l')

34. b) Débâcle (la)

35. b) Étamine (l')

36. a) Lamarck (J.-B. de Monet, chevalier de)

37. a) Lignite (le)

38. c) Étrille (l')

39. b) Myrtille (la)

40. c) Géodésie (la)

41. a) Murène (la)

42. b) Grenade (la)

43. c) Oléagineux (les)

44. a) Cabosses (les)

45. a) Oiseau-lyre (l')

46. b) Toucan (le)

47. b) 95 %

48. a) Hydrocarbures (des)

49. c) Catastrophe dans la ville de Seveso (une)

50. a) Tout type de catastrophes (à)

51. b) Années 1980 (les)

52. b) Avril 1986

53. b) 20

54. c) Piton de la Fournaise (le)

55. b) Fève (la)

56. c) Coassement (le)

57. b) Cobaye (le)

58. b) Il les étouffe en s'enroulant autour d'elles

59. a) Chouette (la)

60. c) Gerboise (la)

61. a) Ail (l')

62. a) Serres (Olivier de)

63. a) Eucalyptus (l')

64. b) Pois chiche (le)

65. a) Vesse-de-loup (la)

66. b) Riz (le)

67. c) Sardine (la)

68. c) Pâquerette (la)

69. b) Accident nucléaire (un)

70. c) Mildiou (le)

71. b) Bar (le)

72. b) Ténia (le)

73. b) Physiologie (la)

74. c) Narval (le)

75. c) Hyène (la)

76. c) Basset (le)

77. a) Safran (du)

78. a) Baleine (la)

79. a) Ginseng (le)

80. a) Taupe (la)

Sport et loisirs

1. b) Madère (le)

2. b) Écosse (l')

3. c) Donjons et Dragons

4. c) Bugne (la)

5. a) Réussite (la)

6. b) Vache (la)

7. b) 3 mètres

8. a) Italie (l')

9. a) Gin-fizz (le)

10. c) Loeb (Sébastien)

11. b) Anquetil (Jacques)

12. a) Pelote basque (la)

13. c) Valet (le)

14. c) Bouts (les)

15. b) Bobet (Louison)

16. c) Maradona (Diego)

17. c) Lacroix (Christian)

18. c) Cerdan (Marcel)

19. c) Sauce ravigote (la)

20. c) Contador (Alberto)

21. c) Saint Laurent (Yves)

22. b) Bridge (le)

23. b) Sabine (Thierry)

24. b) Dac (Pierre)

25. a) Sauce gribiche (la)

26. b) Bêtise (la)

27. b) Nougatine (la)

28. b) Pâte de fruits (la)

29. b) Tigana (Jean)

30. b) Senna (Ayrton)

31. b) Schumacher (Michael)

32. c) Mou (le)

33. b) Civet (un)

34. b) Madeleine (la)

35. a) Jabot (un)

36. b) Torque (le)

37. b) Johannesburg

38. a) Pineau (le)

39. a) Loterie nationale (la)

40. a) Saint-honoré (le)

41. b) Aviron (l')

42. c) Chaton (le)

43. a) Redingote (la)

44. c) Chistera (le)

45. c) Vermeil (le)

46. b) Pérec (Marie-José)

47. b) Braies (les)

48. c) Cochet (Henri)

49. c) Baden-Powell (Robert)

50. a) *Thalassa*

51. a) Kendo (le)

52. a) Céleri-rave (le)

53. b) Sarouel (le)

54. a) Balavoine (Daniel)

55. a) Picador (le)

56. c) Esturgeon (l')

57. c) Garbure (la)

58. c) Chignon (le)

59. a) Fosbury (Dick)

60. a) Caramels (des)

61. a) Paréo (le)

62. b) Vettel (Sebastian)

63. c) 7

64. a) Haddock (le)

65. c) Fugu (le)

66. c) Cervoise (la)

67. c) Belote (à la)

68. a) Trident (le)

69. a) Pont-l'évêque (le)

70. b) Berlingot (le)

71. b) Killy (Jean-Claude)

72. b) Silverstone

73. c) Awalé (l')

74. a) Mélasse (la)

75. b) Goulasch (le)

76. b) Ravier (le)

77. b) Daytona Beach

78. c) Clafoutis (le)

79. a) Colas (Alain)

80. a) McEnroe (John)

DIFFICULTÉ

3

1. À quel grammairien belge doit-on l'ouvrage intitulé *le Bon Usage* en 1936 ?
a) Brunot (Ferdinand)
b) Grevisse (Maurice)
c) Benveniste (Émile)

2. Complétez la phrase : « Au premier coup de fusil, les perdrix ... au grand ... des chasseurs. »
a) s'égaièrent / dames
b) s'égaillèrent / dam
c) s'égayèrent / dame

3. Comment écrit-on l'expression ancienne qui signifie « peu m'importe » ?
a) Peu me chaut
b) Peu me chaux
c) Peu me chaud

4. Comment s'appelle un temple à degrés des anciens Mésopotamiens, en forme de pyramide ?
a) Zighourat (une)
b) Zigourat (une)
c) Ziggourat (une)

5. Complétez la phrase : « Ces ... scientifiques chevronnés ne sont peut-être que des savants fous. »
a) soi-disants
b) soit-disants
c) soi-disant

6. Quelle est la nature de la proposition en italique dans la phrase : « Le peintre n'eut de cesse *que ses tableaux fussent exposés à Paris* » ?
a) Subordonnée circonstancielle de concession (une)
b) Subordonnée circonstancielle de temps (une)
c) Subordonnée circonstancielle de lieu (une)

7. Comment s'appelle la vitesse acquise par un navire sur lequel n'agit plus le propulseur ?
a) Aire (une)
b) Erre (une)
c) Hère (un)

8. Comment s'appelle une petite pièce comique du théâtre espagnol ?
a) Saynète (une)
b) Scènette (une)
c) Sainette (une)

9. En français, combien y a-t-il d'écriture du son [*an*] ?
a) 5
b) 6
c) 7

10. Complétez la phrase : « Tous ses partenaires tombent amoureux de Jennifer Scott, l'actrice aux yeux ... »
a) pers
b) pères
c) pairs

11. Tous ces mots débutent par le préfixe ex-. Un seul s'écrit sans *h*. Lequel ?
a) Ex...iber

b) Ex...alter
c) Ex...umer

12. Quel est le point commun de ces verbes : « hacher », « hennir », « haïr », « honnir », « handicaper » ?
a) Le *h* initial est muet
b) Le *h* initial est aspiré
c) Le *h* initial est d'origine franque

13. Quels sont le mode, le temps et la voix du verbe en italique dans la phrase : « Bien que l'autoroute *fût dégagée*, nous circulions avec difficulté à cause du brouillard » ?
a) Passé simple de l'indicatif, voix active
b) Passé antérieur de l'indicatif, voix passive
c) Imparfait du subjonctif, voix passive

14. Complétez la phrase : « La pluie a fait son apparition, ... le tournoi de Roland-Garros est-il interrompu. »
a) aussi
b) et
c) mais

15. Quelle est la phrase correcte ?
a) De nombreux chrétiens ont subi le martyr : ils sont morts en martyrs
b) De nombreuses chrétiennes ont subi le martyre : elles sont mortes en martyres
c) De nombreuses chrétiennes ont subi le martyr : elles sont mortes en martyres

16. Le préfixe grec *dys-* indique un trouble ou un mauvais fonctionnement. Lequel des mots de la liste n'est pas composé avec ce préfixe ?
a) ...enterie
b) ...pendieux
c) ...lexique

17. À quel temps le verbe en italique dans la phrase est-il conjugué : « S'il avait reconnu le parcours avant le départ du rallye, il n'*aurait* pas *effectué* une sortie de route » ?
a) Passé composé de l'indicatif (au)
b) Passé du conditionnel, 1re forme (au)
c) Plus-que-parfait de l'indicatif (au)

18. Comment s'appelle cette anomalie de la vision ?
a) Hypermétropie (une)
b) Ypermétropie (une)
c) Hyperméthropie (une)

19. Complétez la phrase : « Les icônes ... se détachent très bien sur les fonds ... des écrans d'ordinateurs. »
a) pailles / bleus marines
b) pailles / bleu marines
c) paille / bleu marine

20. Quel est le pluriel du mot composé « va-et-vient » ?
a) Va-et-vient (des)
b) Va-et-vients (des)
c) Vas-et-vients (des)

21. En français, combien y a-t-il d'écritures du son *[s]* ?
a) 5
b) 6
c) 7

22. Ces mots se terminent par *-tie*, sauf un dont la finale est *-cie*. Lequel ?
a) Argu... (l')
b) Alopé... (l')
c) Calvi... (la)

23. Quel mot picard désigne un pigeon voyageur ?
a) Columelle (une)
b) Colobe (un)
c) Coulon (un)

24. Quel homme politique est le premier Africain élu à l'Académie française le 2 juin 1983 ?
a) Senghor (Léopold Sédar)
b) Houphouët-Boigny (Félix)
c) Césaire (Aimé)

25. Complétez la phrase : « De nombreuses actrices ont assisté à la cérémonie des... » ?
a) Oscar
b) Oscars
c) oscars

26. De quel verbe « crû » est-il le participe passé ?
a) Croire
b) Crouler
c) Croître

27. Complétez la phrase : « Il songe avec nostalgie aux trois années qu'il a ... en Polynésie. »
a) vécues
b) vécu
c) vécue

28. Quand on « grasseye », on :
a) prend du poids
b) prononce la lettre *r* du fond de la gorge
c) ôte le gras d'une viande

29. Quand on raccourcit un mot en supprimant la (ou les) dernière(s) syllabe(s), c'est :
a) Litote (une)
b) Hyperbole (une)
c) Apocope (une)

30. Quelle phrase de la liste n'est pas une litote ?
a) Va, je ne te hais point
b) Peu me chaut !
c) Ça ne casse pas trois pattes à un canard

31. Quel terme n'appartient pas au domaine de la politique ?
a) Synarchie (la)
b) Hipparchie (l')
c) Monarchie (la)

32. Quelle figure de style utilise Delacroix dans cette citation : « Je n'avance guère. Le temps beaucoup » ?
a) Ellipse (une)

b) Comparaison (une)
c) Métaphore filée (une)

33. Qu'est-ce qu'une anagramme ?
a) Mot formé avec toutes les lettres d'un autre mot (un)
b) Poème dont les vers sont disposés de façon à former un dessin (un)
c) Mot qui n'a qu'une seule syllabe (un)

34. Comment s'appelle une pièce dans laquelle les acteurs s'expriment uniquement par gestes ?
a) Pantalonnade (une)
b) Pantomine (une)
c) Pantomime (une)

35. Quelle figure de style désignant une rupture de construction est l'un des jurons favoris du capitaine Haddock ?
a) Anacoluthe !
b) Synecdoque !
c) Oxymore !

36. Qu'est-ce qu'une allitération ?
a) La répétition de voyelles dans une suite de mots
b) La répétition de consonnes dans une suite de mots
c) La répétition de mots se terminant par la même syllabe

37. À quelle langue sont empruntés les mots « alligator », « iguane », « lagon » et « moustique » ?
a) Espagnol (l')
b) Hindi (l')
c) Bantou (le)

38. Petit étui renfermant des versets de la Torah, le phylactère est aussi :
a) Bulle de bande dessinée (une)
b) Papillon d'Amérique du Sud (un)
c) Planche de timbres de collection (une)

39. Quelle est la signification du groupe verbal en italique dans la phrase : « *Il appert* que ce document, grossièrement falsifié, ne peut constituer une preuve » ?
a) Il est évident
b) Il anticipe
c) Il dissimule

40. Comment s'appelle l'expression « monter en haut » ?
a) Solécisme (un)
b) Pléonasme (un)
c) Contrepèterie (une)

41. De quelle langue est originaire le mot « pistolet » ?
a) Anglais (de l')
b) Russe (du)
c) Tchèque (du)

42. Lequel de ces mots ne vient pas de l'italien ?
a) Casino (un)
b) Brio (un)
c) Brasero (un)

43. Qu'est-ce qu'un échalas ?
a) Un échafaudage mobile
b) Un pieu qui soutient un pied de vigne
c) Un oiseau familier des marais

44. Complétez la phrase : « Les musiciens se sont dirigés … vers le devant de la scène. »
a) de concertation
b) de concert
c) de conserve

45. Parmi ces mots, lequel n'appartient pas au vocabulaire de l'architecture ?
a) Corbeau (un)
b) Voussure (une)
c) Imposture (une)

46. Que signifie l'expression « sans ambages » ?
a) Sans ambition
b) Sans détour
c) Sans originalité

47. Quel jeu de mots utilise Jacques Prévert dans cette citation : « De deux choses lune, l'autre c'est le soleil » ?
a) Boutade (une)
b) Calembour (un)
c) Palindrome (un)

48. Qu'est ce qu'une tautologie ?
a) La répétition inutile d'une même idée
b) L'énumération d'hypothèses
c) La ressemblance de deux idées

49. Qu'est-ce qu'un mot « épicène » ?
a) Un mot qui désigne le successeur de quelqu'un
b) Un mot qui ne varie pas selon le genre
c) Un mot qui indique le centre d'un tremblement de terre

50. Qu'est-ce qu'un orpailleur ?
a) Réparateur de chaises (un)
b) Chercheur d'or (un)
c) Joueur d'orgue (un)

51. Qu'est-ce qu'une coquecigrue ?
a) Morale d'une fable (la)
b) Vérité générale (une)
c) Absurdité (une)

52. Qu'est-ce que l'onychophagie ?
a) Habitude de se ronger les ongles (l')
b) Fait de manger souvent de la viande de cheval (le)
c) Habitude de manger le mucus nasal (l')

53. Complétez la phrase : « Certains poids lourds roulent avec des pneus ... »
a) rechargés
b) rechapés
c) réchapés

54. Qu'est-ce qu'un félibre ?
a) Félin particulièrement redoutable (un)
b) Poète de langue d'oc (un)
c) Traître à son seigneur (un)

55. Si vous dites : « J'ai pris une *petite laine* », vous utilisez :
a) Euphémisme (un)
b) Synecdoque (une)
c) Allégorie (une)

56. Complétez la phrase : « Connaissez-vous toutes les ... du verbe "courir" ? »
a) acceptations
b) accessions
c) acceptions

57. Quelle est la figure de style de cette phrase : « Le procureur déclara qu'il n'évoquerait pas le passé carcéral du prévenu puisque les faits étaient amnistiés » ?
a) Litote (une)
b) Antiphrase (une)
c) Prétérition (une)

58. Quelle est la figure de style de l'expression « bonnet blanc et blanc bonnet » ?
a) Euphémisme (un)
b) Parallélisme (un)
c) Chiasme (un)

59. Complétez la phrase : « Malgré leurs ennuis ..., ils ont pu s'offrir quelques jours de vacances. »
a) pécuniers
b) pécuniaires
c) pécuniés

60. Qu'est-ce qu'un tautogramme ?
a) Une phrase qui énonce une évidence
b) Une phrase dont on ne connaît pas l'auteur
c) Une phrase dont presque tous les mots commencent par la même lettre

61. Comment s'appelle un abri de toile sur un bateau ?
a) Taud (un)
b) Tau (un)
c) Taux (un)

62. Comment s'appelle une décision d'exclure ou d'écarter quelqu'un ?
a) Chamanisme (un)
b) Sophisme (un)
c) Ostracisme (un)

63. Qu'est-ce qu'une antonomase ?
a) Utilisation d'un mot à la place d'un autre (l')
b) Juxtaposition de termes contradictoires (la)
c) Transformation d'un nom propre en nom commun (la)

64. Quelle est la langue d'origine du mot « tulipe » ?
a) Turc (le)
b) Néerlandais (le)
c) Italien (l')

65. Quelle expression de la liste n'est pas un oxymore ?
a) Propos élogieux (un)
b) Exquise douleur (une)
c) Silence assourdissant (un)

66. Quelle est l'orthographe correcte de cette expression ?
a) Aller de mal en pi
b) Aller de mal en pis
c) Aller de mal en pire

67. Qu'est-ce qu'un médicament antihistaminique ?
a) Médicament antiallergique (un)
b) Médicament antidépresseur (un)
c) Médicament anticoagulant (un)

68. Qu'est-ce que la métempsycose ?
a) Peur panique à la vue des araignées (la)
b) Croyance en la réincarnation de l'âme (la)
c) Diminution progressive des possibilités de se déplacer (la)

69. Comment s'appelle la substance dont on enduit les skis pour qu'ils glissent mieux ?
a) Fart
b) Far
c) Fard

70. Quel est le seul nom masculin de la liste ?
a) Câpre
b) Urticaire
c) Amiante

71. Complétez ces vers de La Fontaine : « Selon que vous ... puissant ou misérable, / Les jugements de cour vous rendront blanc ou noir. »
a) soyez
b) saurez
c) serez

72. Comment s'appelle la pièce supportant le soc d'une charrue ?
a) Cep
b) Sep
c) Cèper

73. Complétez la phrase : « Le permis de construire de ce bâtiment qui défigurait le site a été définitivement ... »
a) reporté
b) rapporté
c) emporté

74. Quelle est l'origine du mot « robot » ?
a) Il vient d'un mot tchèque, *robota*, qui signifie « travail »
b) C'est le nom de l'inventeur du premier robot.
c) C'est un ancien sigle transformé en nom

75. Que désignait à l'origine le mot « musée » ?
a) Atelier d'art réunissant différents orfèvres en la matière (un)
b) Coin retiré où l'on pouvait musarder (un)
c) Temple dédié aux Muses (un)

76. Parmi ces mots, lequel n'appartient pas au vocabulaire de la marine à voile ?
a) Palonnier (un)
b) Manille (une)
c) Écoutille (une)

77. Qu'est-ce que la procrastination ?
a) Tendance à remettre au lendemain (la)
b) Désir ardent de procréer (le)
c) Profonde mélancolie (une)

78. Complétez la phrase : « Pour faciliter l'accès des personnes handicapées, l'entrée des bureaux est de ... avec le trottoir. »
a) plain-pied
b) plaint-pieds
c) plein-pied

79. Par quel nom désigne-t-on l'étude des drapeaux ?
a) Numismatique (la)
b) Vexillologie (la)
c) Sigillographie (la)

80. Qu'est-ce qu'un néologisme ?
a) Tumeur bénigne (une)
b) Matière plastique (une)
c) Création d'un mot nouveau (la)

1. Quel roi d'Espagne, ayant régné jusqu'en 1931, était le grand-père de Juan Carlos ?
a) Charles III
b) Ferdinand VII
c) Alphonse XIII

2. Qui succéda à Pieter Botha à la tête de l'État sud-africain en 1989 ?
a) Lumumba (Patrice)
b) De Klerk (Frederik)
c) Mandela (Nelson)

3. Le 16 juillet 1789, quel objet le roi reçut des mains du maire de Paris Jean Sylvain Bailly ?
a) Cocarde tricolore (la)
b) Clefs de la Bastille (les)
c) Bonnet phrygien (le)

4. Quel Premier ministre suédois fut assassiné à Stockholm le 28 février 1986 ?
a) Palme (Olof)
b) Borg (Bjorn)
c) Persson (Göran)

5. Le 5 janvier 1757, qui tenta d'assassiner le roi de France ?
a) Ravaillac (François)
b) Clément (Jacques)
c) Damiens (Robert François)

6. Quel pionnier, élu député du Tennessee en 1821, fut tué par les Mexicains à Fort Alamo ?
a) Crockett (David, dit Davy)
b) James (Jesse)
c) Boone (Daniel)

7. En 1923, quel homme politique donna son nom à un plan destiné à résoudre le problème des réparations dues par l'Allemagne ?
a) Wilson (Thomas Woodrow)
b) Dawes (Charles Gates)
c) Marshall (George Catlett)

8. En 1662, quelle ville, située sur la mer du Nord, Louis XIV acheta-t-il aux Anglais ?
a) Calais
b) Ostende
c) Dunkerque

9. De 1874 à 1877, quel explorateur britannique alla de Zanzibar à Boma et découvrit le Ruwenzori et le lac Albert ?
a) Livingstone (David)
b) Savorgnan de Brazza (Pierre)
c) Stanley (John Rowlands)

10. Dans quel château fut signée la révocation de l'édit de Nantes par Louis XIV en 1685 ?
a) Chenonceau
b) Versailles
c) Fontainebleau

11. En quelle année fut assassiné Robert Kennedy, frère de John Fitzgerald ?
a) 1963 (10 novembre)

b) 1966 (4 juillet)
c) 1968 (6 juin)

12. En Flandre zélandaise, quelle bataille opposa les flottes française et anglaise le 24 juin 1340 ?
a) Bataille de Calais (la)
b) Bataille de L'Écluse (la)
c) Bataille de Dunkerque (la)

13. Quelle union politique regroupant certains États allemands fut créée par Napoléon Ier le 12 juillet 1806 ?
a) Zollverein (le)
b) Anschluss (l')
c) Confédération du Rhin (la)

14. Quelle impératrice romaine fut la mère de Britannicus et d'Octavie ?
a) Théodora
b) Poppée
c) Messaline

15. Sous quel chef d'État le Front populaire publia-t-il *le Programme commun* le 10 janvier 1936 ?
a) Daladier (Édouard)
b) Blum (Léon)
c) Lebrun (Albert)

16. En septembre 1914, dans quelle ville s'installa le pouvoir exécutif français ?
a) Lyon
b) Nantes
c) Bordeaux

17. Quelle duchesse, née en 1627, était surnommée « la Grande Mademoiselle » ?
a) Duchesse de La Vallière (la)
b) Duchesse d'Elbeuf (la)
c) Duchesse de Montpensier (la)

18. Dans quelle ville américaine Bob Kennedy a-t-il été assassiné ?
a) Chicago
b) Los Angeles
c) Dallas

19. Quelle capitale européenne a donné son nom à un traité conclu le 14 janvier 1526 entre Charles Quint et François Ier ?
a) Rome
b) Vienne
c) Madrid

20. Quel fort, situé au nord-est de Verdun, fut reconquis par l'armée française en octobre 1916 ?
a) Douaumont
b) Fort-de-France
c) Chemin des Dames (le)

21. Quelle ville de Normandie fut prise par les Anglais le 26 juillet 1346 ?
a) Saint-Lô
b) Caen
c) Rouen

22. Quelle est la date exacte du krach boursier de Wall Street surnommé le « jeudi noir » ?
a) 24 avril 1929

b) 24 juillet 1929
c) 24 octobre 1929

23. En mars 1560, quel homme d'État français fut nommé chancelier de France par François II ?
a) Coligny (Gaspard de)
b) Guise (Henri de)
c) L'Hospital (Michel de)

24. À quelle date précise Napoléon III a-t-il été proclamé empereur des Français ?
a) 6 décembre 1848 (le)
b) 25 décembre 1851 (le)
c) 2 décembre 1852 (le)

25. Quel pilote allemand se posa en avion sur la place Rouge de Moscou le 28 mai 1987 ?
a) Rust (Mathias)
b) Schumacher (Michael)
c) Zeppelin (Ferdinand von)

26. Par quel terme japonais signifiant « époque éclairée » désigne-t-on les années de règne de Mutsuhito ?
a) Meiji
b) Mikado
c) Edo

27. Quel homme politique a été le premier président de la République du Gabon en 1961 ?
a) Mobutu (Sese Seko)
b) Senghor (Léopold Sédar)
c) M'Ba (Léon)

28. Avec quel pays les Anglais ont-ils signé le traité de Gand le 24 décembre 1814 ?
a) Russie (la)
b) États-Unis (les)
c) France (la)

29. Quelle ville du Piémont fut la première à accueillir le Parlement italien en février 1861 ?
a) Turin
b) Novare
c) Milan

30. En quel siècle eut lieu la révolution nommée par les historiens britanniques « la guerre civile » ou « la Grande Rébellion » ?
a) XVe siècle
b) XVIIe siècle
c) XVIIIe siècle

31. Sous l'Ancien Empire égyptien, quelle ville était associée au dieu Rê ?
a) Héliopolis
b) Karnak
c) Saqqarah

32. Quel territoire fut vendu par Bonaparte aux États-Unis en 1803 ?
a) Floride (la)
b) Louisiane (la)
c) Acadie (l')

33. Quel homme politique britannique devint Premier ministre en 1868 ?
a) Disraeli (Benjamin)

b) Churchill (Winston)
c) Gladstone (William Ewart)

34. Quel homme politique fut ministre de la Guerre dans le cabinet Briand de décembre 1916 à mars 1917 ?
a) Franchet d'Espèrey (Louis)
b) Clemenceau (Georges)
c) Lyautey (Louis Hubert)

35. En 1788, quel homme d'Église devint évêque d'Autun ?
a) Rohan (Louis René, prince de)
b) Talleyrand-Périgord (Charles Maurice de)
c) Grégoire (Henri, dit l'abbé)

36. Quel compagnon de Louis XIII poussa le roi au meurtre de Concini en 1617 ?
a) Cinq-Mars (marquis de)
b) Luynes (duc de)
c) Sully (duc de)

37. En 1842, par quel traité la Chine céda-t-elle l'île de Hongkong à l'Angleterre ?
a) Traité de Nankin (le)
b) Traité de Shanghai (le)
c) Traité de Pékin (le)

38. En 1767, quel navigateur anglais découvrit Tahiti et l'appella « île du roi George III » ?
a) Franklin (John)
b) Wallis (Samuel)
c) Dampier (William)

39. Qui diriga la politique de la France de 1758 à 1770 ?
a) Colbert (Jean-Baptiste)
b) Fleury (André Hercule, cardinal de)
c) Choiseul (Étienne François, duc de)

40. Quel est le vrai nom du pionnier Buffalo Bill, organisateur d'un « Wild West Show » en 1883 ?
a) Cody (William Frederick)
b) Colt (Samuel)
c) Earp (Wyatt)

41. Quel peuple maritime de l'Armorique fut écrasé par César en 56 avant Jésus-Christ ?
a) Vénètes (les)
b) Bigoudens (les)
c) Gallois (les)

42. Dans quel château, résidence favorite des Valois, se sont réunis les états généraux de 1576 et 1588 ?
a) Blois
b) Chaumont
c) Amboise

43. Les 4 et 5 juin 1942, quelle bataille opposa les amiraux Nimitz et Yamamoto ?
a) Bataille des îles Salomon (la)
b) Bataille des Mariannes (la)
c) Bataille de Midway (la)

44. Le 1er juin 1916, quelle bataille fut remportée par la grande flotte britannique sur les Allemands ?
a) Bataille du Jütland (la)
b) Bataille de Friedland (la)
c) Bataille de Dunkerque (la)

45. Quelle femme fut régente de France pendant la minorité de Charles IX ?
a) Blanche de Castille
b) Anne d'Autriche
c) Catherine de Médicis

46. Quel marin et corsaire anglais mit en déroute l'Armada espagnole en 1588 ?
a) Bart (Jean)
b) Barton (sir Andrew)
c) Drake (sir Francis)

47. Qui fut roi des Belges de 1909 à 1934 ?
a) Léopold II
b) Léopold III
c) Albert Ier

48. Qui a succédé à Léopold Sédar Senghor à la tête de l'État sénégalais en 1981 ?
a) Wade (Abdoulaye)
b) Fall (Abdoulaye)
c) Diouf (Abdou)

49. Qui devint souverain du Liechtenstein en 1938 ?
a) Hans Adam II
b) Prince François-Joseph II (le)
c) Charles VI

50. Sous quel septennat fut créé le secrétariat à la Condition féminine en France ?
a) Pompidou (Georges) [octobre 1970]
b) Giscard d'Estaing (Valéry) [juillet 1974]
c) Mitterrand (François) [mai 1983]

51. Sous quel roi eut lieu l'émeute des huguenots, rue Saint-Jacques à Paris, en 1557 ?
a) François Ier
b) Henri II
c) Henri IV

52. Quel fils de Louis Ier le Pieux et de Judith de Bavière fut empereur d'Occident entre 875 et 877 ?
a) Louis II le Bègue
b) Charles II le Chauve
c) Charlemagne

53. Quel roi des Francs était le père de Charlemagne ?
a) Charles Martel
b) Carloman
c) Pépin le Bref

54. Quel roi, sacré à Reims en 1314, épousa en premières noces Marguerite de Bourgogne ?
a) Philippe II Auguste
b) Philippe III le Hardi
c) Louis X le Hutin

55. Comment a-t-on appelé l'union entre la France, la Russie et la Grande-Bretagne ?
a) Union sacrée (l')
b) Entente cordiale (l')
c) Triple-Entente (la)

56. Quel roi de France surnommait-on « le Sage » ?
a) Louis VIII
b) Charles V
c) Jean II

57. Selon la légende, dans quel bois Saint Louis rendait-il la justice ?
a) Bois de Boulogne (le)
b) Bois de Chaville (le)
c) Bois de Vincennes (le)

58. Quelle reine d'Angleterre a réuni l'Écosse et l'Angleterre sous le nom de Grande-Bretagne en 1707 ?
a) Élisabeth Ire
b) Marie Stuart
c) Anne Stuart

59. Quel général français devint gouverneur du Sénégal en 1854 ?
a) Gallieni (Joseph)
b) Faidherbe (Louis Léon César)
c) Bugeaud (Thomas)

60. Quel pape a sacré Napoléon Ier empereur le 2 décembre 1804 ?
a) Innocent VII
b) Pie VII
c) Benoît VII

61. En quelle année la Martinique devint-elle un département français ?
a) 1804
b) 1848
c) 1946

62. Quel homme politique fut le président de la république du Pakistan de 1971 à 1973 ?
a) Khan (Ayyub)
b) Zia ul-Haq (Mohammad)
c) Bhutto (Zulfikar Ali)

63. De 1774 à 1787, quel diplomate fut secrétaire d'État aux Affaires étrangères ?
a) La Fayette (le marquis de)
b) Vergennes (le comte de)
c) Breteuil (le baron de)

64. Qui était le père de Louis XVI ?
a) Louis XV
b) Dauphin Louis (le)
c) Grand Dauphin (le)

65. Qui devint président du Conseil national de la Résistance à la mort de Jean Moulin en 1943 ?
a) Chaban-Delmas (Jacques)
b) Bidault (Georges)
c) Schumann (Maurice)

66. En 1837, en Grande-Bretagne, quelle petite-fille de George III succéda à Guillaume IV ?
a) Élisabeth Ire
b) Marie Stuart
c) Victoria Ire

67. Quel homme politique succéda à Colbert comme contrôleur général des Finances en 1683 ?
a) Barbin (Claude)
b) Le Peletier (Claude)
c) De Mesmes (Claude)

68. En avril 1500, quel navigateur portugais atteignit les côtes du Brésil ?
a) Cabral (Pedro Álvares)
b) Covilhã (Pêro da)
c) Albuquerque (Afonso de)

69. Quelle épouse du roi Henri VIII d'Angleterre fut la mère du futur Édouard VI ?
a) Catherine d'Aragon
b) Anne Boleyn
c) Jeanne Seymour

70. En janvier 1996, quel homme politique fut le président de la République argentine ?
a) Menem (Carlos)
b) Perón (Juan Domingo)
c) Pinochet Ugarte (Augusto)

71. En 1926, quelle fille du prince Charles de Suède épousa le futur roi des Belges Léopold III ?
a) Christine
b) Astrid
c) Greta

72. Quel général français, collaborateur de Joffre de 1902 à 1915, participa à l'élaboration de la manœuvre de la Marne ?
a) Pétain (Philippe)
b) Gamelin (Maurice Gustave)
c) Nivelle (Robert)

73. Quelle dynastie vietnamienne régna sur l'empire d'Annam de 1802 à 1945 ?
a) Nguyên (les)
b) Khmers (les)
c) Ming (les)

74. En 1924, quel rédacteur en chef du *Matin* devint ministre de l'Instruction publique ?
a) Jouvenel (Henry de)
b) Ferry (Jules)
c) Duruy (Victor)

75. À partir de juin 1954, quel président du Conseil conduisit la délégation française à la conférence de Genève ?
a) Faure (Edgar)
b) Mendès France (Pierre)
c) Mollet (Guy)

76. Quel nom porta le dernier roi d'Israël de 732 à 724 avant Jésus-Christ ?
a) Osée
b) Isaac
c) Salomon

77. En Belgique, quel homme politique fut Premier ministre de 1979 à 1992 ?
a) Van Rompuy (Herman)
b) Tindemans (Léo)
c) Martens (Wilfried)

78. Quel académicien fut le porte-parole de la France libre durant la Seconde Guerre mondiale ?
a) Druon (Maurice)
b) Schumann (Maurice)
c) Kessel (Joseph)

79. En 1488, quel navigateur portugais découvrit le cap de Bonne-Espérance ?
a) Magellan (Fernand de)
b) Dias (Bartolomeu)
c) Tristão (Nuno)

80. Quel nom donnait-on à un seigneur de la suite de Charlemagne ?
a) Paladin (un)
b) Connétable (un)
c) Chambellan (un)

1. Vers 1626, à quel dramaturge anglais doit-on la pièce *Dommage qu'elle soit une putain* ?
a) Kyd (Thomas)
b) Ford (John)
c) Marlowe (Christopher)

2. À quelle femme de lettres danoise doit-on une autobiographie intitulée *la Ferme africaine* en 1937 ?
a) Lagerlöf (Selma)
b) Blixen (Karen)
c) Lindgren (Astrid)

3. Vers 1650 à Rome, quel maître du baroque réalisa la fontaine des Quatre-Fleuves place Navone ?
a) Mochi (Francesco)
b) Bernin (Gian Lorenzo Bernini, dit)
c) Salvi (Nicola)

4. Quel acteur est « le Gitan » dans le film homonyme de José Giovanni en 1975 ?
a) Delon (Alain)
b) Belmondo (Alain)
c) Cuny (Alain)

5. À l'époque de Shakespeare, quelle expression désignait le théâtre anglais ?
a) Drame romantique (le)
b) Drame bourgeois (le)
c) Théâtre élisabéthain (le)

6. Quelle statue d'Hélios, œuvre de Charès de Lindos, a été renversée par un séisme en 227 avant Jésus-Christ ?
a) Colosse de Rhodes (le)
b) Athéna Parthénos (l')
c) Statue chryséléphantine de Zeus Olympien (la)

7. Sous quel nom connaît-on mieux l'écrivain Henri Beyle ?
a) Comte de Lautréamont (le)
b) Stendhal
c) Marquis de Sade (le)

8. Dans quelle ville européenne visite-t-on les Tate ?
a) Dublin
b) Berlin
c) Londres

9. Dans quel film le plus grand gratte-ciel de San Francisco est-il ravagé par un incendie en 1974 ?
a) *Tour infernale (la)*
b) *Piège de Cristal*
c) *Tour de la terreur (la)*

10. Quel écrivain américain publia *les Nus et les Morts* en 1948 ?
a) Mailer (Norman)
b) Bukowski (Charles)
c) Dos Passos (John Roderigo)

11. Quel style, inspiré du gothique flamboyant et de l'art musulman, caractérise l'architecture portugaise du début du XVIe siècle ?
a) Style mudéjar (le)
b) Style plateresque (le)
c) Style manuélin (le)

12. Quelle est la dernière aventure de Tintin publiée du vivant d'Hergé en 1976 ?
a) *Tintin et les Picaros*
b) *Tintin et l'Alph-Art*
c) *Tintin au pays des Soviets*

13. À quel réalisateur doit-on *le Voleur de Bagdad* en 1924 ?
a) Hawks (Howard)
b) Walsh (Raoul)
c) Capra (Frank)

14. Quel roman d'Albert Simonin devint le premier best-seller de la Série Noire en 1953 ?
a) *Le cave se rebiffe*
b) *Pas d'orchidées pour miss Blandish*
c) *Touchez pas au grisbi*

15. Sous quel pseudonyme connaît-on mieux Emmanuel Rudnitsky ?
a) Izis
b) Marc Chagall
c) Man Ray

16. Quel film, sorti en France en 1990, réunit pour la première fois Martin Landau, Angelica Huston, Mia Farrow et Woody Allen ?
a) *Crimes et délits*
b) *Escrocs mais pas trop*
c) *Accords et désaccords*

17. À quel auteur doit-on *les salauds vont en enfer* en 1956 ?
a) Dard (Frédéric)
b) Exbrayat (Charles)
c) Simenon (Georges)

18. Quel peintre français, d'origine hongroise, est le créateur de l'art cinétique en 1955 ?
a) Vasarely (Victor)
b) Roth (Dieter)
c) Calder (Alexander)

19. À quelle femme de lettres doit-on le roman *le Sixième Jour* en 1960 ?
a) Mallet-Joris (Françoise)
b) Rolin (Dominique)
c) Chedid (Andrée)

20. En 1931, quelle actrice incarna Mata Hari dans le film homonyme ?
a) Brooks (Louise)
b) Dietrich (Marlene)
c) Garbo (Greta)

21. En 1993, qui réalisa *Short Cuts* où s'entremêlent les destins de plusieurs habitants de Los Angeles ?
a) Altman (Robert)
b) Scorsese (Martin)
c) Anderson (Paul Thomas)

22. Quel groupe originaire de la banlieue de Los Angeles créa *Good Vibrations* en 1966 ?
a) Black Flag
b) Birds (The)
c) Beach Boys (The)

23. Quel romancier américain fit de Los Angeles le lieu des intrigues du *Dahlia noir* ?
a) Ellroy (James)
b) Burke (James Lee)
c) Maupin (Armistead)

24. Quel poème de Louis Aragon faisant référence au groupe Manouchian est interprété par Léo Ferré en 1962 ?
a) *Ni dieu ni maître*
b) *Anarchistes (les)*
c) *Affiche rouge (l')*

25. Quel cinéaste réalisa *Lola* en 1961 et *les Parapluies de Cherbourg* en 1964 ?
a) Rivette (Jacques)
b) Demy (Jacques)
c) Malle (Louis)

26. Quel groupe créa *My Generation* en 1965 ?
a) Troggs (The)
b) Who (The)
c) Stooges (The)

27. Dans quel film d'Henri Verneuil Jean-Paul Belmondo donne-t-il la réplique à Jean Gabin ?
a) *Peau de banane*
b) *Un singe en hiver*
c) *Léon Morin, prêtre*

28. À quel écrivain doit-on *les Nourritures terrestres* en 1897 ?
a) Giono (Jean)
b) Gide (André)
c) Proust (Marcel)

29. Quel est le nom du célèbre pont suspendu orange situé à San Francisco ?
a) Golden Gate Bridge (the)
b) Bay Bridge (the)
c) Tower Bridge (the)

30. Quel roman d'André Malraux est le récit du soulèvement communiste à Shanghai en 1927 ?
a) *Espoir (l')*
b) *Condition humaine (la)*
c) *Conquérants (les)*

31. Quelle est la ville natale de l'écrivain Jules Verne ?
a) Nantes
b) Le Havre
c) Rouen

32. En 1982, quel est le dernier film avec Patrick Dewaere à l'affiche ?
a) *Femme de mon pote (la)*
b) *Édith et Marcel*
c) *Paradis pour tous*

33. Quel poète fut aussi le scénariste de nombreux films, comme *Drôle de drame* et *les Visiteurs du soir* ?
a) Gatti (Armand)
b) Prévert (Jacques)
c) Cocteau (Jean)

34. Quel employé des postes a élaboré entre 1879 et 1912, à Hauterives, un monument appelé le « Palais idéal » ?
a) Roulin (J., dit le Facteur Roulin)
b) Rousseau (H., dit le Douanier)
c) Cheval (F., dit le Facteur)

35. En 1867, à quel compositeur français doit-on *Roméo et Juliette* ?
a) Dancla (Charles)
b) Gounod (Charles)
c) Tournemire (Charles)

36. Dans quelle pièce Octave et Léandre se font-ils aider d'un valet pour mener à bien leur projet de mariage ?
a) *Fausses Confidences (les)*
b) *Illusion comique (l')*
c) *Fourberies de Scapin (les)*

37. En 1906, quel mouvement Picasso inaugura-t-il avec *les Demoiselles d'Avignon* ?
a) Cubisme (le)
b) Impressionnisme (l')
c) Constructivisme (le)

38. Quel comédien est révélé par le film *Noblesse oblige*, où il interprète huit rôles à lui seul ?
a) Fairbanks (Douglas)
b) Karloff (Boris)
c) Guinness (sir Alec)

39. Quel adjectif donne-t-on à une statuaire employant simultanément l'or et l'ivoire ?
a) Irisée
b) Chryséléphantine
c) Moirée

40. Quel viaduc, enjambant la vallée de la Truyère dans le Cantal, fut construit par Gustave Eiffel de 1882 à 1884 ?
a) Viaduc de Garabit (le)
b) Viaduc des Fades (le)
c) Viaduc du Viaur (le)

41. Avec quelle chanson France Gall remporta-t-elle le grand prix de l'Eurovision en 1965 ?
a) *Sacré Charlemagne*
b) *Poupée de cire, poupée de son*
c) *Sucettes (les)*

42. Quel écrivain brésilien est l'auteur de *Bahia de tous les saints* en 1935 ?
a) Andrade (Mário de)
b) Amado (Jorge)
c) Vasconcelos (José Mauro de)

43. Quel groupe est fondé par le guitariste et chanteur Mark Knopfler en 1977 ?
a) Cure (The)
b) Police (The)
c) Dire Straits

44. En 1919 à Weimar, quel architecte et urbaniste a fondé l'école du Bauhaus ?
a) Gropius (Walter)

b) Gruber (Karl)
c) Mies van der Rohe (Ludwig)

45. En 1928, quel écrivain du sud des États-Unis fit paraître *le Bruit et la Fureur* ?
a) Faulkner (William)
b) Salinger (Jerome David)
c) Caldwell (Erskine)

46. Avec quelle actrice Marilyn Monroe partagea-t-elle la vedette dans *les hommes préfèrent les blondes* en 1953 ?
a) Carol (Martine)
b) Fonda (Jane)
c) Russell (Jane)

47. Quel champion olympique de natation incarna Tarzan au cinéma en 1932 ?
a) Daniels (Charles)
b) Weissmuller (Johnny)
c) Spitz (Mark)

48. Quel peintre américain d'origine française affubla *la Joconde* d'une moustache en 1919 ?
a) Trouille (Clovis)
b) Duchamp (Marcel)
c) Picabia (Francis)

49. À quel compositeur américain doit-on l'opéra *Porgy and Bess* ?
a) Barber (Samuel)
b) Ives (Charles)
c) Gershwin (George)

50. En 1965, à qui doit-on le roman vérité *De sang-froid* ?
a) Steinbeck (John)
b) Carver (Raymond)
c) Capote (Truman)

51. À quel célèbre ingénieur français doit-on l'ossature métallique de la statue de la Liberté à New York ?
a) Eiffel (Gustave)
b) Bodin (Paul)
c) Bartholdi (Auguste)

52. Quel cinéaste est le réalisateur d'*Aguirre, la Colère de Dieu* ?
a) Schlöndorff (Volker)
b) Wenders (Wim)
c) Herzog (Werner)

53. En 1934, quelle actrice américaine, alors âgée de 6 ans, est la vedette du film *Petite Miss* ?
a) Temple (Shirley)
b) Gish (Lillian)
c) Warren (Beatty)

54. Quel écrivain français, auteur de *les dieux ont soif*, reçut le prix Nobel de littérature en 1921 ?
a) Martin du Gard (Roger)
b) Rolland (Romain)
c) France (Anatole)

55. Quel musée, consacré au XIXe siècle, est inauguré par François Mitterrand le 1er décembre 1986 à Paris ?
a) Musée de l'Orangerie (le)

b) Jeu de paume (le)
c) Musée d'Orsay (le)

56. Quel chanteur interpréta *Bleu, blanc, blues* en 1985 ?
a) Léveillée (Claude)
b) Barzotti (Claude)
c) Nougaro (Claude)

57. Quel écrivain italien du XIVe siècle est l'auteur du *Décaméron* ?
a) Boccace (Giovanni Boccaccio, dit)
b) Pétrarque
c) Pasolini (Pier Paolo)

58. En 1963, quelle chanson de Serge Gainsbourg est interprétée par Juliette Gréco ?
a) *Chanson de Prévert (la)*
b) *Javanaise (la)*
c) *Petits Papiers (les)*

59. Dans quelle ville des États-Unis, située au bord du Mississippi, est né Louis Armstrong ?
a) La Nouvelle-Orléans
b) Memphis
c) Baton Rouge

60. En 1940, quel roman de John Steinbeck est adapté par John Ford ?
a) *Des souris et des hommes*
b) *Raisins de la colère (les)*
c) *À l'est d'Éden*

61. Quel terme, né vers le milieu du XVIIe siècle, désigne la chanteuse titulaire du principal rôle féminin dans un opéra ?
a) Prima donna
b) Mezzo-soprano
c) Diva

62. En 1912, à quel danseur des Ballets russes doit-on *l'Après-midi d'un faune* ?
a) Nijinski (Vaslav Fomitch)
b) Lifar (Serge)
c) Balanchine (George)

63. Sous quel nom est plus connue la romancière Aurore Dupin ?
a) Sarraute (Nathalie)
b) Colmont (Marie)
c) Sand (George)

64. Quel écrivain et journaliste fit paraître le journal pamphlétaire *la Lanterne* en 1868-1869 ?
a) Péguy (Charles)
b) Rochefort (Henri)
c) Maurras (Charles)

65. Quel roman de Balzac paru en 1829 est le premier roman de *la Comédie humaine* ?
a) *Chouans (les)*
b) *Lys dans la vallée (le)*
c) *Père Goriot (le)*

66. En 1966, quel film de David Lean, avec Omar Sharif, est tiré d'un roman de Boris Pasternak ?
a) *Docteur Jivago*

b) *Lawrence d'Arabie*
c) *Pont de la rivière Kwaï (le)*

67. En 1929, quel roman d'Hemingway a pour cadre l'Italie durant la Première Guerre mondiale ?
a) *Sergent dans la neige (le)*
b) *Trêve (la)*
c) *Adieu aux armes (l')*

68. De quelle femme peintre Maurice Utrillo était-il le fils ?
a) Valadon (Suzanne)
b) Bonheur (Rosa)
c) Morisot (Berthe)

69. Quel cinéaste signe *la Horde sauvage* en 1969 ?
a) Peckinpah (Sam)
b) Benedek (László)
c) Lumet (Sidney)

70. Avec quel film, tourné en 1992, l'acteur et réalisateur Clint Eastwood renouvela-t-il le genre du western ?
a) *Impitoyable*
b) *Chasseur blanc, cœur noir*
c) *Mystic River*

71. En 1973, quel chanteur américain interpréta la chanson *Walk on the Wild Side* ?
a) Bowie (David)
b) Pop (Iggy)
c) Reed (Lou)

72. En 1911, quel mouvement est créé à Munich, notamment par Kandinsky et Franz Marc ?
a) Jugendstil (Die)
b) Blaue Reiter (Der)
c) Brücke (Die)

73. Quel nom porte la seule trilogie dramatique d'Eschyle qui nous soit parvenue ?
a) *Orestie (l')*
b) *Érinyes (les)*
c) *Euménides (les)*

74. Sous quel nom connaît-on mieux Frederick Austerlitz ?
a) Davis Jr. (Sammy)
b) Kelly (Gene)
c) Astaire (Fred)

75. Dans quelle pièce Agnès et Horace s'aiment-ils en dépit d'Arnolphe, qui veut empêcher leur mariage ?
a) *École des femmes (l')*
b) *Double Inconstance (la)*
c) *Dispute (la)*

76. Quel mot allemand signifiant « esprit frappeur » a donné son nom à un film de Tobe Hooper en 1982 ?
a) Poltergeist
b) Gothika
c) Ghost

77. En 1970, dans quel film de Costa-Gavras Yves Montand est-il Gérard, homme politique tchèque ?
a) Z

b) *Aveu (l')*
c) *État de siège*

78. À quel compositeur autrichien, né en 1732, doit-on les oratorios en allemand *la Création* et *les Saisons* ?
a) Haydn (Franz Joseph)
b) Schubert (Franz)
c) Strauss I (Johann)

79. À quel auteur de vaudeville doit-on les paroles d'*Il pleut, il pleut, bergère* ?
a) Labiche (Eugène)
b) Fabre d'Églantine (Philippe Fabre, dit)
c) Courteline (Georges)

80. Dans quel site de Haute-Égypte peut-on visiter les temples de Ramsès II et de son épouse Néfertari ?
a) Louxor
b) Abou-Simbel
c) Gizeh

1. Jusqu'en 1945, quelle est la religion officielle du Japon ?
   a) Shintoïsme (le)
   b) Taoïsme (le)
   c) Bouddhisme (le)

2. Comment appelait-on le code d'honneur des samouraïs ?
   a) Hanami (le)
   b) Seppuku (le)
   c) Bushido (le)

3. En 1917, quelle ville située au nord-est de Lisbonne fut un lieu d'apparition de la Vierge ?
   a) Bragance
   b) Fátima
   c) Pombal

4. Combien de deniers Judas a-t-il perçus pour sa trahison ?
   a) 30
   b) 300
   c) 3 000

5. Dans *l'Odyssée*, quelle nymphe ayant recueilli Ulysse naufragé le garde chez elle pendant dix ans ?
   a) Calypso
   b) Circé
   c) Penthésilée

6. Quelle nymphe, dont le nom grec signifie « laurier », est aimée d'Apollon ?
   a) Daphné
   b) Thalie
   c) Admète

7. Quel patriarche biblique est le troisième fils d'Adam ?
   a) Abel
   b) Seth
   c) Caïn

8. Quel nom générique portent les filles de Thaumas et d'Électre, femmes pourvues d'ailes ?
   a) Amazones (les)
   b) Sirènes (les)
   c) Harpies (les)

9. Comment s'appellent les sept filles d'Atlas métamorphosées en étoiles par Zeus ?
   a) Néréides (les)
   b) Nymphes (les)
   c) Pléiades (les)

10. Quelle petite étole de laine blanche parsemée de croix noires constitue le symbole de l'unité de la hiérarchie catholique autour du pape ?
    a) Pallium (le)
    b) Mitre (la)
    c) Chasuble (la)

11. Dans la religion catholique, quel apôtre était surnommé l'Apôtre des gentils ?
    a) Paul
    b) Jacques
    c) Jean

12. Quelle ville allemande a donné son nom à une école regroupant des

philosophes comme Marcuse et Adorno ?
a) Francfort
b) Leipzig
c) Heidelberg

13. En 1911, quel philosophe français publia un texte intitulé *l'Intuition philosophique* ?
a) Bachelard (Gaston)
b) Alain (Émile Chartier, dit)
c) Bergson (Henri)

14. Quelle divinité contribue au châtiment de Prométhée en l'enchaînant sur le Caucase ?
a) Phorcys
b) Héphaïstos
c) Thaumas

15. En 1865, quel prédicateur évangélique est le fondateur de l'Armée du salut ?
a) François Xavier (saint)
b) Booth (William)
c) Dunant (Henri ou Henry)

16. Quelle ville du Péloponnèse, située au nord d'Argos, a été la capitale des Atrides ?
a) Olympie
b) Mycènes
c) Sparte

17. Comment s'appelait le dieu de la Pluie chez les Mayas ?
a) Ek Chuah
b) Buluc Chabtan
c) Chac

18. Quelle est la divinité méso-américaine dont le nom veut dire « serpent à plumes » ?
a) Quetzalcoal
b) Tzetlal
c) Xibalba

19. Dans la Bible, quel est l'autre nom de l'enfer ?
a) Tartare (le)
b) Champs-Élysées (les)
c) Géhenne (la)

20. Quel nom porte, dans l'Égypte ancienne, le dieu-crocodile ?
a) Apis
b) Anubis
c) Sebek

21. Pour le philosophe Leibniz, quelle substance simple exprime l'Univers dans sa totalité ?
a) Monade (la)
b) Atome (l')
c) Nature (la)

22. Quelle religieuse suédoise, mère de sainte Catherine de Suède, a créé à Rome un hospice pour les pèlerins et étudiants suédois ?
a) Marie de Suède (sainte)
b) Brigitte de Suède (sainte)
c) Lucie de Suède (sainte)

23. Dans quel Évangile sont mentionnés les Rois mages ?
a) Évangile selon saint Jean (l')
b) Évangile selon saint Luc (l')
c) Évangile selon saint Matthieu (l')

24. Quelle héroïne de la mythologie grecque, sœur d'Hélène, de Castor et de Pollux, meurt assassinée par Oreste ?
a) Clytemnestre
b) Électre
c) Iphigénie

25. Quel dieu du panthéon indien, patron des artistes et des écrivains, est invoqué au commencement de toutes les entreprises ?
a) Ganesh
b) Shiva
c) Devi

26. Quel objet, diffusé en Occident par l'ordre de saint Dominique, est appelé « tasbih » par les musulmans et « guirlande » ou « guirlande de pierres » dans la religion brahmanique ?
a) Chapelet (le)
b) Médaille miraculeuse (la)
c) Crécelle (la)

27. Par quel terme désigne-t-on l'auréole placée autour de la tête des saints ?
a) Couronne (la)
b) Halo (le)
c) Nimbe (le)

28. Quel est le livre du Nouveau Testament dont le nom vient du grec et signifie « révélation diurne » ?
a) Pentateuque (le)
b) Apocalypse (l')
c) Alliance (l')

29. Quel saint est honoré le 1er mai comme patron des travailleurs ?
a) Frédéric (saint)
b) Charles (saint)
c) Joseph (saint)

30. Quel dieu égyptien, considéré comme la divinité de l'Air ou de la Fécondité, est représenté avec la tête couverte d'un mortier surmonté de deux plumes ?
a) Bat
b) Seth
c) Amon-Rê

31. Quel dieu du panthéon hindou, représenté avec quatre visages et quatre bras, incarne l'énergie créatrice ?
a) Shiva
b) Brahma
c) Ganesha

32. Quel nom porte le IVe concile œcuménique qui condamne le monophysisme ?
a) Concile de Chalcédoine (le)
b) Concile de Nicée (le)
c) Concile de Latran (le)

33. Dans la mythologie grecque, quel nom porte la femme du roi de Thèbes Laïos ?
a) Antigone
b) Circé
c) Jocaste

34. Quel roi légendaire de Mycènes a été chassé par son père Pélops pour avoir tué son demi-frère ?
a) Atrée
b) Amphitryon
c) Persée

35. Quel dieu, adoré à Memphis, était considéré comme le créateur du monde ?
a) Thot
b) Amon
c) Ptah

36. Comment appelle-t-on le prélat chargé de représenter de façon permanente le pape auprès d'un gouvernement étranger ?
a) Nonce (le)
b) Prophète (le)
c) Oracle (l')

37. Dans la mythologie grecque, quelle reine des Amazones est tuée par Achille devant Troie ?
a) Penthésilée
b) Hippolyté
c) Daphné

38. Quel ordre religieux a été fondé à Rome en 1540 par saint Ignace de Loyola ?
a) Jésuites (les)
b) Templiers (les)
c) Chartreux (les)

39. Quel dieu phénicien de la Végétation était honoré dans le monde gréco-romain ?
a) Adonis
b) Cupidon
c) Pan

40. Quel héros antique a inspiré à Camille Saint-Saëns un opéra biblique, avant d'être porté à l'écran par Cecil B. De Mille en 1945 ?
a) Samson
b) Pierre (saint)
c) Salomon

41. Quelle religieuse française est la fondatrice de la congrégation des Petites Sœurs des pauvres ?
a) Soubirous (Bernadette)
b) Jugan (Jeanne)
c) Thérèse de l'Enfant-Jésus

42. Quel prince troyen, fils de Priam et d'Hécube, est surnommé Alexandre dans la mythologie grecque ?
a) Hector
b) Troïlos
c) Pâris

43. Dans la mythologie grecque, quel est le pays légendaire d'Orphée ?
a) Colchide (la)
b) Scythie (la)
c) Piérie (la)

44. Quel prélat français, né à Paris en 1926, de parents d'origine polonaise et israélite a été fait cardinal en 1983 ?
a) Etchegaray (Roger, monseigneur)
b) Lustiger (Jean-Marie, monseigneur)
c) Decourtray (Albert, monseigneur)

45. Quel homme d'église a été nommé à l'Académie française en 1995 ?
a) Lustiger (Jean-Marie)
b) Barbarin (Philippe)
c) Barbey d'Aurevilly (Jules)

46. Quelle déesse égyptienne est représentée avec une tête de lionne ?
a) Nout
b) Astarté
c) Sekhmet

47. Quel est, pour Freud, le pendant féminin du complexe d'Œdipe ?
a) Électre (le complexe d')
b) Ariane (le complexe d')
c) Isis (le complexe d')

48. Pour quel philosophe l'homme est-il « un animal politique » ?
a) Hegel (Friedrich)
b) Aristote
c) Platon

49. Qu'étudie la phénoménologie ?
a) Phénomènes (les)
b) Expériences vécues (les)
c) Représentations mentales (les)

50. Quel essai Emmanuel Levinas a-t-il principalement écrit durant ses cinq ans de détention dans un camp de travail ?
a) *Totalité et Infini*
b) *De l'existence à l'existant*
c) *Quatre lectures talmudiques*

51. Quel utopiste est à l'origine des phalanstères ?
a) Fourier (Charles)
b) Saint-Simon (Claude Henri de Rouvroy, comte de)
c) Cabet (Étienne)

52. Que signifie, étymologiquement, la « philosophie » ?
a) Amour de l'intelligence (l')
b) Amour de l'éloquence (l')
c) Amour de la sagesse (l')

53. À quelle période a vécu Platon ?
a) Avant Socrate
b) Avant Aristote
c) Après Aristote

54. À quel écrivain Jean-Paul Sartre a-t-il consacré son essai *l'Idiot de la famille* ?
a) Flaubert (Gustave)
b) Rimbaud (Arthur)
c) Genet (Jean)

55. Quel philosophe est l'auteur de *l'Almageste* à propos de l'astronomie d'Aristote ?
a) Ptolémée (Évergète)
b) Ptolémée (Platon)
c) Ptolémée (Claude)

56. Quel courant représente le philosophe Emmanuel Kant ?
a) Utilitarisme (l')
b) Vitalisme (le)
c) Criticisme (le)

57. Que voulait-on concilier avec la foi chrétienne par le biais de l'enseignement scolastique ?
a) Raison (la)
b) Science (la)
c) Clergé (le)

58. Quelle est la signification en grec du mot « paradis » ?
a) Jardin
b) Ciel
c) Vie éternelle

59. Qui fut, selon la Bible, le premier roi d'Israël ?
a) Salomon
b) David
c) Saül

60. Quelle est la signification en hébreu d'« Abraham » ?
a) Racine
b) Source
c) Père élevé

61. Qu'est-ce que l'égide ?
a) Nom donné aux temples de Zeus à travers toute la Grèce (le)
b) Bouclier d'Athéna (le)
c) Début du calendrier musulman (le)

62. De quelle divinité Cronos n'est-il pas le père ?
a) Zeus
b) Héphaïstos
c) Poséidon

63. En quelle année fut publié le *Discours de la méthode* de René Descartes ?
a) 1601
b) 1637
c) 1699

64. Quel est l'autre nom de la doctrine géocentrique ?
a) Théorie du levier (la)
b) Révolution copernicienne (la)
c) Système de Ptolémée (le)

65. Quel physicien est à l'origine du « principe d'incertitude » ?
a) Heisenberg (Werner)
b) Kant (Emmanuel)
c) Einstein (Albert)

66. De quoi la « falsifiabilité » est-elle, selon Karl Popper, la condition nécessaire ?
a) Progrès (du)
b) Vérité scientifique (de la)
c) Validité de la théorie scientifique (de la)

67. À quel philosophe grec doit-on la citation : « L'essentiel n'est pas de vivre, mais de bien vivre » ?
a) Aristote
b) Platon
c) Épictète

68. Comment appelle-t-on la révélation de Jésus-Christ, qui annonce la venue salvatrice de Dieu parmi les hommes ?
a) Évangile (l')
b) Apostasie (l')
c) Rédemption (la)

69. Qui, dans *l'Odyssée*, fut le précepteur de Télémaque, le fils d'Ulysse ?
a) Mérion
b) Molossos
c) Mentor

70. Comment nomme-t-on, dans la tradition chrétienne, la partie réunissant les cinq premiers livres de la Bible ?
a) Vulgate (la)
b) Pentateuque (le)
c) Septante (la)

71. Quelle sœur de Zeus et d'Héra est la déesse du Foyer ?
a) Galatée
b) Hestia
c) Léto

72. Quel personnage, frère aîné de Moïse, instaura le culte du « veau d'or » ?
a) Aaron
b) Lévi
c) Éléazar

73. Quel apôtre, mort en Perse aux côtés de saint Jude, était surnommé « le Zélote » ?
a) Simon
b) Thomas
c) Judas

74. Quel philosophe allemand publia *Être et Temps* en 1927 ?
a) Jaspers (Karl)
b) Husserl (Edmund)
c) Heidegger (Martin)

75. Comment appelle-t-on le pouvoir que possédait Jésus de faire des miracles ?
a) Bénédiction (la)
b) Thaumaturgie (la)
c) Transfiguration (la)

76. Dans la mythologie grecque, qui est la fille de Cronos et de Rhéa ayant pour attributs l'épi et le pavot ?
a) Déméter
b) Artémis
c) Aphrodite

77. Quelle princesse phénicienne est, dans la mythologie grecque, enlevée par Zeus métamorphosé en taureau ?
a) Thémis
b) Déméter
c) Europe

78. Quel philosophe arabe est connu sous le nom d'Avicenne ?
a) Averroès
b) Ibn Sina
c) Khalil Gibran

79. Quel intellectuel allemand, grand admirateur des idéaux de 1789, a planté dans sa jeunesse un arbre de la liberté ?
a) Cohn-Bendit (Daniel)
b) Kant (Emmanuel)
c) Hegel (Georg Wilhelm Friedrich)

80. Sur le drapeau de quel pays trouve-t-on la devise d'Auguste Comte « Ordre et Progrès » ?
a) Brésil
b) France
c) Italie

1. **Quel est l'organisme public en France qui réglemente, autorise, surveille et sanctionne les marchés financiers ?**
   a) Autorité des marchés financiers (l')
   b) Conseil des marchés financiers (le)
   c) Commission des opérations de bourse (la)

2. **Quelle est la définition d'un certificat d'investissement**
   a) Titre de propriété qui rapporte un dividende sans conférer de droit de vote aux assemblées générales
   b) Titre de propriété qui ne rapporte pas de dividende mais qui confère un droit de vote aux assemblées générales
   c) Titre de propriété identique aux actions mais qui porte sur des entreprises de petites tailles

3. **À combien s'est élevé le plan de sauvetage bancaire voté par le Congrès américain en 2008 pour racheter les actifs toxiques détenus par les investisseurs institutionnels ?**
   a) 200 milliards de dollars
   b) 500 milliards de dollars
   c) 700 milliards de dollars

4. **En quelle année est entrée en vigueur pour les entreprises de moins de 20 salariés la durée légale de travail hebdomadaire de 35 heures ?**
   a) 2000
   b) 2002
   c) 2006

5. **À quoi correspond le Produit national brut (PNB) ?**
   a) Valeur ajoutée totale des biens et services produits annuellement sur un territoire national (à la)
   b) Valeur ajoutée totale des biens et services produits annuellement sur un territoire national, plus le solde des revenus des facteurs de production transférés par l'étranger ou à l'étranger (à la)
   c) Valeur ajoutée totale des biens et services produits annuellement, plus la TVA et les droits de douane (à la)

6. **Quel est le montant de la dette publique de la France à la fin du 3e trimestre 2012 ?**
   a) 1 018 milliards d'euros
   b) 1 418 milliards d'euros
   c) 1 818 milliards d'euros

7. **À quel pourcentage du Produit intérieur brut (PIB) correspond la dette publique de la France à la fin du 3e trimestre 2012 ?**
   a) 69,9 %
   b) 79,9 %
   c) 89,9 %

8. **Quel est le plafond légal de la dette publique américaine qui avait été fixé par le Congrès en août 2011 ?**
   a) 12 394 milliards de dollars
   b) 14 394 milliards de dollars
   c) 16 394 milliards de dollars

9. Quel est le Produit intérieur brut (PIB) estimé en 2012 des États-Unis ?
a) 10 653 milliards d'euros
b) 15 653 milliards d'euros
c) 20 653 milliards d'euros

10. Quelle est l'agence de notation financière internationale qui n'est pas américaine ?
a) Standard & Poor's
b) Fitch Ratings
c) Moody's

11. Comment s'appelle le secrétariat permanent de l'Organisation internationale du travail (OIT) ?
a) Bureau international du travail (le)
b) Secrétariat international du travail (le)
c) Agence internationale du travail (l')

12. Quel est le service qui a pour mission en France de lutter contre les circuits financiers clandestins, le blanchiment des capitaux et le financement du terrorisme ?
a) DGCCRF (la)
b) Tracfin
c) AMF (l')

13. De combien avait été relevé le SMIC à l'occasion des accords de Grenelle signés en 1968 ?
a) 15 %
b) 25 %
c) 35 %

14. Sous quel gouvernement ont eu lieu les accords de Matignon ?
a) Lebrun (Albert)
b) Blum (Léon)
c) Daladier (Édouard)

15. Quelle est la réforme sociale qui ne faisait pas partie des accords de Matignon du 7 juin 1936 ?
a) Assurance chômage (l')
b) Délégués du personnel (les)
c) Droit syndical (le)

16. Quand la semaine de travail a-t-elle été fixée à 40 heures par semaine ?
a) 1936
b) 1946
c) 1966

17. Quand le principe de la réduction du temps de travail (RTT) a-t-il été adopté ?
a) 1998
b) 2000
c) 2002

18. En quelle année est entrée en vigueur pour les entreprises de plus de 20 salariés la durée légale de travail hebdomadaire de 35 heures ?
a) 2000
b) 2002
c) 2006

19. De quand date la loi Ollivier qui reconnaît le droit de grève en France ?
a) 1864

b) 1884
c) 1918

20. Peut-on réquisitionner des salariés grévistes dans une entreprise privée ?
a) Non
b) Oui
c) Dans des cas très graves

21. Quand a eu lieu la première fête du Travail ?
a) 1er mai 1890
b) 1er mai 1936
c) 1er mai 1945

22. À combien s'élève le SMIC (Salaire minimum interprofessionnel de croissance) en France au 1er janvier 2013 ?
a) 1 230 euros brut
b) 1 430 euros brut
c) 1 630 euros brut

23. En quelle année fut reconnue la liberté syndicale ?
a) 1870
b) 1884
c) 1936

24. Quand le contrat à durée déterminée (CDD) a-t-il été créé par la loi ?
a) 1979
b) 1989
c) 1999

25. Comment s'appelait le plan de sauvetage bancaire voté par le Congrès américain en 2008 ?
a) Plan Marshall (le)
b) Plan Rubin (le)
c) Plan Paulson (le)

26. Comment appelle-t-on un fond de placement à risque ouvert le plus souvent à un nombre limité d'investisseurs qui exigent un rendement élevé moyennant un investissement minimal initial important ?
a) OPCVM (un)
b) SICAV (une)
c) Hedge fond (un)

27. Comment appelle-t-on l'opération par laquelle les établissements bancaires cèdent leurs créances à des fonds communs de créances qui émettent des titres négociables sur le marché ?
a) Titrisation (une)
b) Capitalisation (une)
c) Participation (une)

28. Comment appelle-t-on l'indice établi à partir des cours des 40 valeurs mobilières les plus actives du marché en France ?
a) Nasdaq (le)
b) CAC 40 (le)
c) NYSE (le)

29. À quand fait-on remonter la création d'Internet par Vinton Cerf et Robert Kahn aux États-Unis ?
a) 1964

b) 1974
c) 1984

30. En quelle année fut publié le livre Ier du *Capital* de Karl Marx ?
a) 1867
b) 1870
c) 1914

31. Quel est le prix catalogue moyen 2013 d'un avion Airbus A380 ?
a) 303,9 millions de dollars
b) 403,9 millions de dollars
c) 503,9 millions de dollars

32. Quelles parts de marché détient le programme Ariane 5 dans les lancements en orbite géostationnaire des satellites ?
a) Plus de 35 %
b) Plus de 50 %
c) Plus de 75 %

33. Quelle est la durée de la présidence du Conseil de l'Union européenne ?
a) 2 ans et demi
b) 4 ans
c) 5 ans

34. Comment appelle-t-on un taux d'intérêt fixé par une Banque centrale, taux auquel cette banque centrale accorde des crédits à court terme aux banques commerciales ?
a) Taux actuariel (un)
b) Taux directeur (un)
c) Taux de change (un)

35. En quelle année a été créée la Cour des comptes qui contrôle l'usage qui est fait des deniers publics ?
a) 1807
b) 1945
c) 1960

36. En France, qui donne obligatoirement un avis préalable sur les ordonnances, les projets de loi et certains décrets ?
a) Conseil économique et social (le)
b) Conseil d'État (le)
c) Cour des comptes (la)

37. Quand la Chine a-t-elle intégré l'Organisation mondiale du Commerce (OMC) ?
a) 1982
b) 1992
c) 2001

38. Où peut-on lire : « Le but de la société est le bonheur commun » ?
a) Déclaration française des droits de l'homme et du citoyen de 1789 (dans la)
b) Déclaration française des droits de l'homme et du citoyen de 1793 (dans la)
c) Déclaration universelle des droits de l'homme de 1948 (dans la)

39. À quelle occasion l'économiste américain Simon Kuznets élabora-t-il le Produit intérieur brut (PIB) ?
a) Pour justifier la prééminence des États-Unis

b) Pour mesurer les effets de la crise de 1929
c) Pour classer les nations par ordre d'importance

40. Selon le pacte de stabilité et de croissance, quel est le déficit public qu'un État de la zone euro ne doit pas dépasser sauf circonstances exceptionnelles ?
a) 1 % du PIB
b) 3 % du PIB
c) 5 % du PIB

41. Quel est l'organisme qui gère les noms de domaine Internet ?
a) DADS (le)
b) ADSI (l')
c) ICANN (l')

42. Comment appelle-t-on les fonds d'investissement publics qui investissent en actions ?
a) Conglomérats (les)
b) Fonds souverains (les)
c) Multinationales (les)

43. Quel article de la Constitution donne au président de la République des pouvoirs exceptionnels en cas de menace ?
a) Article 16
b) Article 18
c) Article 89

44. Quels établissements ne sont pas concernés par la directive Seveso qui impose aux États membres de l'Union européenne d'identifier les sites industriels présentant des risques d'accidents majeurs ?
a) Établissements où des substances dangereuses sont susceptibles d'être produites en cas d'accident (les)
b) Transports de substances dangereuses par route, rail, air et voies navigables (les)
c) Établissements où des substances dangereuses sont présentes (les)

45. Qui a dit : « L'histoire suggère que le capitalisme est une condition nécessaire pour la liberté politique » ?
a) Smith (Adam)
b) Hayek (Friedrich)
c) Friedman (Milton)

46. En quelle année l'École nationale d'administration (ENA) a-t-elle ouvert son recrutement aux salariés du secteur privé et aux élus locaux ?
a) 1945
b) 1990
c) 2010

47. Quel était l'objet de la première loi sociale de 1861 en France ?
a) Reconnaissance du droit de grève (la)
b) Travail des enfants (le)
c) Travail des femmes (le)

48. En quelle année fut créée la sécurité sociale ?
a) 1945
b) 1960
c) 1970

49. Quelle est la part de l'agriculture dans l'activité économique de la France ?
a) 3,2 % du PIB
b) 5,2 % du PIB
c) 10,2 % du PIB

50. En quelle année fut voté le Salaire minimum interprofessionnel garanti (SMIG), devenu le Salaire minimum interprofessionnel de croissance (SMIC) en 1970 ?
a) 1945
b) 1950
c) 1960

51. Qui a publié en 1776 *De la richesse des nations* ?
a) Malthus (Thomas Robert)
b) Smith (Adam)
c) Ricardo (David)

52. Quelle est la caractéristique qui n'est pas essentielle à une marchandise ?
a) Valeur d'échange (la)
b) Valeur patrimoniale (la)
c) Valeur d'usage (la)

53. Quel économiste britannique pensait que la recherche par les hommes de leur intérêt personnel mène à la réalisation de l'intérêt général ?
a) Smith (Adam)
b) Marshall (Alfred)
c) Ricardo (David)

54. Quel est l'économiste britannique qui a vulgarisé les courbes d'offre et de demande ?
a) Mill (John Stuart)
b) Marshall (Alfred)
c) Smith (Adam)

55. Si le taux d'inflation est de 4 % chaque année, au bout de combien d'années les prix vont-ils doubler ?
a) 12 ans
b) 18 ans
c) 20 ans

56. En économie, quelle est l'expression utilisée pour qualifier un échange où certains des participants disposent d'informations pertinentes que d'autres n'ont pas ?
a) Asymétrie d'information (l')
b) Abus de confiance (l')
c) Délit d'initié (le)

57. Qui a dit : « Le vice inhérent au capitalisme consiste en une répartition inégale des richesses. La vertu inhérente au socialisme consiste en une égale répartition de la misère » ?
a) Roosevelt (Franklin D.)
b) Truman (Harry S.)
c) Churchill (sir Winston)

58. Qui était le chef de file de l'école monétariste qui défendait une politique stricte de la croissance de la masse monétaire ?
a) Hayek (Friedrich)
b) Keynes (John Maynard)
c) Friedman (Milton)

59. En quelle année Karl Benz, ingénieur allemand, fit-il breveter sa première voiture ?
a) 1876
b) 1886
c) 1896

60. Quand les frères Wright firent-ils voler le premier avion à moteur aux États-Unis ?
a) 1893
b) 1903
c) 1913

61. En quelle année s'est tenu le protocole de Kyoto, traité international visant à la réduction des émissions de gaz à effet de serre ?
a) 1993
b) 1995
c) 1997

62. Comment définit-on une personne pauvre en France selon l'approche monétaire ?
a) Personne qui est dans l'impossibilité de subvenir à ses besoins essentiels (une)
b) Personne qui touche les minimas sociaux (une)
c) Personne dont les revenus sont inférieurs à 60 % du revenu dit « médian » (une)

63. À quel pourcentage ont correspondu en France en 2011 les dépenses des ménages pour le logement ?
a) 10 %
b) 11 %
c) 19 %

64. En quelle année fut instaurée l'indemnité minimale en cas de licenciement ?
a) 1936
b) 1945
c) 1967

65. À quel pourcentage ont correspondu en France en 2011 les dépenses des ménages pour les transports ?
a) 10 %
b) 11 %
c) 19 %

66. Dans laquelle de ces régions le pourcentage d'inscrits au chômage de moins de 25 ans est-il le plus haut ?
a) Nord - Pas-de-Calais Picardie
b) Bretagne
c) Provence-Alpe-Côte d'Azur

67. Combien coûtait la baguette de pain en francs en décembre 2001 ?
a) Moins de 2 francs (0,30 euro)

b) Entre 2 et 4 francs (entre à 0,30 et 0,61 euro)
c) Plus de 4 francs (0,61 euro)

68. Dans quelle région le taux de chômage est-il le plus bas en France ?
a) Centre-Val de Loire
b) Bretagne
c) Île-de-France

69. En quelle année le taux de chômage a-t-il été le plus haut en France ?
a) 1984
b) 1997
c) 2010

70. En 30 ans, de combien a diminué la part de l'agriculture dans l'activité de la France ?
a) Quart (du)
b) Tiers (du)
c) Moitié (de)

71. Combien y a-t-il de salariés dans l'agriculture et la pêche en France ?
a) 221 200
b) 260 900
c) 322 500

72. Combien la France compte-t-elle d'exploitations agricoles aujourd'hui ?
a) 490 000
b) 560 000
c) 664 000

73. Quelles sont les personnes actives au sens du Bureau international du travail (BIT) ?
a) Personnes ayant déclaré avoir un emploi dans le formulaire du recensement (les)
b) Personnes étant en âge de travailler (les)
c) Personnes ayant travaillé pendant une durée quelconque au cours d'une semaine dite « de référence » (les)

74. Où se trouve le siège du Bureau international du travail (BIT) ?
a) Paris
b) Genève
c) Washington

75. Depuis quelle année les dons des entreprises privées aux partis politiques sont-ils interdits en France ?
a) 1990
b) 1995
c) 2000

76. Quelle est la condition pour qu'un parti politique soit financé sur les deniers publics en France ?
a) Présenter des candidats dans les trois quarts des circonscriptions électorales
b) Avoir des candidats ayant obtenu chacun au moins 1 % des suffrages exprimés dans au moins cinquante circonscriptions
c) Avoir présenté un candidat à la dernière élection présidentielle

77. Comment est réparti le financement public des partis politiques en France ?
a) En fonction des résultats obtenus aux législatives et du nombre de parlementaires se déclarant inscrits au parti
b) En fonction des résultats obtenus aux législatives et à l'élection présidentielle
c) En fonction des résultats obtenus aux législatives et du nombre de députés se déclarant inscrits au parti

78. Que contrôlent en France la CTFVP et la CNCCFP ?
a) Finances des banques (les)
b) Finances publiques (les)
c) Finances des partis politiques (les)

79. Quel est le nom de la théorie qui étudie la stratégie de joueurs cherchant à maximiser leurs gains et qui s'applique à certains problèmes de l'économie ?
a) Théorie des jeux (la)
b) Théorie du gagnant-gagnant (la)
c) Théorie du gagnant-perdant (la)

80. Quel a été le nombre d'électeurs aux élections présidentielles de 2012 en France ?
a) 40 millions
b) 46 millions
c) 51 millions

1. Quelle est l'unité monétaire de la Gambie ?
   a) Cedi (le)
   b) Dalasi (le)
   c) Birr (le)

2. Quelles sont les trois couleurs du drapeau égyptien ?
   a) Rouge, blanc et noir
   b) Rouge, blanc et vert
   c) Rouge, vert et noir

3. Dans quel département français se trouve la ville de Meursault, réputée pour ses vignobles de Bourgogne ?
   a) Côte-d'Or (la)
   b) Saône-et-Loire (la)
   c) Haute-Marne (la)

4. Quelle est la plus septentrionale des îles japonaises ?
   a) Kyushu
   b) Hokkaido
   c) Sapporo

5. Quelles sont les deux langues officielles de la Finlande ?
   a) Finnois et norvégien
   b) Finnois et suédois
   c) Finnois et danois

6. Quel archipel de l'océan Atlantique a pour capitale Ponta Delgada ?
   a) Açores (les)
   b) Madère
   c) Canaries (les)

7. Quel lac de Sibérie méridionale, long de 636 kilomètres, est gelé six mois par an ?
   a) Lac Balkhach (le)
   b) Lac de Van (le)
   c) Lac Baïkal (le)

8. Quelle province est située à l'extrémité sud du Portugal ?
   a) Trás-os-Montes
   b) Algarve (l')
   c) Alentejo (l')

9. Outre l'allemand, le français et l'italien, quelle est la quatrième langue officielle parlée en Suisse ?
   a) Romanche (le)
   b) Grison (le)
   c) Roman (le)

10. Quelle est l'unité monétaire du Brésil ?
    a) Cruzeiro (le)
    b) Escudo (l')
    c) Real (le)

11. Par quel océan est bordé le Salvador ?
    a) Océan Pacifique (l')
    b) Océan Atlantique (l')
    c) Océan Indien (l')

12. Quelle rivière passe à Saint-Dizier, Châlons et Épernay ?
    a) Blaise (la)
    b) Marne (la)
    c) Saulx (la)

13. Au bord de quel océan est située la ville d'Agadir ?
a) Océan Indien (l')
b) Océan Pacifique (l')
c) Océan Atlantique (l')

14. Quel massif de l'Est algérien culmine à 2 328 mètres au djebel Chelia ?
a) Massif du Hoggar (le)
b) Massif du Djurdjura (le)
c) Massif de l'Aurès (le)

15. Quelle ville des États-Unis, traversée par le Potomac, est la capitale du district de Columbia ?
a) Philadelphie
b) Washington
c) Boston

16. Quelle région d'Espagne regroupe les provinces de Badajoz et de Cáceres ?
a) Castille-La Manche (la)
b) Andalousie (l')
c) Estrémadure (l')

17. Quel grand lac de l'Afrique orientale se déverse dans le Congo par la Lukuga ?
a) Lac Tanganyika (le)
b) Lac Malawi (le)
c) Lac Albert (le)

18. Dans quel département est situé le canal de Caronte ?
a) Nord (le)
b) Haut-Rhin (le)
c) Bouches-du-Rhône (les)

19. Quel État insulaire de l'océan Indien a pour capitale Malé ?
a) Maurice
b) Maldives (les îles)
c) Seychelles (les)

20. Quel lac de Hongrie se trouve au pied des monts Bakony, à l'ouest du Danube ?
a) Lac de Neusiedl (le)
b) Lac Ladoga (le)
c) Lac Balaton (le)

21. Dans quel département français se trouve la forêt de Cîteaux ?
a) Côte-d'Or (la)
b) Nièvre (la)
c) Yonne (l')

22. Quelle colline est séparée de Jérusalem par la vallée du Cédron ?
a) Mont des Oliviers (le)
b) Mont Thabor (le)
c) Golgotha (le)

23. Quelle ville est la capitale de la Birmanie ?
a) Rangoun
b) Kuala Lumpur
c) Nay Pyi Taw

24. Dans quelle ville espagnole traverse-t-on le río Tormes par un célèbre pont romain à 27 arches ?
a) Séville
b) Salamanque
c) Ségovie

25. Quel État insulaire de l'Asie du Sud-Est se trouve à l'extrémité sud de la péninsule malaise ?
a) Palaos
b) Singapour
c) Taïwan

26. Quel territoire est situé sur la côte chinoise à l'embouchure du Zhu Jiang ?
a) Hongkong
b) Shanghai
c) Macao

27. En français, comment appelle-t-on le lac dont le nom allemand est Bodensee ?
a) Lac de Constance (le)
b) Lac de Bienne (le)
c) Lac Léman (le)

28. Sous quel autre nom connaît-on le Pays du matin calme ?
a) Bornéo
b) Corée (la)
c) Singapour

29. Quel pays d'Asie du Sud-Est a pour capitale Bandar Seri Begawan ?
a) Timor-Oriental (le)
b) Tasmanie (la)
c) Brunei

30. Quelle est la plus grande île du Svalbard, archipel norvégien de l'océan Arctique ?
a) Spitzberg (le)
b) Terre François-Joseph (la)
c) Îles de la Reine-Élisabeth (les)

31. Quelle est la plus grande île de l'Insulinde ?
a) Sumatra
b) Java
c) Bornéo

32. Quelles îles de la Grande-Bretagne, situées au nord-ouest de l'Écosse, sont aussi appelées Western Isles ?
a) Îles Orcades (les)
b) Îles Hébrides (les)
c) Îles Shetland (les)

33. Quel boulevard cerne le noyau central de l'agglomération de Moscou ?
a) Tverskoy (le)
b) Mkad (la)
c) Sadovaïa (la)

34. De quelle collectivité d'outre-mer Mata-Utu est-elle le chef-lieu ?
a) Saint-Barthélemy
b) Îles Marquises (les)
c) Wallis-et-Futuna

35. Quelle est la capitale de la Namibie ?
a) Maputo
b) Windhoek
c) Bamako

36. Quelle est l'unité monétaire de l'Afghanistan ?
a) Dinar (le)
b) Dirham (le)
c) Afghani (l')

37. Quel grand lac d'Afrique centrale se situe notamment aux confins du Nigeria, du Niger et du Cameroun ?
a) Lac Tchad (le)
b) Lac Volta (le)
c) Lac Victoria (le)

38. Quel État des Antilles est le plus proche du Venezuela ?
a) Trinité-et-Tobago
b) Barbade (la)
c) Sainte-Lucie

39. Quelles sont les deux langues officielles du Sri Lanka ?
a) Sri Lankais et anglais
b) Cinghalais et tamoul
c) Cinghalais et anglais

40. Sur quel océan se trouve la ville de Monrovia ?
a) Océan Atlantique (l')
b) Océan Indien (l')
c) Océan Pacifique (l')

41. De quel pays le dong est-il l'unité monétaire ?
a) Viêt Nam (le)
b) Corée du Nord (la)
c) Mongolie (la)

42. Quelle est l'unité monétaire de la république de Saint-Marin ?
a) Lari (le)
b) Lire (la)
c) Euro (l')

43. De quel pays Luanda est-elle la capitale ?
a) Zambie (la)
b) Namibie (la)
c) Angola (l')

44. Quelle est la capitale du Botswana ?
a) Mbabane
b) Harare
c) Gaborone

45. Quel lac de l'Italie du Nord sépare la Lombardie et la Vénétie ?
a) Lac de Côme (le)
b) Lac Majeur (le)
c) Lac de Garde (le)

46. Quelle est l'unité monétaire de la Thaïlande ?
a) Baht (le)
b) Roupie (la)
c) Ngultrum (le)

47. Quelle ville est la capitale de la Caroline du Sud aux États-Unis ?
a) Charlotte
b) Raleigh
c) Columbia

48. En Écosse, quel sommet culmine à 1344 mètres ?
a) Ben More (le)
b) Mont Grampian (le)
c) Ben Nevis (le)

49. Dans quelle ville australienne est situé le pont de Gladesville ?
a) Canberra
b) Sydney
c) Melbourne

50. Dans quelle ville d'Europe se trouve le pont Adolphe ?
a) Liège
b) Metz
c) Luxembourg

51. Quel château en ruine domine la Seine et la ville des Andelys dans l'Eure ?
a) Châteaubourg
b) Château-Gaillard
c) Châteaurenard

52. Quelle place parisienne, située dans le quartier du Marais, s'est d'abord appelée « place Royale » ?
a) Place des Vosges (la)
b) Place de la Nation (la) [anc. place du Trône]
c) Place de Fürstenberg (la)

53. Quel square de Greenwich Village sert de campus aux étudiants de l'université de New York ?
a) Times Square
b) Central Park
c) Washington Square

54. Quelle capitale fut fondée par les Espagnols sur la rive gauche du río Paraguay en 1537 ?
a) Asunción
b) Montevideo
c) Buenos Aires

55. Aux États-Unis, quel parc national, fondé en 1872, s'étend sur près de 9 000 kilomètres carrés ?
a) Parc de Yellowstone (le)
b) Parc du Grand Canyon (le)
c) Parc de Yosemite (le)

56. Quelle mer intérieure est formée par la Baltique, entre la Suède et la Finlande ?
a) Mer Blanche (la)
b) Golfe de Botnie (le)
c) Golfe de Finlande (le)

57. Quel archipel océanien englobe les îles situées au nord de la Mélanésie, comme Kiribati ou Marshall ?
a) Micronésie (la)
b) Îles de la Ligne (les)
c) Hawaii

58. Quelle partie de l'Océanie comprend notamment la Nouvelle-Guinée, l'archipel Bismarck et les îles Salomon ?
a) Îles de la Société (les)
b) Polynésie (la)
c) Mélanésie (la)

59. Quelle île des Antilles a pour capitale Saint George's ?
a) Grand Cayman
b) Antigua
c) Grenade

60. Quelle ville est la capitale du Honduras ?
a) Tegucigalpa
b) Managua
c) San Juan

61. Quel fleuve sépare la Zambie du Zimbabwe ?
a) Zambèze (le)
b) Orange (l')
c) Congo (le)

62. Quelle ville située sur la côte nord du Maroc est placée sous la souveraineté de l'Espagne ?
a) Ceuta
b) Gibraltar
c) Tanger

63. De quel pays de l'Europe centrale la Transylvanie est-elle une région ?
a) Roumanie (la)
b) Bulgarie (la)
c) Slovaquie (la)

64. Dans quelle île se trouve Tokyo, la capitale du Japon ?
a) Île de Honshu (l')
b) Île de Kyuṣhu (l')
c) Île de Hokkaido (l')

65. Quelle ville des États-Unis, située dans une oasis irriguée par la Salt River, est la capitale de l'Arizona ?
a) Tucson
b) Phoenix
c) Albuquerque

66. Quel canal sépare l'Albanie de la pointe sud-est de l'Italie ?
a) Canal de Tarente (le)
b) Détroit de Messine (le)
c) Canal d'Otrante (le)

67. Quel est le plus long fleuve de l'île de Java ?
a) Solo (le)
b) Luisi (le)
c) Barito (le)

68. Quel est le plus grand des cantons suisses ?
a) Canton du Valais (le)
b) Canton de Vaud (le)
c) Grisons (les)

69. Quelle ville du Morbihan est l'ancienne cité des ducs de Bretagne ?
a) Auray
b) Josselin
c) Vannes

70. Depuis 1983, quelle ville est la capitale de la Côte d'Ivoire ?
a) Bouaké
b) Yamoussoukro
c) Abidjan

71. Quelle est l'unité monétaire du Liechtenstein ?
a) Mark convertible (le)
b) Euro (l')
c) Franc suisse (le)

72. Quel lac, situé aux confins de l'État du Michigan et de l'Ontario, est-il le deuxième des Grands Lacs américains par sa superficie ?
a) Lac Huron (le)
b) Lac Supérieur (le)
c) Lac Winnipeg (le)

73. Quel pays de la péninsule indochinoise a pour capitale Vientiane ?
a) Birmanie (la)
b) Malaisie (la)
c) Laos (le)

74. Quel État insulaire de l'Asie du Sud-Est compte plus de sept mille îles parmi lesquelles Mindanao et Luçon ?
a) Indonésie (l')
b) Papouasie-Nouvelle-Guinée (la)
c) Philippines (les)

75. Quel port, situé sur le golfe de Guinée, est la capitale du Ghana ?
a) Monrovia
b) Malabo
c) Accra

76. Quel est le point culminant des Andes ?
a) Huascarán (le)
b) Aconcagua (l')
c) Fitz Roy (le)

77. De quel pays Oulan-Bator est-elle la capitale ?
a) Tadjikistan (le)
b) Mongolie (la)
c) Kirghizistan (le)

78. Quelle station balnéaire de la Gironde fut fondée en 1823 par François Legallais ?
a) Arcachon
b) Lacanau-Océan
c) Montalivet-les-Bains

79. De quelle grande île des Antilles l'île de Saint-Barthélemy était-elle une dépendance ?
a) Saint-Kitts-et-Nevis
b) Guadeloupe (la)
c) Martinique (la)

80. Quel est l'ancien nom du Bosphore ?
a) Détroit des Dardanelles (le)
b) Mer de Marmara (la)
c) Détroit de Constantinople (le)

1. Quel est le nombre de personnes qui ont relevé début 2011 de l'agence de l'ONU pour les réfugiés ?
   a) 1 million
   b) 5 millions
   c) 10 millions

2. Sur quel continent se trouve plus de la moitié des réfugiés du monde ?
   a) Afrique (en)
   b) Amérique (en)
   c) Asie (en)

3. En septembre 2000, où s'est tenu le Sommet du Millénaire, rassemblement historique le plus important de dirigeants, de chefs d'État et de gouvernements ?
   a) Delhi (à)
   b) New York (à)
   c) Londres (à)

4. Quel est le premier des Objectifs du Millénaire pour le développement (OMD) adoptés par les Nations unies ?
   a) Assurer l'éducation pour tous
   b) Réduire la pauvreté extrême et la faim
   c) Préserver l'environnement

5. À quelle date doivent être atteints les Objectifs de développement durable (ODD) ?
   a) 2020
   b) 2030
   c) 2050

6. Dans quelle ville a été signée la charte des Nations unies le 26 juin 1945 ?
   a) Paris
   b) New York
   c) San Francisco

7. Quel est le pays qui ne fait pas partie de la république fédérale de Yougoslavie ?
   a) Slovénie (la)
   b) Monténégro (le)
   c) Serbie (la)

8. Quel pays est un « État libre associé » aux États-Unis depuis 1952 ?
   a) Bahamas (les)
   b) Porto Rico
   c) Bermudes (les)

9. En quelle année fut fondée la Croix-Rouge ?
   a) 1863
   b) 1918
   c) 1940

10. Quel est le dirigeant actuel de la Corée du Nord ?
    a) Kim Yong-nam
    b) Kim Jong-il
    c) Kim Jong-un

11. Qui s'est vu attribuer le prix Nobel de la paix en 2012 ?
    a) Obama (Barack)
    b) Gore (Al)
    c) Union européenne (l')

12. Que signifie Al-Qaida ?
a) Foi (la)
b) Force (la)
c) Base (la)

13. Quelle est la nationalité de l'actuel Secrétaire général de l'ONU ?
a) Égyptienne
b) Sud-coréenne
c) Ghanéenne

14. Entre 1950 et 2000, quelle a été l'évolution de la population mondiale ?
a) Elle a plus que triplé
b) Elle a plus que quadruplé
c) Elle a plus que doublé

15. Quel est le nom de l'actuel dalaï-lama, chef et souverain spirituel du Tibet intronisé en 1940 ?
a) Gendun Drub
b) Thubten Gyatso
c) Tenzin Gyatso

16. Que signifie le sigle MST ?
a) Macro-système des territoires (le)
b) Modélisation des sciences et techniques (la)
c) Mouvement des sans-terre (le)

17. Au XVIIe siècle, qui fut le promoteur du libéralisme politique, considérant que la société repose sur un contrat ?
a) Montesquieu
b) Hobbes (Thomas)
c) Locke (John)

18. Où se déroula le premier essai nucléaire américain ?
a) Alamogordo (à)
b) Los Alamos (à)
c) Bikini (à)

19. Quel est le premier article de la Déclaration universelle des droits de l'homme adoptée par l'ONU ?
a) Tous les êtres humains naissent libres et égaux en dignité et en droits. Ils sont doués de raison et de conscience et doivent agir les uns envers les autres dans un esprit de fraternité.
b) La dignité humaine doit être respectée et protégée.
c) Les hommes naissent et demeurent libres et égaux en droits. Les distinctions sociales ne peuvent être fondées que sur l'utilité commune.

20. Quelle fut la durée de l'intervention militaire de l'URSS en Afghanistan commencée en 1979 pour soutenir le gouvernement de Kaboul ?
a) 5 ans
b) 10 ans
c) 15 ans

21. Qui furent les signataires russe et américain des accords SALT-I (1972) sur la limitation des armements stratégiques ?
a) Khrouchtchev (Nikita) et Nixon (Richard)
b) Brejnev (Leonid Ilitch) et Johnson (Lyndon B.)

c) Brejnev (Leonid Ilitch) et Nixon (Richard)

22. En quelle année fut réalisé *Docteur Folamour* de Stanley Kubrick qui s'achève par une Troisième Guerre mondiale ?
a) 1947
b) 1963
c) 1972

23. Quelle est la composante qui ne fait pas partie des trois composantes de l'Indice de développement humain (IDH), créé par le Programme des Nations unies pour le développement ?
a) Égalité homme/femme (l')
b) Niveau d'études (le)
c) Espérance de vie (l')

24. Quel est le dernier État membre reconnu par l'ONU en 2011 ?
a) Suisse (la)
b) Soudan du Sud (le)
c) Serbie (la)

25. Au XXe siècle, qui théorisa le choc des civilisations ?
a) Nye (Joseph)
b) Huntington (Samuel)
c) Lewis (Bernard)

26. Qui est connu pour ses thèses sur « la fin de l'histoire » en lien avec la chute des grandes idéologies ?
a) Nye (Joseph)
b) Fukuyama (Francis)
c) Huntington (Samuel)

27. Quels sont les trois pays qui bordent le détroit d'Ormuz reliant le golfe Persique au golfe d'Oman ?
a) Iran, sultanat d'Oman, Arabie saoudite
b) Iran, sultanat d'Oman, Émirats arabes unis
c) Iran, Pakistan, Émirats arabes unis

28. Quelle est la longueur du plus long oléoduc du monde ?
a) 1 500 km
b) 2 500 km
c) 4 000 km

29. Dans quel pays se trouvent les plus grandes réserves prouvées d'uranium au monde ?
a) Canada (le)
b) Australie (l')
c) Niger (le)

30. En quelle année la Turquie a-t-elle intégré l'OTAN ?
a) 1952
b) 1970
c) 1987

31. De quand date le traité sur la non-prolifération des armes nucléaires (TNP) ?
a) 1962
b) 1968
c) 1996

32. Quand apparut pour la première fois le terme de « superpuissance » désignant des nations dont l'influence était très importante ?
a) 1895
b) 1918
c) 1944

33. Sur quelles îles porte le conflit territorial entre la Chine et le Japon ?
a) Okinawa (nom japonais) / Taizhou (nom chinois)
b) Naha (nom japonais) / Tainan (nom chinois)
c) Senkaku (nom japonais) / Diaoyu (nom chinois)

34. Qui utilisa pour la première fois l'expression « hyperpuissance » en 1999 pour désigner les États-Unis ?
a) Merkel (Angela)
b) Kouchner (Bernard)
c) Védrine (Hubert)

35. En quelles années ont été signés les accords de Schengen qui visent à instaurer la libre circulation des personnes à l'intérieur de l'espace communautaire ?
a) 1970 et 1975
b) 1985 et 1990
c) 2000 et 2005

36. Qui déclara le 5 mars 1946 : « Un rideau de fer est tombé sur l'Europe » ?
a) Gaulle (Charles de)
b) Churchill (sir Winston)
c) Roosevelt (Franklin D.)

37. Par quelle convention internationale signée le 10 décembre 1982 est régi le droit de la mer ?
a) Convention de Miami (la)
b) Convention d'Honolulu (la)
c) Convention de Montego Bay (la)

38. En quelle année fut fondée l'ETA, organisation révolutionnaire clandestine basque ?
a) 1945
b) 1959
c) 1973

39. Dans quelle province autonome du nord de la Géorgie a eu lieu la prise d'otages de l'école de Baslan par des Tchétchènes en septembre 2004 ?
a) Ossétie du Sud (en)
b) Abkhazie (en)
c) Arménie (en)

40. Combien d'États ont signé le traité sur la non-prolifération des armes nucléaires à ce jour ?
a) 112
b) 179
c) 193

41. Quand a été signé le traité d'interdiction complète des essais nucléaires (TICE) ?
a) 1962
b) 1968
c) 1996

42. Comment appelle-t-on les migrations entre les pays du Sud ?
a) Migrations Sud-Sud (les)
b) Migrations africaines (les)
c) Migrations intérieures (les)

43. Quel est le pays qui s'est retiré du traité sur la non-prolifération des armes nucléaires en 2003 ?
a) Lybie
b) Iran
c) Corée du Nord

44. Que représente le G20 en pourcentage du commerce mondial ?
a) 50 %
b) 85 %
c) 95 %

45. Combien de millions de migrants vivent aux États-Unis ?
a) 10
b) 43
c) 100

46. Comment s'appelle la révolution qui fit tomber le régime tsariste en Russie en 1917 ?
a) Révolution d'Octobre (la)
b) Révolution de Décembre (la)
c) Révolution de Février (la)

47. Combien d'années dura l'Empire ottoman ?
a) 350 ans
b) 500 ans
c) 625 ans

48. Au XIXe siècle, que représentait pour Malthus l'accroissement de la population ?
a) Danger pour la subsistance du monde (un)
b) Réservoir de main-d'œuvre (un)
c) Domination sur les autres nations (une)

49. Quel écrivain hongrois est le fondateur du sionisme politique ?
a) Stern (Ariel)
b) Ben Gourion (David)
c) Herzl (Theodor)

50. De qui le dalaï-lama est-il la quatorzième réincarnation d'après le bouddhisme tibétain ?
a) Bodhisattva Maitreya (du)
b) Bodhisattva Avalokiteshvara (du)
c) Bodhisattva Samantabbhadra (du)

51. Quel traité donna naissance à l'État libre d'Irlande et a maintenu le nord-est du pays au sein du Royaume-Uni (Irlande du Nord) ?
a) Traité de Belfast (le)
b) Traité de Norwich (le)
c) Traité de Londres (le)

52. Quand le pétrole fut-il découvert en Arabie saoudite et exploité par la suite par les Américains ?
a) 1930
b) 1945
c) 1960

53. Quelle est la convention signée le 7 décembre 1944 qui donne la souveraineté de chaque État dans son espace aérien ?
a) Convention de Stockholm (la)
b) Convention de Chicago (la)
c) Convention de Berne (la)

54. À combien s'est élevé le budget annuel de l'Union européenne en 2011 ?
a) 62 millions d'euros
b) 142 millions d'euros
c) 202 millions d'euros

55. En pourcentage, combien représente le budget annuel de l'Union européenne en 2011 par rapport à la richesse créée chaque année par les États membres ?
a) 0,2 %
b) 1 %
c) 5 %

56. Quel philanthrope suisse fit adopter la Convention de Genève et fut le principal fondateur de la Croix-Rouge ?
a) Dunant (Henri ou Henry)
b) Wallace (Richard)
c) Kahn (Albert)

57. En quelle année fut reconnu l'emblème du Croissant-Rouge par une Convention de Genève ?
a) 1935
b) 1949
c) 1970

58. En quelle année a été créée l'Organisation internationale du travail (OIT) ?
a) 1919
b) 1936
c) 1945

59. Combien de conventions de Genève se sont-elles tenues ?
a) 4
b) 6
c) 12

60. Combien représente la part des migrants dans les pays du Golfe ?
a) 20 %
b) 50 %
c) 90 %

61. Quand et où le G20 s'est-il réuni pour la dernière fois ?
a) En 2010, à Séoul
b) En 2011, à Cannes
c) En 2012, à Los Cabos

62. Comment s'appelle l'ensemble des cinq institutions internationales (BIRD, IDA, IFC, MIGA et CIRDI) qui apporte une assistance technique et financière aux pays en développement ?
a) Banque centrale européenne (la) / BCE (la)
b) Banque mondiale (la)
c) Fonds monétaire international (le) / FMI (le)

63. Combien de membres compte l'Organisation de coopération et de développement économique (OCDE) ?
a) 15
b) 34
c) 63

64. Quelle est l'organisation qui regroupa de 1947 à 1956 les partis communistes des pays de l'Europe de l'Est, de France et d'Italie ?
a) Komintern (le)
b) Internationale communiste (l')
c) Kominform (le)

65. En quelle année l'Organisation internationale du travail (OIT) est devenue une institution spécialisée de l'ONU ?
a) 1946
b) 1968
c) 1972

66. À combien estime-t-on le nombre d'enfants entre 5 et 14 ans qui travaillent dans le monde ?
a) 68 millions
b) 108 millions
c) 158 millions

67. Où se trouve le secrétariat permanent de l'Organisation internationale du travail (OIT) ?
a) Lausanne
b) Berne
c) Genève

68. Combien de pays de l'Union européenne sont dans la zone euro ?
a) 10
b) 19
c) 27

69. Dans quelle ville se trouve le siège de la Banque centrale européenne (BCE) ?
a) Francfort
b) Strasbourg
c) Berlin

70. Quel est le traité, entré en vigueur le 1er décembre 2009, qui a modifié les institutions de l'Union européenne ?
a) Traité de Paris (le)
b) Traité de Lisbonne (le)
c) Traité de Rome (le)

71. Quand a été fondée l'Organisation de libération de la Palestine (OLP) ?
a) 1948
b) 1964
c) 1967

72. Combien de personnes vivent à Dadaab, au Kenya, dans le plus grand camp de réfugiés du monde ?
a) 263 000
b) 363 000
c) 463 000

73. Combien de millions de personnes dans le monde sont actuellement touchées par la pénurie d'eau ?
a) 300

b) 700
c) 1 000

74. Qu'a annoncé Mikhaïl Gorbatchev, président de l'URSS, à la tribune de l'ONU le 7 décembre 1988 ?
a) Retrait militaire d'Afghanistan (le)
b) Renforcement des troupes en Afghanistan (le)
c) Réduction des forces armées en Europe de l'Est (la)

75. Quel est l'âge minimum légal d'admission à l'emploi et au travail des enfants fixé par l'Organisation internationale du travail (OIT) en 1973 ?
a) 14 ans
b) 15 ans
c) 16 ans

76. Que représente le budget militaire annuel des États-Unis par rapport au budget mondial ?
a) 20 %
b) 40 %
c) 60 %

77. Quelle est la part des migrants dans la population mondiale ?
a) 1 %
b) 3 %
c) 15 %

78. Quelle est la région du monde qui consomme le plus d'énergie ?
a) Europe (l')
b) Amérique du Nord (l')
c) Asie-Pacifique (l')

79. Combien d'hommes servent dans les armées américaines ?
a) 564 000
b) 1 564 000
c) 3 564 000

80. Combien d'hommes sont sous les drapeaux en Chine ?
a) 1 285 000
b) 2 285 000
c) 3 285 000

1. Quel physicien suisse, né à Bâle, est l'inventeur du bathyscaphe en 1946 ?
   a) Piccard (Auguste)
   b) Bombard (Alain)
   c) Monod (Théodore)

2. À quel mathématicien et philosophe grec, né vers 625 avant Jésus-Christ, attribue-t-on la première mesure exacte du temps à l'aide du gnomon ?
   a) Thalès
   b) Pythagore
   c) Aristote

3. Quelle est la racine carrée du tiers de 12 ?
   a) 1
   b) 2
   c) 3

4. Chez l'homme, quel nom porte chacune des glandes endocrines situées au-dessus des reins ?
   a) Glandes sudoripares (les)
   b) Glandes surrénales (les)
   c) Glandes pinéales (les)

5. Complétez la série « 3 - 9 - 7 - 49 - 47 - ... - 2 207 » :
   a) 45
   b) 2 209
   c) 2 219

6. Quelle discipline étudie les facteurs qui conditionnent l'apparition et l'évolution des maladies ?
   a) Prophylaxie (la)
   b) Virologie (la)
   c) Épidémiologie (l')

7. Quel pourcentage des honoraires d'une consultation de spécialiste doit-on payer au final, sachant qu'ils sont pris en charge à 75 % par la sécurité sociale et que la mutuelle rembourse 25 % des frais restants ?
   a) 0 %
   b) 6,25 %
   c) 18,75 %

8. Qui réalisa le premier baromètre en 1643 ?
   a) Pascal (Blaise)
   b) Newton (Isaac)
   c) Torricelli (Evangelista)

9. Quel est le symbole chimique de l'argent ?
   a) Ag
   b) A
   c) Ar

10. Quel chirurgien néerlandais conçut le rein artificiel en 1945 ?
   a) Kolff (Willem)
   b) Röntgen (Wilhelm)
   c) Barnard (Christiaan)

11. Quelle est la racine carrée de la moitié du tiers de 150 ?
   a) 3
   b) 5
   c) 15

12. En 1805, quel physicien et chimiste français énonça les lois volumétriques des combinaisons gazeuses ?
a) Gay-Lussac (Louis Joseph)
b) Lavoisier (Antoine Laurent de)
c) Montgolfier (Joseph de)

13. Complétez la série « 1 - 5 - 25 - 125 - ... - 725 - 745 » :
a) 105
b) 145
c) 705

14. Quelle membrane séreuse tapisse les parois de l'abdomen et la surface des viscères digestifs qu'il contient ?
a) Épiploon (l')
b) Péritoine (le)
c) Fundus (le)

15. Quel est le taux de placement d'un capital de 6 000 euros, sachant qu'au bout d'un an et après imputation des frais de 2 % sur le gain, il a rapporté 490 euros ?
a) 7,5 %
b) 8,33 %
c) 11 %

16. En France, quel moyen de locomotion est inauguré à Montchanin le 22 septembre 1981 ?
a) Train à grande vitesse (le) / TGV (le)
b) Réseau express régional (le) / RER (le)
c) Train express régional (le) / TER (le)

17. Quel imprimeur, né en 1730, a donné son nom à un caractère typographique ?
a) Garamont (Claude)
b) Estienne (Robert)
c) Didot (François Ambroise)

18. Quelle est la racine carrée du sixième de 294 ?
a) 3
b) 7
c) 15

19. En médecine, comment appelle-t-on une poche formée par les parois altérées d'une artère ou du cœur ?
a) Infarctus (un)
b) Athérome (un)
c) Anévrisme (un)

20. À quel physicien français doit-on la création de l'optique cristalline et l'invention des lentilles à échelons pour phares ?
a) Fresnel (Augustin)
b) Laplace (Pierre Simon de)
c) Mariotte (Edme)

21. Par quel terme désigne-t-on la hauteur d'un caractère typographique ?
a) Corps (le)
b) Hampe (la)
c) Graisse (la)

22. Complétez la série « 291 - 288 - 96 - 93 - 31 - ... » :
a) 28
b) 33
c) 93

23. Quel médecin allemand est le fondateur de l'homéopathie ?
a) Hahnemann (Christian Friedrich Samuel)
b) Bach (Edward)
c) Andersen (Hans Christian)

24. Quel est le symbole chimique de l'azote ?
a) Ot
b) N
c) Az

25. Quelle partie de l'intestin grêle fait suite au duodénum ?
a) Cæcum (le)
b) Jéjunum (le)
c) Appendice (l')

26. En 1911, quel physicien américain détermina la charge de l'électron ?
a) Thomson (William)
b) Faraday (Michael)
c) Millikan (Robert Andrews)

27. Quelle est la racine carrée du tiers du onzième de 297 ?
a) 3
b) 10
c) 15

28. Quel réservoir en forme de poire, situé sous le foie, est drainé par le canal cystique ?
a) Hypophyse (l')
b) Thymus (le)
c) Vésicule biliaire (la)

29. Quel est le pourcentage d'augmentation du prix d'un bien acheté à crédit, sachant qu'il coûte 4 000 euros, qu'un acompte de 2 400 euros a été payé, ainsi que 12 mensualités de 140 euros ?
a) 2 %
b) 3 %
c) 5 %

30. Quel nom donne-t-on à la technique d'impression où l'image est gravée en creux ?
a) Bas-relief (le)
b) Pyrogravure (la)
c) Héliogravure (l')

31. Quel organe, divisé en quatre sections, est qualifié d'« ascendant », de « transverse », de « descendant » et de « sigmoïde » ?
a) Diaphragme (le)
b) Pharynx (le)
c) Côlon (le)

32. Complétez la série « 1 - 4 - 2 - 8 - 6 - ... - 22 - 88 » :
a) 12
b) 24
c) 86

33. Quel bâtiment de combat est intermédiaire entre la corvette et le croiseur ?
a) Frégate (la)
b) Goélette (la)
c) Patrouilleur (le)

34. En photographie, quel corps transparent utilise-t-on pour intercepter certains rayonnements du spectre lumineux ?
a) Lentille (la)
b) Filtre (le)
c) Diaphragme (le)

35. En France, quelle mesure de l'ancienne marine valait 1,66 m ?
a) Rame (la)
b) Brasse (la)
c) Palme (la)

36. Quel est le pourcentage de frappes réussies lors d'un entraînement de base-ball, sachant que la machine automatique envoie une balle toutes les 45 secondes et que le joueur en a renvoyé 16 en 1 heure ?
a) 16 %
b) 20 %
c) 34 %

37. Par quel terme, d'origine anglaise, désigne-t-on le procédé d'impression à plat exploité industriellement depuis le début du XXe siècle ?
a) Pelliculing (le)
b) Computer to plate (le)
c) Offset (l')

38. Quel est le symbole chimique du chlorure de sodium ?
a) NaCl
b) ClSo
c) NaSo

39. En 1848, quel physicien britannique inventa une échelle de température dont le zéro correspond à - 273 °C ?
a) Cavendish (Henry)
b) Kelvin (lord) / Thomson (William)
c) Fahrenheit (Daniel Gabriel)

40. Chez l'homme, quel conduit fait communiquer l'oreille moyenne avec les fosses nasales ?
a) Canal cochléaire (le)
b) Conduit auditif (le)
c) Trompe d'Eustache (la)

41. Complétez la série « 2 - 4 - 16 - ... - 65 536 » :
a) 180
b) 256
c) 32 768

42. Quelle unité d'intensité lumineuse a pour symbole « cd » ?
a) Candela (la)
b) Cadmium (le)
c) Cadran (le)

43. À quel ingénieur français doit-on la construction du canal du Midi ?
a) Reclus (Armand)
b) De Lesseps (Ferdinand)
c) Riquet (Pierre Paul de)

44. Quel moyen de transport fut officiellement inauguré le 19 juillet 1900 à Paris ?
a) Métropolitain (le)
b) Tramway (le)
c) Funiculaire de Montmartre (le)

45. Quel est le symbole chimique du sodium ?
a) So
b) Na
c) Sd

46. Quel psychiatre suisse fut, en 1911, le premier président de la Société internationale de psychanalyse ?
a) Jung (Carl Gustav)
b) Lacan (Jacques)
c) Freud (Sigmund)

47. Quelle est la racine carrée de la somme du triple de 40 et de 1 ?
a) 4
b) 5
c) 11

48. Comment appelle-t-on les points de contact entre les neurones ?
a) Dendrites (les)
b) Neurotransmetteurs (les)
c) Synapses (les)

49. Quelle unité de vitesse utilisée en navigation équivaut à un mille marin par heure ?
a) Nœud (le)
b) Maille (la)
c) Brasse (la)

50. À quel industriel américain doit-on l'invention de la Jeep ?
a) Kaiser (Henry John)
b) Chrysler (Walter Percy)
c) Ford (Henry)

51. Quelle voile, établie à l'avant d'un voilier, tient son nom du mot néerlandais signifiant « misaine » ?
a) Foc (le)
b) Hauban (le)
c) Faux étai (le)

52. Quelle est la longueur d'un jardin, sachant qu'accolé à la cour de la maison, ils mesurent, avec la cour, 54 m de long et que la longueur de la cour représente les quatre cinquièmes de celle du jardin ?
a) 27 m
b) 30 m
c) 34 m

53. En 1833, quel physicien et chimiste anglais établit les lois de l'électrolyse ?
a) Faraday (Michael)
b) Dalton (John)
c) Priestley (Joseph)

54. Quel gaz constitue environ 80 % de l'air atmosphérique ?
a) Oxygène (l')
b) Azote (l')
c) Méthane (le)

55. Dans quelle ville d'Angleterre Louis Blériot atterrit-il le 25 juillet 1909 ?
a) Douvres
b) Hastings
c) Folkestone

56. Quel aviateur américain réussit le premier survol du pôle Nord le 9 mai 1926 ?
a) Byrd (Richard Evelyn)
b) Lindbergh (Charles)
c) Wright (Wilbur)

57. Quel nom portait le bateau du commandant Charcot, disparu au large de l'Islande en 1936 ?
a) *Qui-Sait ?* (le)
b) *Quoi-d'Autre ?* (le)
c) *Pourquoi-Pas ?* (le)

58. Quel est le symbole chimique du platine ?
a) P
b) Pt
c) Pl

59. Quel Américain réalisa, en 1859, à Titusville, la première exploitation industrielle de pétrole ?
a) Edison (Thomas)
b) Drake (Edwin Laurentine, dit le colonel)
c) Bell (Graham)

60. À quel médecin allemand doit-on la découverte du bacille de la tuberculose en 1882 ?
a) Pfeiffer (Emil)
b) Koch (Robert)
c) Fleming (Alexander)

61. Quelle maladie contagieuse est due au bacille de Bordet-Gengou ?
a) Coqueluche (la)
b) Tuberculose (la)
c) Peste (la)

62. Quel médecin anglais a créé la première vaccination contre la variole ?
a) Harvey (William)
b) Jenner (Edward)
c) Fleming (Alexander)

63. Complétez la série « 7732 - 7744 - 88 - 100 - 10 - ... » :
a) 3,16
b) 12
c) 22

64. Quel est le symbole chimique de l'uranium ?
a) U
b) Ur
c) Un

65. Quel physiologiste français découvrit l'existence du système nerveux sympathique en étudiant les effets de l'adrénaline ?
a) Bernard (Claude)
b) Paré (Ambroise)
c) Bichat (Marie François Xavier)

66. Quel est l'autre nom du mal de mer ?
a) Nausée (la)
b) Naupathie (la)
c) Potomanie (la)

67. Quel est l'ancien nom du sodium ?
a) Soude (la)
b) Natrium (le)
c) Sel (le)

68. Quels sont les frais de restauration d'un fauteuil chez un brocanteur, sachant que le meuble restauré coûte 340 euros et que le meuble non restauré coûte 230 euros de plus que sa restauration ?
a) 55 euros
b) 110 euros
c) 115 euros

69. Quel instrument, doté de lentilles optiques ou électroniques, a été mis au point par Antonie van Leeuwenhoek en 1671 pour étudier les globules rouges ou encore les spermatozoïdes ?
a) Épiscope (l')
b) Microscope (le)
c) Goniomètre (le)

70. Quel procédé d'impression utilise des trames de soie ?
a) Holographie (l')
b) Lithographie (la)
c) Sérigraphie (la)

71. Lequel de ces noms de chercheur n'a pas existé ?
a) Diesel (Rudolf)
b) Morse (Samuel)
c) Laser (Andrew)

72. Quel métal, analogue à l'aluminium, a pour symbole chimique Ga ?
a) Gadolinium (le)
b) Germanium (le)
c) Gallium (le)

73. En 1958, quel sous-marin nucléaire relia le Pacifique à l'Atlantique en passant sous la calotte polaire ?
a) *Redoutable* (le)
b) *Bathyscaphe* (le)
c) *Nautilus* (le)

74. Quelle maladie infectieuse et contagieuse est due au bacille de Yersin ?
a) Rubéole (la)
b) Peste (la)
c) Coqueluche (la)

75. En mathématiques, quel est l'élément absorbant de la multiplication ?
a) Un (le)
b) Zéro (le)
c) Division (la)

76. En 1951, dans quelle commune en France fut découvert l'un des plus importants gisements de gaz naturel ?
a) La Hague

b) Nœux-les-Mines
c) Lacq

77. À quel chimiste français doit-on la synthèse de l'alcool en 1854 ?
a) Lavoisier (Antoine Laurent de)
b) Payen (Anselme)
c) Berthelot (Marcellin)

78. Quel solide, stabilisé par des liaisons hydrogène, a un volume plus important que son élément constituant à l'état liquide ?
a) Verre (le)
b) Glace (la)
c) Cristal (le)

79. Quel médecin, membre du Comité d'éthique, a permis la naissance du premier bébé-éprouvette français en 1982 ?
a) Montagnier (Luc)
b) Frydman (René)
c) Monod (Jacques)

80. Comment appelle-t-on le sulfure naturel de plomb ?
a) Gallium (le)
b) Toluène (le)
c) Galène (la)

1. **Dans quel pays se trouve la ville de Seveso, théâtre d'une catastrophe écologique en 1976 ?**
a) Espagne
b) Italie
c) Colombie

2. **Comment s'appelle le fruit comestible de l'actinidia ?**
a) Kiwi (le)
b) Litchi (le)
c) Kaki (le)

3. **Pour faire pousser un kilo de salade, combien faut-il de litres d'eau ?**
a) 5 litres
b) 25 litres
c) 50 litres

4. **Sous quel autre nom connaît-on le lycoperdon ?**
a) Vesse-de-loup (la)
b) Morille (la)
c) Pied-de-mouton (le)

5. **Quelle part de la production mondiale de pétrole consomme les 22,6 % de la population la plus développée ?**
a) 24 %
b) 58 %
c) 75 %

6. **Quel sulfate hydraté naturel de calcium a pour nom usuel « pierre à plâtre » ?**
a) Ciment (le)
b) Gypse (le)
c) Chaux (la)

7. **Quel béryl vert chromifère est censé protéger le mariage, conférer la fertilité et apporter la fortune ?**
a) Malachite (la)
b) Émeraude (l')
c) Péridot (le)

8. **Quel adjectif qualifie un cheval possédant une robe et des crins jaunes rougeâtres ?**
a) Bai
b) Alezan
c) Palomino

9. **Quel poisson de roche côtier porte de chaque côté du corps une tache circulaire sombre ?**
a) Saint-pierre (le)
b) Rouget (le)
c) Rascasse (la)

10. **De quel arbre fruitier, originaire du Brésil, est issue la noix de cajou ?**
a) Guarana (le)
b) Noyer d'Amazonie (le)
c) Anacardier (l')

11. **Quel type de pollution s'est répandu en Hongrie autour de l'usine d'Ajka en 2010 ?**
a) Boues toxiques (des)
b) Nitrate d'ammonium (du)
c) Hydrocarbures (des)

12. Quel est le mammifère australien dont le nom signifie dans la langue aborigène « celui qui ne boit pas » ?
a) Wombat (le)
b) Koala (le)
c) Bilby (le)

13. Quel poisson carnassier d'eau douce, à tête allongée et aux fortes mâchoires, était surnommé « grand loup d'eau » au Moyen Âge à cause de sa voracité ?
a) Silure (le)
b) Brochet (le)
c) Barracuda (le)

14. Quel était l'ancien nom de l'acronyme Organisation de la Réponse de SÉcurité Civile (ORSEC) ?
a) Organisation Réponse Spécialisée État Civil
b) ORganisation des SECours
c) Organisation Régionale des SECours

15. Que signifie l'acronyme américain NIMBY, utilisé à propos des industries polluantes ?
a) « Pas l'année des élections »
b) « Pas chez moi »
c) « Pas pour l'instant »

16. Quel est l'autre nom du noisetier ?
a) Coudrier (le)
b) Verne (le)
c) Ostryer (l')

17. Quel agrume originaire de Chine centrale et de la taille d'un œuf de caille se consomme frais avec la peau, confit ou en marmelade ?
a) Kumquat (le)
b) Cédrat (le)
c) Orange (l')

18. Quel nom donne-t-on à l'allure d'un quadrupède se déplaçant en levant en même temps les deux jambes du même côté ?
a) Galop allongé (le)
b) Trot (le) [aller au trot]
c) Amble (l') [marcher l'amble]

19. Quel volcan est le point culminant des Philippines, dans l'île de Mindanao ?
a) Mantalingayan (le)
b) Pinatubo (le)
c) Mont Apo (le)

20. D'où provenait le chargement de l'*Erika* avant son naufrage ?
a) Saint-Nazaire
b) Cherbourg
c) Dunkerque

21. Comment appelle-t-on la partie protéique de la farine des céréales ?
a) Amidon (l')
b) Gluten (le)
c) Gruau (le)

22. Quelle graminée permet la fabrication d'un pain à mie brune et dense, mais aussi de chapeaux et

de paillassons si elle est récoltée avant maturité ?
a) Sarrasin (le)
b) Riz (le)
c) Seigle (le)

23. Quel animal, de la famille des didelphidés, possède un museau pointu, des oreilles nues et une longue queue écailleuse préhensile ?
a) Castor (le)
b) Opossum (l')
c) Souris (la)

24. Laquelle de ces céréales ne figure pas parmi les cinq les plus cultivées dans le monde ?
a) Orge (l')
b) Sorgho (le)
c) Quinoa (le)

25. Quelle plante, proche de la chicorée, laisse écouler un abondant latex blanc ?
a) Laiteron (le)
b) Hévéa (l')
c) Chardon (le)

26. Quel pays d'Afrique est le théâtre d'une importante pollution pétrolière ?
a) Nigeria
b) Libye
c) Cameroun

27. Quel volcan actif de l'île d'Hawaii, appelé « Grande Montagne », culmine à 4 170 mètres ?
a) Mauna Loa (le)
b) Alenuihaha (l')
c) Kilauea (la)

28. Quelle plante fut surnommée la « muse verte » par les poètes, avant d'être interdite comme boisson apéritive ?
a) Vermouth (le)
b) Absinthe (l')
c) Gentiane (la)

29. Quelle plante est appelée « paddy » lorsqu'elle est à l'état brut et « cargo » une fois décortiquée ?
a) Millet (le)
b) Riz (le)
c) Café (le)

30. Laquelle de ces céréales ne fait pas partie de la famille des graminées ?
a) Triticale (le)
b) Quinoa (le)
c) Froment (le)

31. Quand a eu lieu la marée noire de l'*Erika* ?
a) Novembre 1998
b) Décembre 1999
c) Février 2000

32. Quel est le poisson téléostéen, dont le nom vient d'un ancien mot provençal signifiant « sandale » ?
a) Plie (la)
b) Sole (la)
c) Sandre (le)

33. Quel petit chien est caractérisé par une tête massive, un crâne plat, un museau très court, de grands yeux ronds, des oreilles pendantes avec de longues franges ?
a) Carlin (le)
b) Pékinois (le)
c) Caniche (le)

34. En spéléologie, comment appelle-t-on une galerie ou un boyau inondés ?
a) Diaclase (une)
b) Conduit (un)
c) Siphon (un)

35. Comment nomme-t-on les fruits charnus, à noyau, tels la cerise et l'abricot ?
a) Syncarpes (les)
b) Drupes (les)
c) Baies (les)

36. Quel champignon de printemps est caractérisé par un chapeau alvéolé qui peut être adné ou distant ?
a) Morille (la)
b) Pleurote (la)
c) Entolome (l')

37. Quel oiseau gallinacé originaire d'Amérique du Nord a été domestiqué par les Aztèques et introduit en Europe au XVIe siècle ?
a) Pintade (la)
b) Caille (la)
c) Dindon (le)

38. Quel mammifère de la famille des phascolarctidés se nourrit exclusivement de feuilles d'eucalyptus ?
a) Opposum (l')
b) Koala (le)
c) Paresseux (le)

39. De quel pays est originaire la plante bulbeuse appelée « freesia » ?
a) Afrique du Sud (l')
b) Nouvelle-Zélande (la)
c) Îles Féroé (les)

40. Quelle région fut touchée par la marée noire de l'*Exxon Valdez* en 1989 ?
a) Côtes bretonnes en France (les)
b) Côtes d'Alaska aux États-Unis (les)
c) Îles Shetland au Royaume-Uni (les)

41. Comment se présentent les yeux de la sole à l'état de larve ?
a) Les yeux apparaissent pendant la croissance
b) Les deux yeux du même côté de la tête
c) Un œil de chaque côté de la tête

42. De quelle plante tire-t-on le tapioca ?
a) Igname (l')
b) Riz (le)
c) Manioc (le)

43. Quelle plante vivrière tropicale a été introduite lors du trafic des esclaves en Afrique, où elle est devenue l'une des bases de l'alimentation ?
a) Maïs (le)
b) Manioc (le)
c) Pomme de terre (la)

44. Quelle est la couleur prédominante du ciel lors des aurores boréales ?
a) Rose
b) Vert
c) Bleu

45. Quelle est l'origine du phénomène d'efflorescence algale qui peut colorer l'eau de mer en rouge ?
a) Concentration de phytoplancton (une)
b) Développement d'algues rouges (un)
c) Regroupement de poissons carrassins (un)

46. Laquelle de ces algues n'est pas utilisée comme engrais ?
a) Varech (le)
b) Goémon (le)
c) Taxifolia (la)

47. Où sont localisés les récepteurs de l'odorat chez les insectes ?
a) Sur l'abdomen
b) Sur les pattes
c) Sur les antennes

48. Quel serpent de la zone intertropicale peut être de Seba ou réticulé ?
a) Vipère aspic (la)
b) Crotale (le)
c) Python (le)

49. Quel poisson, à dos bleu-vert et ventre argenté, était la ressource alimentaire essentielle des « jours maigres » au Moyen Âge ?
a) Hareng (le)
b) Saumon (le)
c) Gardon (le)

50. Quel insecte orthoptère aux longues antennes fines peut être « vert », « chanteur », « des serres » ou « des grottes » ?
a) Scarabée (le)
b) Cerf-volant (le)
c) Sauterelle (la)

51. Des écailles de quel poisson d'eau douce extrayait-on l'« essence d'Orient », utilisée dans la fabrication des perles artificielles ?
a) Carpe (de la)
b) Ablette (de l')
c) Anguille (de l')

52. Quelle fibre naturelle, connue dès la plus haute antiquité égyptienne, est chimiquement constituée de cellulose pure ?
a) Coton (le)
b) Nylon (le)
c) Lin (le)

53. Comment appelle-t-on un chevreuil mâle âgé de plus de un an ?
a) Hère (un)
b) Chevrillard (un)
c) Brocard (un)

54. Quel fruit, dont les variétés peuvent être « de Smyrne » ou « de Tameriout », est violet foncé ou jaune-vert à maturité ?
a) Raisin (le)
b) Figue (la)
c) Pêche (la)

55. Quelle plante annuelle de grande taille est cultivée pour ses graines qui fournissent une huile alimentaire et un tourteau riche en protéines pour le bétail ?
a) Ricin (le)
b) Olive (l')
c) Tournesol (le)

56. Quelle concrétion brillante est constituée d'un parasite ou d'un grain de sable recouvert de carbonate de calcium ?
a) Nacre (la)
b) Mabé (le)
c) Perle (la)

57. Quelle est la surface de forêt qui disparaît du globe chaque année ?
a) Équivalent du quart de la superficie de la France (l')
b) Équivalent de la moitié de la superficie de la France (l')
c) Équivalent de la superficie de la France (l')

58. Quel animal omnivore, à grosse tête triangulaire, est « armé » de quatre canines proéminentes ?
a) Loup (le)
b) Diable de Tasmanie (le)
c) Sanglier (le)

59. Comment s'appelle la dernière poche de l'estomac des ruminants ?
a) Caillette (la)
b) Panse (la)
c) Bonnet (le)

60. Lequel de ces primates, à la fourrure brun-roux, a des bras très longs, favorables à la brachiation ?
a) Orang-outan (l')
b) Lémurien (le)
c) Koala (le)

61. Sur quelle durée la banquise a-t-elle perdu 3 millions de kilomètres carrés sur 8,5 millions ?
a) 10 ans
b) 30 ans
c) 50 ans

62. Quelle petite plante aromatique a pour nom scientifique *Petroselinum sativum* ?
a) Persil (le)
b) Thym citron (le)
c) Millepertuis (le)

63. Combien de bras, garnis de ventouses, la pieuvre possède-t-elle ?
a) 6
b) 8
c) 10

64. Quel est l'autre nom du poisson volant ?
a) Exocet (l')
b) Poisson-pilote (le)
c) Civelle (la)

65. Quel nom donne-t-on à une rose trémière ?
a) Primerose (la)
b) Althéa (l')
c) Rose sauvage (la)

66. Sous quel autre nom connaît-on la phytopathologie ?
a) Pathologie animale (la)
b) Pathologie végétale (la)
c) Physiopathologie (la)

67. De quel petit légume sec le « rondo » est-il une variété ?
a) Pois (le)
b) Pois cassé (le)
c) Haricot (le)

68. Quelle céréale, originaire du sud de l'Europe et d'Asie centrale, mélange-t-on à la farine de blé pour obtenir le « méteil » ?
a) Seigle (le)
b) Épeautre (l')
c) Engrain (l')

69. Comment appelle-t-on l'étude scientifique des sols ?
a) Paléontologie (la)
b) Pédologie (la)
c) Palynologie (la)

70. Quelle est la formule correcte ?
a) Alerte du dispositif ORSEC (l')
b) Activation du dispositif ORSEC (l')
c) Déclenchement du dispositif ORSEC (le)

71. Quel incident est à l'origine du naufrage de l'*Erika* ?
a) Collision avec un porte-containers (une)
b) Incendie à bord (un)
c) Météo particulièrement mauvaise (une)

72. Quelle variété de silice cristallisée peut être également appelée « citrine » ou « améthyste » ?
a) Quartz (le)
b) Mica (le)
c) Grès (le)

73. En 1987, le rapport Brundtland marque un tournant pour l'écologie. De quoi y parle-t-on pour la première fois ?
a) De sanctions à l'encontre des pollueurs des mers
b) Du concept de « développement durable »
c) D'une base de revendications écologiques minimales pour la Communauté européenne

74. Dans quelle ville d'Inde se trouvait l'usine chimique où une catastrophe est survenu en 1984 ?
a) Madras
b) Bhopal
c) Delhi

75. Sous quel autre nom connaît-on mieux la môle, gros poisson des mers d'Europe occidentale ?
a) Poisson-lune (le)
b) Baliste (le)
c) Poisson-coffre (le)

76. En Camargue, quel mot provençal utilise-t-on pour désigner un troupeau de taureaux ou de chevaux ?
a) Harde (une)
b) Manade (une)
c) Meute (une)

77. Quel philosophe a inspiré le « principe de précaution » ?
a) Jonas (Hans)
b) Honneth (Axel)
c) Habermas (Jürgen)

78. De quel pays est originaire le dahlia ?
a) Chine (la)
b) Mexique (le)
c) Inde (l')

79. Quel grand arbre des régions tropicales fournit le kapok ?
a) Raphia (le)
b) Fromager (le)
c) Abaca (l')

80. Quelle fosse du Pacifique est profonde de 11 034 mètres ?
a) Fosse des Tonga (la)
b) Fosse des Kouriles (la)
c) Fosse des Mariannes (la)

1. À qui doit-on le premier périodique publié en France, intitulé *la Gazette*, qui commença à paraître en 1631 ?
a) De Sallo (Denis)
b) Renaudot (Théophraste)
c) Colbert (Jean-Baptiste)

2. En août 1936, quel athlète américain remporta quatre médailles d'or aux jeux Olympiques de Berlin ?
a) Weissmuller (Johnny)
b) Owens (Jesse)
c) Spitz (Mark)

3. Quel terme est employé en sport automobile pour désigner chacune des voitures de réserve prévues pour les pilotes de F1 ?
a) Valet (un)
b) Mulet (un)
c) Veau (un)

4. Quel jeu pratiqué au Moyen Âge serait l'ancêtre du rugby ?
a) Paume (la)
b) Cournée (la)
c) Soule (la)

5. Quel sportif fut le premier athlète américain à nager le 100 mètres en 58 s 9 en 1922 ?
a) Ross (Norman)
b) Weissmuller (Johnny)
c) Crabbe (Buster)

6. Quel jeu tient son nom de l'expression chinoise signifiant « Je gagne » ?
a) Bài (le)
b) Chû shôgi (le)
c) Mah-jong (le)

7. De quel groupe de fromages le reggiano, le lombardo et le bresciano sont-ils des variétés ?
a) Gorgonzola (du)
b) Parmesan (du)
c) Mozzarella (de la)

8. De quel pays est originaire le jeu de cartes appelé « baccara » ?
a) Italie (l')
b) Autriche (l')
c) Espagne (l')

9. Quel sommet d'Afrique fut gravi par Meyer et Purtscheller en 1889 ?
a) Kilimandjaro (le)
b) Mont Kenya (le)
c) Ras Dachan (le)

10. Quel footballeur français, né en 1933, devint sélectionneur national en 1976 ?
a) Fontaine (Just)
b) Hidalgo (Michel)
c) Platini (Michel)

11. En 1926, quel jeu est inventé par le millionnaire américain Harold Vanderbilt ?
a) Bridge (le)
b) Poker menteur (le)
c) Black jack (le)

12. Dans quel jeu, se jouant généralement à quatre, le dix et l'as sont-ils des cartes maîtresses ?
a) Huit américain (le)
b) Kem's (le)
c) Manille (la)

13. Quel joueur brésilien est surnommé le « Pelé blanc » ?
a) Ronaldo
b) Zico (Arthur Antunes Coimbra, dit)
c) Romario

14. Quel jeu, appelé *primero* en Espagne, est l'ancêtre du poker ?
a) Brague (la)
b) Président (le)
c) Manille (la)

15. Quel judoka français remporta la médaille d'or des super-légers aux jeux Olympiques de Moscou en 1980 ?
a) Rougé (Jean-Luc)
b) Parisi (Angelo)
c) Rey (Thierry)

16. Dans l'argot du cyclisme, quel animal désigne un spécialiste des courses sur piste ?
a) Furet (un)
b) Castor (un)
c) Écureuil (un)

17. Quel club de football espagnol est le premier détenteur de la Coupe d'Europe des clubs champions en 1956 ?
a) FC Valence (le)
b) Real Madrid (le)
c) FC Barcelone (le)

18. Quel skieur nautique français est champion du monde du combiné en Floride en 1989 ?
a) Martin (Patrice)
b) Durand (Pierre)
c) Dupond (Patrick)

19. Quelle sauce composée d'oignons et de beurre, mélangés avec du velouté ou de la crème, porte le nom d'un prince ?
a) Sauce Soubise (la)
b) Sauce Chateaubriand (la)
c) Sauce Cumberland (la)

20. Dans quel jeu d'origine italienne les figures n'ont-elles aucune valeur numérique ?
a) Briscola (la)
b) Casino (le)
c) Scopa (la)

21. Pour la Coupe du monde 2006, quel footballeur français joua au poste d'avant-centre ?
a) Ribéry (Franck)
b) Henry (Thierry)
c) Trezeguet (David)

22. Quelle sauce à base de vin et d'échalotes porte le nom d'un quartier parisien ?
a) Sauce Choron (la)

b) Sauce Bercy (la)
c) Sauce Solferino (la)

23. En 1937, quelle couturière créa le parfum Shocking, vendu dans un flacon inspiré des formes de Mae West ?
a) Lanvin (Jeanne)
b) Schiaparelli (Elsa)
c) Chanel (Gabrielle)

24. En 2000, quel boxeur français est champion olympique des mi-mouches ?
a) Asloum (Brahim)
b) Mormeck (Jean-Marie)
c) Tiozzo (Fabrice)

25. En 1989, quel couturier conçut la robe aux couleurs du drapeau français de Jessye Norman pour son interprétation de *la Marseillaise* ?
a) Alaïa (Azzedine)
b) Scherrer (Jean-Louis)
c) Lapidus (Ted)

26. Quel coureur automobile finlandais fut champion du monde des rallyes en 1981 ?
a) Häkkinen (Mika)
b) Vatanen (Ari)
c) Kankkunen (Juha)

27. Qui est le saint patron des alpinistes ?
a) Bernard (saint)
b) Éloi (saint)
c) Elme (saint)

28. Dans quelle ville d'Europe se trouve le siège de l'Eurovision ?
a) Genève
b) Bruxelles
c) Stockholm

29. Quel jeu était l'un des jeux favoris de l'Europe des XVIIe et XVIIIe siècles sous le nom de « tables » ?
a) Jacquet (le)
b) Jeu de l'oie (le)
c) Poker (le)

30. Quel attaquant camerounais est « ballon d'or » africain en 1976 et en 1990 ?
a) Weah (George)
b) Nkono (Thomas)
c) Milla (Roger)

31. Quel boxeur poids moyens a perdu, le 16 juin 1949, son titre mondial au profit de Jake La Motta ?
a) Cerdan (Marcel)
b) Zale (Tony)
c) Marciano (Rocky)

32. À quelle couturière, d'origine italienne, doit-on les parfums Cœur Joie et Air du Temps ?
a) Versace (Donatella)
b) Borea (Vera)
c) Ricci (Nina)

33. À quel jeu de cartes César, M. Brun, Panisse et Escartefigue jouent-ils dans *Marius* ?
a) Belote (la)

b) Craps (le)
c) Manille (la)

34. Quel motocycliste français fut victorieux du Paris-Dakar en 1979, 1980, 1982, 1986 et 1987 ?
a) Neveu (Cyril)
b) Auriol (Hubert)
c) Peterhansel (Stéphane)

35. Quel Italien a remporté deux fois le Tour de France à dix ans d'intervalle, en 1938 et 1948 ?
a) Coppi (Fausto)
b) Bottecchia (Ottavio)
c) Bartali (Gino)

36. Quel joueur français, né en 1931, était surnommé « Napoléon » ?
a) Platini (Michel)
b) Kopa (Raymond)
c) Fontaine (Just)

37. Quel jeu d'argent, présent dans les casinos français et suisses, est surnommé « la roulette du pauvre » ?
a) Boule (la)
b) Chemin de fer (le)
c) Machines à sous (les)

38. Quel boxeur français est champion olympique des mi-lourds à Berlin en 1936 ?
a) Michelot (Roger)
b) Halimi (Alphonse)
c) Thil (Marcel)

39. Combien de fois Jacques Anquetil a-t-il gagné le Tour de France ?
a) 4
b) 5
c) 6

40. En 1988, aux jeux Olympiques de Calgary, quel skieur italien remporta le slalom et le slalom géant ?
a) Tomba (Alberto)
b) Thoeni (Gustavo)
c) Gros (Piero)

41. Quel quotidien britannique fut fondé en 1903 par Alfred Harmsworth ?
a) *Financial Times (The)*
b) *Daily Mirror (The)*
c) *Independent (The)*

42. Quelle est l'année de création des compétitions de F1 ?
a) 1930
b) 1950
c) 1960

43. Quel est le nom scientifique du sucre de canne ou de betterave ?
a) Acide aspartique (l')
b) Saccharose (le)
c) Glucosamine (la)

44. Quel champion cycliste espagnol remporta cinq Tours de France entre 1991 et 1995 ?
a) Freire (Oscar)

b) Induráin (Miguel)
c) Contador (Alberto)

45. Au Japon, comment s'appelle la ceinture brodée qui serre la taille d'un kimono ?
a) Zori (une)
b) Tabi (une)
c) Obi (un)

46. Quel navigateur, né en 1931, a fréquemment été surnommé « Pépé » ?
a) Tabarly (Éric)
b) Peyron (Loïck)
c) Poupon (Philippe)

47. Quel nom est donné en Allemagne à l'alcool extrait de la pomme de terre ?
a) Steinhager (le)
b) Schnaps (le)
c) Jägermeister (le)

48. Combien de points sont attribués au vainqueur d'un Grand Prix de F1 ?
a) 10
b) 20
c) 25

49. Quel nom donne-t-on à un sauté de veau ou de poulet au vin blanc, à la tomate et à l'ail ?
a) Veau ou poulet Orloff (un)
b) Veau ou poulet marengo (un)
c) Fricandeau (un)

50. Le 21 juin 2009, en athlétisme, quel champion a battu le record de France de saut à la perche avec 6,01 mètres ?
a) Galfione (Jean)
b) Mesnil (Romain)
c) Lavillenie (Renaud)

51. Quel nom porte la marmite dont le couvercle en creux est destiné à recevoir de l'eau pour éviter l'évaporation pendant la cuisson ?
a) Cuit-vapeur (le)
b) Braisière (la)
c) Lèchefrite (la)

52. Qui fut le premier champion du monde de F1 en 1950 ?
a) Clark (Jim)
b) Ascari (Alberto)
c) Farina (Giuseppe)

53. En 1976, quel athlète français devint champion olympique du 110 mètres haies ?
a) Drut (Guy)
b) Périllat (Guy)
c) Forget (Guy)

54. De 1974 à 1986, quelle joueuse de tennis américaine remporta sept titres au tournoi de Roland-Garros ?
a) Seles (Monica)
b) Navratilova (Martina)
c) Evert (Chris)

55. Quelle région du Maroc est réputée pour le « vin gris » qu'on tire de ses vignobles ?
a) Région de Meknès (la)
b) Région de Boulaouane (la)
c) Région de Casablanca (la)

56. Quel pendentif en forme de pylône de temple était l'attribut des pharaons ?
a) Pschent (le)
b) Pectoral (le)
c) Cartouche (le)

57. Dans quelle ville se déroule chaque année la course dite « du palio » ?
a) Chiusi
b) Assise
c) Sienne

58. Dans quelle discipline de l'athlétisme s'est illustré Sergueï Bubka ?
a) Saut à la perche (le)
b) Saut en longueur (le)
c) Saut en hauteur (le)

59. De quelle région administrative sont issus les vins de Corbières ?
a) Languedoc-Roussillon Midi-Pyrénées
b) Provence-Alpes-Côte d'Azur
c) Pays de la Loire

60. Quelle étoffe de soie brochée d'or ou d'argent était fabriquée à Tours et à Lyon au XVIIe siècle ?
a) Chantoung (le)
b) Velours (le)
c) Brocart (le)

61. Quelle joueuse de tennis remporta cinq fois Wimbledon de 1919 à 1923 ?
a) Lenglen (Suzanne)
b) Mauresmo (Amélie)
c) Boucher (Hélène)

62. Quelle célèbre aviatrice décéda à Lyon le 6 juillet 1952 ?
a) Bastié (Maryse)
b) Ostermeyer (Micheline)
c) Auriol (Jacqueline)

63. Près de quelle ville au Brésil se trouve le circuit automobile d'Interlagos ?
a) Porto Alegre
b) São Paulo
c) Rio de Janeiro

64. Comment s'appelle le varech comestible utilisé dans la cuisine nipponne ?
a) Salicorne (la)
b) Haricot de mer (le)
c) Nori (le)

65. En football, quel club italien accueillit Jean-Pierre Papin lors de la saison 1992-1993 ?
a) Inter de Milan
b) Juventus de Turin
c) Milan AC

66. Avec quel fruit prépare-t-on la liqueur appelée « eau des Barbades » ?
a) Papaye (la)

b) Mangue (la)
c) Citron (le)

67. Quel journaliste a donné son nom à un prix créé en 1933 couronnant tous les ans les deux meilleurs grands reporters francophones ?
a) Londres (Albert)
b) Pulitzer (Joseph)
c) Pauwels (Louis)

68. Le 16 août 2009 à Berlin, quel athlète jamaïquain est champion du monde du 100 mètres ?
a) Bolt (Usain)
b) Gay (Tyson)
c) Greene (Maurice)

69. Quel jeu de connaissances est créé par les Canadiens Chris Haney et Scott Abbot en 1982 ?
a) Monopoly (le)
b) Trivial Pursuit (le)
c) Pictionary (le)

70. Combien y a-t-il de joueurs dans une équipe de curling ?
a) 4
b) 5
c) 6

71. Quelle spécialité russe tire son nom de la déformation d'un mot allemand signifiant « pâté au chou » ?
a) Spitzkohl (le)
b) Koulibiac (le)
c) Bortsch (le)

72. Combien de fois Bernard Hinault a-t-il remporté le Tour de France ?
a) 4 (1979-1981-1982-1985)
b) 5 (1978-1979-1981-1982-1985)
c) 6 (1978-1979-1981-1982-1985-1986)

73. Quel couturier français fut le premier à libérer la femme du port du corset ?
a) Patou (Jean)
b) Doucet (Jacques)
c) Poiret (Paul)

74. En combien de reprises de 3 minutes se déroulent les combats professionnels de première série de boxe ?
a) 10
b) 12
c) 15

75. Quel journaliste réalisa, avec Barrère, Desgraupes et Dumayet, l'émission *Cinq colonnes à la une* de 1959 à 1968 ?
a) Tchernia (Pierre)
b) Lazareff (Pierre)
c) Jammot (Armand)

76. Quel jeu de stratégie est aussi appelé « échecs japonais » ?
a) Shogi (le)
b) Quarto (le)
c) Jeu de go (le)

77. Quelle carte représente le barbu dans le jeu du même nom ?
a) Roi de pique (le)

b) Roi de carreau (le)
c) Roi de cœur (le)

78. En 2010, aux jeux Olympiques de Vancouver, quel skieur français remporta la médaille d'or du combiné nordique ?
a) Lamy Chappuis (Jason)
b) Guy (Fabrice)
c) Grospiron (Edgar)

79. Quel emblème orne le maillot des joueurs de rugby néo-zélandais ?
a) Chardon (le)
b) Kiwi (le)
c) Fougère (la)

80. En 1815, quel industriel hollandais inventa la poudre de cacao ?
a) Lindt
b) Van Houten
c) Neuhaus

Langue française

1. b) Grevisse (Maurice)
2. b) s'égaillèrent / dam
3. a) Peu me chaut
4. c) Ziggourat (une)
5. c) soi-disant
6. b) Subordonnée circonstancielle de temps (une)
7. b) Erre (une)
8. a) Saynète (une)
9. c) 7
10. a) pers
11. b) Exalter
12. b) Le *h* initial est aspiré
13. c) Imparfait du subjonctif, voix passive
14. a) aussi
15. b) De nombreuses chrétiennes ont subi le martyre : elles sont mortes en martyres
16. b) Dispendieux
17. b) Passé du conditionnel, 1re forme (au)
18. a) Hypermétropie (une)
19. c) paille / bleu marine
20. a) Va-et-vient (des)
21. c) 7
22. b) Alopé... (l')
23. c) Coulon (un)
24. a) Senghor (Léopold Sédar)
25. c) oscars
26. c) Croître
27. b) vécu
28. b) prononce la lettre *r* du fond de la gorge
29. c) Apocope (une)
30. b) Peu me chaut !
31. b) Hipparchie (l')
32. a) Ellipse (une)
33. a) Mot formé avec toutes les lettres d'un autre mot (un)

34. c) Pantomime (une)

35. a) Anacoluthe !

36. b) La répétition de consonnes dans une suite de mots

37. a) Espagnol (l')

38. a) Bulle de bande dessinée (une)

39. a) Il est évident

40. b) Pléonasme (un)

41. c) Tchèque (du)

42. c) Brasero (un)

43. b) Un pieu qui soutient un pied de vigne

44. c) de conserve

45. c) Imposture (une)

46. b) Sans détour

47. b) Calembour (un)

48. a) La répétition inutile d'une même idée

49. b) Un mot qui ne varie pas selon le genre

50. b) Chercheur d'or (un)

51. c) Absurdité (une)

52. a) Habitude de se ronger les ongles (l')

53. b) rechapés

54. b) Poète de langue d'oc (un)

55. b) Synecdoque (une)

56. c) acceptions

57. c) Prétérition (une)

58. c) Chiasme (un)

59. b) pécuniaires

60. c) Une phrase dont presque tous les mots commencent par la même lettre

61. a) Taud (un)

62. c) Ostracisme (un)

63. c) Transformation d'un nom propre en nom commun (la)

64. a) Turc (le)

65. a) Propos élogieux (un)

66. b) Aller de mal en pis

67. a) Médicament antiallergique (un)

68. b) Croyance en la réincarnation de l'âme (la)

69. a) Fart

70. c) Amiante

71. c) serez

72. b) Sep

73. b) rapporté

74. a) Il vient d'un mot tchèque, *robota*, qui signifie « travail »

75. c) Temple dédié aux Muses (un)

76. a) Palonnier (un)

77. a) Tendance à remettre au lendemain (la)

78. a) plain-pied

79. b) Vexillologie (la)

80. c) Création d'un mot nouveau (la)

Histoire

1. c) Alphonse XIII

2. b) De Klerk (Frederik)

3. a) Cocarde tricolore (la)

4. a) Palme (Olof)

5. c) Damiens (Robert François)

6. a) Crockett (David, dit Davy)

7. b) Dawes (Charles Gates)

8. c) Dunkerque

9. c) Stanley (John Rowlands)

10. c) Fontainebleau

11. c) 1968 (6 juin)

12. b) Bataille de L'Écluse (la)

13. c) Confédération du Rhin (la)

14. c) Messaline

15. c) Lebrun (Albert)

16. c) Bordeaux

17. c) Duchesse de Montpensier (la)

18. b) Los Angeles

19. c) Madrid

20. a) Douaumont

21. b) Caen

22. c) 24 octobre 1929

23. c) L'Hospital (Michel de)

24. c) 2 décembre 1852 (le)

25. a) Rust (Mathias)

26. a) Meiji

27. c) M'Ba (Léon)

28. b) États-Unis (les)

29. a) Turin

30. b) XVIIe siècle

31. a) Héliopolis

32. b) Louisiane (la)

33. c) Gladstone (William Ewart)

34. c) Lyautey (Louis Hubert)

35. b) Talleyrand-Périgord (Charles Maurice de)

36. b) Luynes (duc de)

37. a) Traité de Nankin (le)

38. b) Wallis (Samuel)

39. c) Choiseul (Étienne François, duc de)

40. a) Cody (William Frederick)

41. a) Vénètes (les)

42. a) Blois

43. c) Bataille de Midway (la)

44. a) Bataille du Jütland (la)

45. c) Catherine de Médicis

46. c) Drake (sir Francis)

47. c) Albert Ier

48. c) Diouf (Abdou)

49. b) Prince François-Joseph II (le)

50. b) Giscard d'Estaing (Valéry) [juillet 1974]

51. b) Henri II

52. b) Charles II le Chauve

53. c) Pépin le Bref

54. c) Louis X le Hutin

55. c) Triple-Entente (la)

56. b) Charles V

57. c) Bois de Vincennes (le)

58. c) Anne Stuart

59. b) Faidherbe (Louis Léon César)

60. b) Pie VII

61. c) 1946

62. c) Bhutto (Zulfikar Ali)

63. b) Vergennes (le comte de)

64. b) Dauphin Louis (le)

65. b) Bidault (Georges)

66. c) Victoria Ire

67. b) Le Peletier (Claude)

68. a) Cabral (Pedro Álvares)

69. c) Jeanne Seymour

70. a) Menem (Carlos)

71. b) Astrid

72. b) Gamelin (Maurice Gustave)

73. a) Nguyên (les)

74. a) Jouvenel (Henry de)

75. b) Mendès France (Pierre)

76. a) Osée

77. c) Martens (Wilfried)

78. b) Schumann (Maurice)

79. b) Dias (Bartolomeu)

80. a) Paladin (un)

Arts et Littérature

1. b) Ford (John)

2. b) Blixen (Karen)

3. b) Bernin (Gian Lorenzo Bernini, dit)

4. a) Delon (Alain)

5. c) Théâtre élisabéthain (le)

6. a) Colosse de Rhodes (le)

7. b) Stendhal

8. c) Londres

9. a) *Tour infernale (la)*

10. a) Mailer (Norman)

11. c) Style manuélin (le)

12. a) *Tintin et les Picaros*

13. b) Walsh (Raoul)

14. c) *Touchez pas au grisbi*

15. c) Man Ray

16. a) *Crimes et délits*

17. a) Dard (Frédéric)

18. a) Vasarely (Victor)

19. c) Chedid (Andrée)

20. c) Garbo (Greta)

21. a) Altman (Robert)

22. c) Beach Boys (The)

23. a) Ellroy (James)

24. c) *Affiche rouge (l')*

25. b) Demy (Jacques)

26. b) Who (The)

27. b) *Un singe en hiver*

28. b) Gide (André)

29. a) Golden Gate Bridge (the)

30. b) *Condition humaine (la)*

31. a) Nantes

32. c) *Paradis pour tous*

33. b) Prévert (Jacques)

34. c) Cheval (F., dit le Facteur)

35. b) Gounod (Charles)

36. c) *Fourberies de Scapin (les)*

37. a) Cubisme (le)

38. c) Guinness (sir Alec)

39. b) Chryséléphantine

40. a) Viaduc de Garabit (le)

41. b) *Poupée de cire, poupée de son*

42. b) Amado (Jorge)

43. c) Dire Straits

44. a) Gropius (Walter)

45. a) Faulkner (William)

46. c) Russell (Jane)

47. b) Weissmuller (Johnny)

48. b) Duchamp (Marcel)

49. c) Gershwin (George)

50. c) Capote (Truman)

51. a) Eiffel (Gustave)

52. c) Herzog (Werner)

53. a) Temple (Shirley)

54. c) France (Anatole)

55. c) Musée d'Orsay (le)

56. c) Nougaro (Claude)

57. a) Boccace (Giovanni Boccaccio, dit)

58. b) *Javanaise (la)*

59. a) La Nouvelle-Orléans

60. b) *Raisins de la colère (les)*

61. a) Prima donna

62. a) Nijinski (Vaslav Fomitch)

63. c) Sand (George)

64. b) Rochefort (Henri)

65. a) *Chouans (les)*

66. a) *Docteur Jivago*

67. c) *Adieu aux armes (l')*

68. a) Valadon (Suzanne)

69. a) Peckinpah (Sam)

70. a) *Impitoyable*

71. c) Reed (Lou)

72. b) Blaue Reiter (Der)

73. a) *Orestie (l')*

74. c) Astaire (Fred)

75. a) *École des femmes (l')*

76. a) Poltergeist

77. b) *Aveu (l')*

78. a) Haydn (Franz Joseph)

79. b) Fabre d'Églantine (Philippe Fabre, dit)

80. b) Abou-Simbel

Mythologies, Religions et Philosophie

1. a) Shintoïsme (le)

2. c) Bushido (le)

3. b) Fátima

4. a) 30

5. a) Calypso

6. a) Daphné

7. b) Seth

8. c) Harpies (les)

9. c) Pléiades (les)

10. a) Pallium (le)

11. a) Paul

12. a) Francfort

13. c) Bergson (Henri)

14. b) Héphaïstos

15. b) Booth (William)

16. b) Mycènes

17. c) Chac

18. a) Quetzalcoal

19. c) Géhenne (la)

20. c) Sebek

21. a) Monade (la)

22. b) Brigitte de Suède (sainte)

23. c) Évangile selon saint Matthieu (l')

24. a) Clytemnestre

25. a) Ganesh

26. a) Chapelet (le)

27. c) Nimbe (le)

28. b) Apocalypse (l')

29. c) Joseph (saint)

30. c) Amon-Rê

31. b) Brahma

32. a) Concile de Chalcédoine (le)

33. c) Jocaste

34. a) Atrée

35. c) Ptah

36. a) Nonce (le)

37. a) Penthésilée

38. a) Jésuites (les)

39. a) Adonis

40. a) Samson

41. b) Jugan (Jeanne)

42. c) Pâris

43. c) Piérie (la)

44. b) Lustiger (Jean-Marie, monseigneur)

45. a) Lustiger (Jean-Marie)

46. c) Sekhmet

47. a) Électre (le complexe d')

48. b) Aristote

49. a) Phénomènes (les)

50. b) *De l'existence à l'existant*

51. a) Fourier (Charles)

52. c) Amour de la sagesse (l')

53. b) Avant Aristote

54. a) Flaubert (Gustave)

55. c) Ptolémée (Claude)

56. c) Criticisme (le)

57. a) Raison (la)

58. a) Jardin

59. c) Saül

60. c) Père élevé

61. b) Bouclier d'Athéna (le)

62. b) Héphaïstos

63. b) 1637

64. b) Révolution copernicienne (la)

65. a) Heisenberg (Werner)

66. c) Validité de la théorie scientifique (de la)

67. b) Platon

68. a) Évangile (l')

69. c) Mentor

70. b) Pentateuque (le)

71. b) Hestia

72. a) Aaron

73. a) Simon

74. c) Heidegger (Martin)

75. b) Thaumaturgie (la)

76. a) Déméter

77. c) Europe

78. b) Ibn Sina

79. c) Hegel (Georg Wilhelm Friedrich)

80. a) Brésil

Économie et Politique

1. a) Autorité des marchés financiers (l')
2. a) Titre de propriété qui rapporte un dividende sans conférer de droit de vote aux assemblées générales
3. c) 700 milliards de dollars
4. b) 2002
5. b) Valeur ajoutée totale des biens et services produits annuellement sur un territoire national, plus le solde des revenus des facteurs de production transférés par l'étranger ou à l'étranger (à la)
6. c) 1 818 milliards d'euros
7. c) 89,9 %
8. c) 16 394 milliards de dollars
9. b) 15 653 milliards d'euros
10. b) Fitch Ratings
11. a) Bureau international du travail (le)
12. b) Tracfin
13. c) 35 %
14. b) Blum (Léon)
15. a) Assurance chômage (l')
16. a) 1936
17. a) 1998
18. a) 2000
19. a) 1864
20. b) Oui
21. a) 1er mai 1890
22. b) 1 430 euros brut
23. b) 1884
24. a) 1979
25. c) Plan Paulson (le)
26. c) Hedge fond (un)
27. a) Titrisation (une)
28. b) CAC 40 (le)
29. b) 1974
30. a) 1867
31. b) 403,9 millions de dollars

32. b) Plus de 50 %

33. a) 2 ans et demi

34. b) Taux directeur (un)

35. a) 1807

36. b) Conseil d'État (le)

37. c) 2001

38. b) Déclaration française des droits de l'homme et du citoyen de 1793 (dans la)

39. b) Pour mesurer les effets de la crise de 1929

40. b) 3 % du PIB

41. c) ICANN (l')

42. b) Fonds souverains (les)

43. a) Article 16

44. b) Transports de substances dangereuses par route, rail, air et voies navigables (les)

45. c) Friedman (Milton)

46. b) 1990

47. b) Travail des enfants (le)

48. a) 1945

49. a) 3,2 % du PIB

50. b) 1950

51. b) Smith (Adam)

52. b) Valeur patrimoniale (la)

53. a) Smith (Adam)

54. b) Marshall (Alfred)

55. b) 18 ans

56. a) Asymétrie d'information (l')

57. c) Churchill (sir Winston)

58. c) Friedman (Milton)

59. b) 1886

60. b) 1903

61. c) 1997

62. c) Personne dont les revenus sont inférieurs à 60 % du revenu dit « médian » (une)

63. c) 19 %

64. c) 1967

65. b) 11 %

66. a) Nord - Pas-de-Calais Picardie

67. c) Plus de 4 francs (0,61 euro)

68. b) Bretagne

69. b) 1997

70. c) Moitié (de)

71. a) 221 200

72. a) 490 000

73. c) Personnes ayant travaillé pendant une durée quelconque au cours d'une semaine dite « de référence » (les)

74. b) Genève

75. b) 1995

76. b) Avoir des candidats ayant obtenu chacun au moins 1 % des suffrages exprimés dans au moins cinquante circonscriptions

77. a) En fonction des résultats obtenus aux législatives et du nombre de parlementaires se déclarant inscrits au parti

78. c) Finances des partis politiques (les)

79. a) Théorie des jeux (la)

80. b) 46 millions

Géographie

1. b) Dalasi (le)

2. a) Rouge, blanc et noir

3. a) Côte-d'Or (la)

4. b) Hokkaido

5. b) Finnois et suédois

6. a) Açores (les)

7. c) Lac Baïkal (le)

8. b) Algarve (l')

9. a) Romanche (le)

10. c) Real (le)

11. a) Océan Pacifique (l')

12. b) Marne (la)

13. c) Océan Atlantique (l')

14. c) Massif de l'Aurès (le)

15. b) Washington

16. c) Estrémadure (l')

17. a) Lac Tanganyika (le)

18. c) Bouches-du-Rhône (les)

19. b) Maldives (les îles)

20. c) Lac Balaton (le)

21. a) Côte-d'Or (la)

22. a) Mont des Oliviers (le)

23. c) Nay Pyi Taw

24. b) Salamanque

25. b) Singapour

26. c) Macao

27. a) Lac de Constance (le)

28. b) Corée (la)

29. c) Brunei

30. a) Spitzberg (le)

31. c) Bornéo

32. b) Îles Hébrides (les)

33. c) Sadovaïa (la)

34. c) Wallis-et-Futuna

35. b) Windhoek

36. c) Afghani (l')

37. a) Lac Tchad (le)

38. a) Trinité-et-Tobago

39. b) Cinghalais et tamoul

40. a) Océan Atlantique (l')

41. a) Viêt Nam (le)

42. c) Euro (l')

43. c) Angola (l')

44. c) Gaborone

45. c) Lac de Garde (le)

46. a) Baht (le)

47. c) Columbia

48. c) Ben Nevis (le)

49. b) Sydney

50. c) Luxembourg

51. b) Château-Gaillard

52. a) Place des Vosges (la)

53. c) Washington Square

54. a) Asunción

55. a) Parc de Yellowstone (le)

56. b) Golfe de Botnie (le)

57. a) Micronésie (la)

58. c) Mélanésie (la)

59. c) Grenade

60. a) Tegucigalpa

61. a) Zambèze (le)

62. a) Ceuta

63. a) Roumanie (la)

64. a) Île de Honshu (l')

65. b) Phoenix

66. c) Canal d'Otrante (le)

67. a) Solo (le)

68. c) Grisons (les)

69. c) Vannes

70. b) Yamoussoukro

71. c) Franc suisse (le)

72. a) Lac Huron (le)

73. c) Laos (le)

74. c) Philippines (les)

75. c) Accra

76. b) Aconcagua (l')

77. b) Mongolie (la)

78. a) Arcachon

79. b) Guadeloupe (la)

80. c) Détroit de Constantinople (le)

Géopolitique

1. c) 10 millions

2. c) Asie (en)

3. b) New York (à)

4. b) Réduire la pauvreté extrême et la faim

5. b) 2030

6. c) San Francisco

7. a) Slovénie (la)

8. b) Porto Rico

9. a) 1863

10. c) Kim Jong-un

11. c) Union européenne (l')

12. c) Base (la)

13. b) Sud-coréenne

14. c) Elle a plus que doublé

15. c) Tenzin Gyatso

16. c) Mouvement des sans-terre (le)

17. c) Locke (John)

18. a) Alamogordo (à)

19. a) Tous les êtres humains naissent libres et égaux en dignité et en droits. Ils sont doués de raison et de conscience et doivent agir les uns envers les autres dans un esprit de fraternité.

20. b) 10 ans

21. c) Brejnev (Leonid Ilitch) et Nixon (Richard)

22. b) 1963

23. a) Égalité homme/femme (l')

24. b) Soudan du Sud (le)

25. b) Huntington (Samuel)

26. b) Fukuyama (Francis)

27. b) Iran, sultanat d'Oman, Émirats arabes unis

28. c) 4 000 km

29. b) Australie (l')

30. a) 1952

31. b) 1968

32. c) 1944

33. c) Senkaku (nom japonais) / Diaoyu (nom chinois)

34. c) Védrine (Hubert)

35. b) 1985 et 1990

36. b) Churchill (sir Winston)

37. c) Convention de Montego Bay (la)

38. b) 1959

39. a) Ossétie du Sud (en)

40. b) 179

41. c) 1996

42. a) Migrations Sud-Sud (les)

43. c) Corée du Nord

44. b) 85 %

45. b) 43

46. c) Révolution de Février (la)

47. c) 625 ans

48. a) Danger pour la subsistance du monde (un)

49. c) Herzl (Theodor)

50. b) Bodhisattva Avalokiteshvara (du)

51. c) Traité de Londres (le)

52. a) 1930

53. b) Convention de Chicago (la)

54. b) 142 millions d'euros

55. b) 1 %

56. a) Dunant (Henri ou Henry)

57. b) 1949

58. a) 1919

59. a) 4

60. c) 90 %

61. c) En 2012, à Los Cabos

62. b) Banque mondiale (la)

63. b) 34

64. a) Komintern (le)

65. a) 1946

66. c) 158 millions

67. c) Genève

68. b) 19

69. a) Francfort

70. b) Traité de Lisbonne (le)

71. b) 1964

72. c) 463 000

73. b) 700

74. c) Réduction des forces armées en Europe de l'Est (la)

75. b) 15 ans

76. b) 40 %

77. b) 3 %

78. c) Asie-Pacifique (l')

79. b) 1 564 000

80. b) 2 285 000

Mathématiques, Sciences et Techniques

1. a) Piccard (Auguste)

2. a) Thalès

3. b) 2

4. b) Glandes surrénales (les)

5. b) 2 209

6. c) Épidémiologie (l')

7. c) 18,75 %

8. c) Torricelli (Evangelista)

9. a) Ag

10. a) Kolff (Willem)

11. b) 5

12. a) Gay-Lussac (Louis Joseph)

13. b) 145

14. b) Péritoine (le)

15. b) 8,33 %

16. a) Train à grande vitesse (le) / TGV (le)

17. c) Didot (François Ambroise)

18. b) 7

19. c) Anévrisme (un)

20. a) Fresnel (Augustin)

21. a) Corps (le)

22. a) 28

23. a) Hahnemann (Christian Friedrich Samuel)

24. b) N

25. b) Jéjunum (le)

26. c) Millikan (Robert Andrews)

27. a) 3

28. c) Vésicule biliaire (la)

29. a) 2 %

30. c) Héliogravure (l')

31. c) Côlon (le)

32. b) 24

33. a) Frégate (la)

34. b) Filtre (le)

35. b) Brasse (la)

36. b) 20 %

37. c) Offset (l')

38. a) NaCl

39. b) Kelvin (lord) / Thomson (William)

40. c) Trompe d'Eustache (la)

41. b) 256

42. a) Candela (la)

43. c) Riquet (Pierre Paul de)

44. a) Métropolitain (le)

45. b) Na

46. a) Jung (Carl Gustav)

47. c) 11

48. c) Synapses (les)

49. a) Nœud (le)

50. a) Kaiser (Henry John)

51. a) Foc (le)

52. b) 30 m

53. a) Faraday (Michael)

54. b) Azote (l')

55. a) Douvres

56. a) Byrd (Richard Evelyn)

57. c) *Pourquoi-Pas ?* (le)

58. b) Pt

59. b) Drake (Edwin Laurentine, dit le colonel)

60. b) Koch (Robert)

61. a) Coqueluche (la)

62. b) Jenner (Edward)

63. c) 22

64. a) U

65. a) Bernard (Claude)

66. b) Naupathie (la)

67. b) Natrium (le)

68. a) 55 euros

69. b) Microscope (le)

70. c) Sérigraphie (la)

71. c) Laser (Andrew)

72. c) Gallium (le)

73. c) *Nautilus* (le)

74. b) Peste (la)

75. b) Zéro (le)

76. c) Lacq

77. c) Berthelot (Marcellin)

78. b) Glace (la)

79. b) Frydman (René)

80. c) Galène (la)

Nature et Environnement

1. b) Italie
2. a) Kiwi (le)
3. b) 25 litres
4. a) Vesse-de-loup (la)
5. b) 58 %
6. b) Gypse (le)
7. b) Émeraude (l')
8. b) Alezan
9. a) Saint-pierre (le)
10. c) Anacardier (l')
11. a) Boues toxiques (des)
12. b) Koala (le)
13. b) Brochet (le)
14. b) ORganisation des SECours
15. b) « Pas chez moi »
16. a) Coudrier (le)
17. a) Kumquat (le)
18. c) Amble (l') [marcher l'amble]
19. c) Mont Apo (le)
20. c) Dunkerque
21. b) Gluten (le)
22. c) Seigle (le)
23. b) Opossum (l')
24. c) Quinoa (le)
25. a) Laiteron (le)
26. a) Nigeria
27. a) Mauna Loa (le)
28. b) Absinthe (l')
29. b) Riz (le)
30. b) Quinoa (le)
31. b) Décembre 1999
32. b) Sole (la)
33. b) Pékinois (le)
34. c) Siphon (un)
35. b) Drupes (les)
36. a) Morille (la)
37. c) Dindon (le)
38. b) Koala (le)

39. a) Afrique du Sud (l')

40. b) Côtes d'Alaska aux États-Unis (les)

41. c) Un œil de chaque côté de la tête

42. c) Manioc (le)

43. b) Manioc (le)

44. b) Vert

45. a) Concentration de phytoplancton (une)

46. c) Taxifolia (la)

47. c) Sur les antennes

48. c) Python (le)

49. a) Hareng (le)

50. c) Sauterelle (la)

51. b) Ablette (de l')

52. a) Coton (le)

53. c) Brocard (un)

54. b) Figue (la)

55. c) Tournesol (le)

56. c) Perle (la)

57. a) Équivalent du quart de la superficie de la France (l')

58. c) Sanglier (le)

59. a) Caillette (la)

60. a) Orang-outan (l')

61. b) 30 ans

62. a) Persil (le)

63. b) 8

64. a) Exocet (l')

65. a) Primerose (la)

66. b) Pathologie végétale (la)

67. b) Pois cassé (le)

68. a) Seigle (le)

69. b) Pédologie (la)

70. b) Activation du dispositif ORSEC (l')

71. c) Météo particulièrement mauvaise (une)

72. a) Quartz (le)

73. b) Du concept de « développement durable »

74. b) Bhopal

75. a) Poisson-lune (le)

76. b) Manade (une)

77. a) Jonas (Hans)

78. b) Mexique (le)

79. b) Fromager (le)

80. c) Fosse des Mariannes (la)

Sport et loisirs

1. b) Renaudot (Théophraste)

2. b) Owens (Jesse)

3. b) Mulet (un)

4. c) Soule (la)

5. b) Weissmuller (Johnny)

6. c) Mah-jong (le)

7. b) Parmesan (du)

8. a) Italie (l')

9. a) Kilimandjaro (le)

10. b) Hidalgo (Michel)

11. a) Bridge (le)

12. c) Manille (la)

13. b) Zico (Arthur Antunes Coimbra, dit)

14. a) Brague (la)

15. c) Rey (Thierry)

16. c) Écureuil (un)

17. b) Real Madrid (le)

18. a) Martin (Patrice)

19. a) Sauce Soubise (la)

20. b) Casino (le)

21. b) Henry (Thierry)

22. b) Sauce Bercy (la)

23. b) Schiaparelli (Elsa)

24. a) Asloum (Brahim)

25. a) Alaïa (Azzedine)

26. b) Vatanen (Ari)

27. a) Bernard (saint)

28. a) Genève

29. a) Jacquet (le)

30. c) Milla (Roger)

31. a) Cerdan (Marcel)

32. c) Ricci (Nina)

33. c) Manille (la)

34. a) Neveu (Cyril)

35. c) Bartali (Gino)

36. b) Kopa (Raymond)

37. a) Boule (la)

38. a) Michelot (Roger)

39. b) 5

40. a) Tomba (Alberto)

41. b) *Daily Mirror (The)*

42. b) 1950 (le 13 mai)

43. b) Saccharose (le)

44. b) Induráin (Miguel)

45. c) Obi (un)

46. a) Tabarly (Éric)

47. b) Schnaps (le)

48. c) 25

49. b) Veau ou poulet marengo (un)

50. c) Lavillenie (Renaud)

51. b) Braisière (la)

52. c) Farina (Giuseppe)

53. a) Drut (Guy)

54. c) Evert (Chris)

55. b) Région de Boulaouane (la)

56. b) Pectoral (le)

57. c) Sienne

58. a) Saut à la perche (le)

59. a) Languedoc-Roussillon Midi-Pyrénées

60. c) Brocart (le)

61. a) Lenglen (Suzanne)

62. a) Bastié (Maryse)

63. b) São Paulo

64. c) Nori (le)

65. c) Milan AC

66. c) Citron (le)

67. a) Londres (Albert)

68. a) Bolt (Usain)

69. b) Trivial Pursuit (le)

70. a) 4

71. b) Koulibiac (le)

72. b) 5 (1978-1979-1981-1982-1985)

73. c) Poiret (Paul)

74. b) 12

75. b) Lazareff (Pierre)

76. a) Shogi (le)

77. c) Roi de cœur (le)

78. a) Lamy Chappuis (Jason)

79. c) Fougère (la)

80. b) Van Houten

PAPIER À BASE DE
FIBRES CERTIFIÉES

LAROUSSE s'engage pour
l'environnement en réduisant
l'empreinte carbone de ses livres.
Celle de cet exemplaire est de :
2 kg éq. CO_2
Rendez-vous sur
www.larousse-durable.fr

Photogravure : IGS
Imprimé en Espagne par GRAFICAS ESTELLA
Dépôt légal : janvier 2020
326035/01-11044142 – décembre 2020